초등 한 학기 한 권 읽기

초등 한 학기 한 권 읽기
교실에서 함께하는 온작품 읽기 수업

1판 1쇄 인쇄 2019년 9월 23일
1판 1쇄 발행 2019년 9월 30일

지은이	전국학교도서관 경남모임 학생사모
펴낸이	한기호
책임편집	이은진
편집	여문주, 박주희
마케팅	연용호
경영지원	김윤아
디자인	이성호
인쇄	예림인쇄
펴낸곳	(주)학교도서관저널
출판등록	제2009-000231호(2009년 10월 15일)
주소	121-839 서울시 마포구 동교로 12안길 14(서교동) 삼성빌딩 A동 3층
전화	02-322-9677
팩스	02-322-9678
전자우편	slj9677@gmail.com
홈페이지	www.slj.co.kr

ISBN 978-89-6915-063-9 (03370)
책값은 뒤표지에 있습니다.

초등 한 학기 한 권 읽기

교실에서 함께하는
온작품 읽기 수업

전국학교도서관 경남모임 학생사모 지음

학교도서관저널

머리말

한 학기 한 권 읽기는 이제 시작이다

2018년에 시작돼 교육과정으로 들어온 지 2년 차. '한 학기 한 권 읽기'는 현재 불이 잘 붙도록 풀무질하고 있는 아궁이 속 같다. 아직 불이 붙지 않은 장작과 활활 타오르는 장작이 공존한다. 조심스레 '한 학기 한 권 읽기' 수업에 한 발 내딛거나 아직 시도해보지 못한 교사들도 있다. 책을 사랑하는 교사들의 실천 경험을 담은 결과물들이 쏟아져 나오면서 더 잘 타오르도록 부채질하고 있기도 하다. 이런 분위기에 힘입어 현장에서 열심히 실천하며 배움과 성장을 이뤄가는 교사들이 점점 늘고 있다. 전국 곳곳에서 교사와 학생이 함께 책을 읽고 작가와의 만남에서 눈을 반짝이는 아이들의 모습을 보는 일이 더 이상 낯설지가 않다. '한 학기 한 권 읽기'는 최근 국어과 교육과정에서 가장 눈에 띄는 변화의 바람을 몰고 오는 중이다.

"집에서 혼자 읽었을 때는 몰랐는데 선생님과 친구들이랑 함께 책을 읽으니 더 재미있어요."

"분명히 책을 다 읽었는데, 친구들과 이야기 나누면서 다른 뜻도 있다는 것을 알게 됐어요."

'한 한기 한 권 읽기' 수업을 경험한 아이들의 소감이다. 이전에 이루어 졌던 학습자의 개별적이고 자율적인 독서활동과 달리 '한 한기 한 권 읽기'는 수업 시간에 온전히 한 권의 책을 함께 읽고 생각을 나누며 표현하는 '읽기 공동체'를 형성했다는 것에 큰 의미가 있다. 또한 한 권을 온전히 읽는다는 것은 단순히 책을 처음부터 끝까지 읽고 내용을 완벽하게 이해하는 것만을 뜻하지 않는다. 책 읽기로 다양한 생각을 만나고 세상 이치와 책 읽기의 즐거움을 알게 해 평생 독자를 기르는 것에 주목적이 있다.

정식으로 교과 수업 시간에 책 읽을 권리와 의무가 동시에 주어졌다. 아직 걸음마 단계인 '한 학기 한 권 읽기' 수업을 어떻게 하면 아이들과 즐거운 나눔의 과정으로 만들 수 있을까?

2005년 경남지역에서는 '학교도서관을 생각하는 사람들의 모임'(줄여서 '학생사모')을 만들었다. 이 땅의 모든 아이들이 좋은 책을 마음껏 읽으면서 꿈을 키우고 더불어 나누는 삶의 주체로 살아가길 바라는 마음으로 만든 모임으로, 경남 초·중·고 교사, 사서교사, 전담사서가 그 구성원이다.

학생사모는 여러 소모임을 꾸리고, 살아 움직이는 학교도서관과 독서교육을 위해 다양한 실천 활동을 펼치면서 함께 방향을 찾았다. 좋은 책이 있으면 서로 추천하고 책과 아이들의 삶을 연결하며 변화를 가져올 수 있는 방법에 대해 고민했다.

'한 학기 한 권 읽기'가 교육과정에 들어올 무렵엔 이와 관련한 실천 경험과 노하우도 자연스레 쌓여갔다. 그렇게 우리가 만들어간 경험과 사례를 현장에서 고민하고 있는 교사들과 나누고자 한 권의 책으로 엮었다.

『초등 한 학기 한 권 읽기』는 '한 학기 한 권 읽기'를 어떻게 해야 할지

막막함을 느끼는 교사들에게 도움을 주고자 책의 선정부터 수업 마무리까지 전 과정을 알기 쉽게 정리한 책이다. '한 권 읽기'와 관련해서 교사들이 가장 궁금해하는 점을 10가지 질문과 답으로 정리했다. 총 15편의 수업 사례는 '저학년, 중학년, 고학년'으로 나누고 책의 갈래를 표시해 필요한 내용을 찾아볼 수 있도록 구성했다. 저마다 다양한 색깔로 펼쳐낸 독서 수업 이야기를 보면서 '책으로 이렇게 수업을 하는구나. 나도 따라해 보고 싶다!' 하는 마음이 든다면 이 책의 목적은 달성한 셈이다. 물론 이 책에 나온 실천 사례들은 각 학교의 현실과 특성에 따라 다를 수 있으므로 어디까지나 참고 자료로만 삼으면 된다. 중요한 것은 내게 필요한 것을 찾아 적용하고 변주해 보면서 '한 권 읽기'를 실천할 수 있는 맷집과 역량을 키워나가는 일이다.

> 책을 읽는다는 것은 아무런 목적이 없는 행동이다. 책은 시험을 치기 위해 읽는 것도, 성적을 잘 받기 위해 읽는 것도, 멋있게 보이기 위해 읽는 것도 아니다. 책을 읽는 과정은 연애와 비견될 수 있는 지극히 친밀하고 따뜻한 그 '무엇'이다. 그런데, 아이들은 그토록 좋은 책 읽기를 끔찍하게 여긴다. 왜? '읽기'가 권유가 아닌 명령이 되어 버렸기 때문이다.
> ― 다니엘 페나크, 『소설처럼』, 이정임 옮김, 문학과지성사, 2018

'어린이가 책을 읽지 않을 권리'에 대해 이야기했던 다니엘 페나크의 글이 떠오른다. 생각해 보면 '한 권 읽기' 수업이 도입되기 전부터 우리 아이들은 어릴 적 부모의 무릎에 앉아 재미있는 책 이야기를 들으며 또 읽어 달라고 조르곤 했다. 책을 사랑하는 많은 사람들이 학교교육이 가르쳐주지 못한 자유로움과 상상력, 주체성을 책에서 얻었다. 책 읽기가 학교 교육과정 속으로 들어오면서 '교육'이라는 이름으로 누구도 침해할 수 없는 책 읽을 권리를 간섭하는 게 아닐까 걱정스럽기도 하다. 성취기준을 달성한다는 명목하에 책 읽기의 즐거움을 빼앗아서도, 평가를 목적으로 책 읽기의 본질을 훼손해서도 안 될 것이다.

'한 학기 한 권 읽기' 수업의 시작은 부담 없는 책으로, 아이들과 함께할 수 있는 책으로 골라서 직접 읽어 보자. 책을 읽다 보면 아이들과 할 수 있는 것들이 떠오를 것이다. 동료 교사들과 함께 읽어 보는 것도 좋다. 그동안 몰랐던 동료의 책 읽는 목소리가 특별하게 울리며 다가올 것이다. 함께 머리를 맞대고 고민하다 보면 내가 생각지 못한 아이디어와 계획들이 만들어진다. 아이들과 책을 읽다가 가끔 멈추고, 책에 관한 생각이나 경험을 서로 묻고 이야기 나눠 보자. 책으로 놀아도 보고, 하고 싶은 활동이 있다면 샛길로도 빠져 보자. 그러다보면 그동안 몰랐던 아이들 하나하나의 삶이 문득 내게 가까이 다가와 말을 걸고 있을 것이다.

이 책을 읽은 독자들이 아이들과 함께 저마다 다른 빛깔로 신나고 행복한 책 수다를 풀어내길 바란다.

2019년 가을
전국학교도서관 경남지역 학생사모

머리말 | 한 학기 한 권 읽기는 이제 시작이다 **4**

1장 한 학기 한 권 읽기, 어떻게 할까?
한 학기 한 권 읽기의 어제와 오늘 **12**
한 권 읽기 FAQ **16**

2장 저학년 한 권 읽기
| 옛이야기 | 다섯고개 호랑이와 신나게 놀아보자! _ 호랑이가 나오는 옛이야기 그림책 **30**
| 그림책 | 1학년, 너희가 하고 싶은 독서는 뭐니? _ 1학년이 좋아하는 그림책 **50**
| 동시 | 시와 함께 노는 교실 _ 『침 튀기지 마세요』 **74**
| 동화 | 진정한 친구를 사귀는 방법 _ 『콩이네 옆집이 수상하다!』 **86**
| 동화 | 인물의 마음은 어떻게 알 수 있을까? _ 『멋지다 썩은 떡』 **101**

3장   중학년 한 권 읽기

| 동화 | 지구별에서 사람들은 어떻게 살아갈까? _『랑랑별 때때롱』 122
| 그림책 | 살아 있다는 건 이런 거구나! _『살아 있어』 141
| 동화 | 나쁜 기억이 사라지면 행복해질까? _『한밤중 달빛 식당』 154
| 그림책 | 또래 친구 찬이에게 보내는 공감 편지 _『동생을 데리고 미술관에 갔어요』 172
| 동화 | 우리 가족 사랑 두 배로! _『두 배로 카메라』 189
| 그림책 | 있는 그대로 나를 사랑하기 _『나는 소심해요』 204

4장   고학년 한 권 읽기

| 어린이시 | 자기 삶을 노래할 줄 아는 아이들 _〈올챙이 발가락〉 220
| 동화 | 우리의 속도로 달리는 책 여행 _『불량한 자전거 여행』 237
| 고전 | 흥부전, 아이들의 심술보를 터뜨리다! _『흥부전, 부를 탐하다』 263
| 단편동화 | 자기 이야기로 수다꽃 피우는 독서수업 _『돌 씹어 먹는 아이』 279

함께 읽은 책들 300

한 학기 한 권 읽기, 어떻게 할까?

한 학기
한 권 읽기의
어제와 오늘

해마다 나라에서는 학교 및 공공도서관을 확장하며 다양한 도서를 갖추어 책 읽기를 지원하고, 학교에서도 아침독서나 책 읽어주기 운동을 지속적으로 실천해왔다. 그럼에도 불구하고 2017 국민독서 실태조사에 따르면 우리나라 청소년이나 성인들의 독서량은 OECD 국가 평균 76.5퍼센트보다 밑도는 74.4퍼센트였다. 학생들의 독서장애 요인으로 책 읽을 시간이나 습관 부족 및 휴대전화와 인터넷 영향이 크다고 한다. 어떻게 하면 학생들이 늘 책을 가까이하는 평생 독자로 성장하도록 이끌어나갈 것인가?

한편, 국어교육에서는 토막글 읽기와 요약문 읽기가 중심이 되어 온전한 한 편의 글 읽기 지도가 제대로 되지 않는다는 비판이 있어 왔다. 그 대안으로 2000년대 초반부터 국어 교사들을 중심으로 '느리게 읽기', '온작품 읽기', '함께 읽기', '깊이 읽기' 등 보다 적극적인 읽기 운동이 펼쳐졌다. 자유독서 위주의 개별 독서와 교과서를 넘어 온전한 작품을 제대로 읽고 생각을 나누고 표현하는 과정에서 독서의 즐거움을 알게 하자는 취지로 전개한 것들이다.

이러한 변화의 분위기에 따라 2015 개정 교육과정에서는 미래 사회에 능동적으로 대처할 수 있는 핵심 역량을 갖춘 창의융합형 인재 양성을 목적으로 독서 교육을 강화했다. 국어과 교과서의 한계를 극복하고, 여가 시간에 책 읽는 것이 힘든 학생들에게 학교 교육과정 안에서 책 읽기를 지도하는 '한 학기 한 권 읽기'를 적용한 것이다. 초등학교 3학년부터 고등학교 3학년까지 10년 동안 정규 교과 시간에 온전히 책을 읽고 이야기를 나눌 수 있는 독서 단원이 정식 교과 과정으로 채택되었다. '한 학기 한 권 읽기'는 교사들의 실천적인 노력이 교육정책에 반영된, '아래로부터 만들어진 교육과정'인 셈이다.

'한 학기 한 권 읽기'의 의미

교육부 고시 제 2015-80호는 "한 학기에 한 권, 학년(군) 수준과 학습자 개인의 특성에 맞는 책을 긴 호흡으로 읽을 수 있도록 도서 준비와 독서 시간 등의 물리적 여건을 조성하고, 읽고, 생각을 나누고, 쓰는 통합적인 독서활동을 학습자가 경험할 수 있도록 한다."라고 시행 근거를 밝히고 있다.

교육과정에 '한 학기 한 권 읽기'(이하 '한 권 읽기')가 들어왔다는 것은 정규 교과 시간에 한 학기 8시간 이상 책을 읽을 수 있는 시간을 확보했다는 의미이다. 국어교과서의 분량도 국어과 교육과정에서 충족해야 할 수업 시수보다 5퍼센트 적은 분량으로 개발해 20시수 내외는 학교나 학급 실정에 맞게 탄력적으로 운영할 수 있는 장치도 마련해 두었다. '한 학기에 한 권만 읽어야 한다'는 것이 아니라 최소한의 기준과 방법을 제시해 독서 단원의 운영 시기와 방법도 최대한 교사의 자율성을 보장하고 있는 것이다.

이렇게 교사가 교과서를 넘어 자유롭게 수업을 구성할 수 있는 범위가 넓어졌지만, 우려되는 점도 없지 않다. 예컨대 한 학기에 한 번, 8차시 동안 학생들 각자 읽고 싶은 책을 가져와 개별 독서를 하고 학습지나 독후감을 쓰고 평가하는 것으로 의무를 다했다고 생각할 수도 있다. 기존의 교과 수업처럼 비슷한 방식으로 책 읽기가 진행된다면 오히려 독서에 대한 흥미를 저해할 수도 있다고 본다.

교육과정으로 들어온 '한 권 읽기'는 학생들이 책을 가까이하는 습관과 태도를 형성하고 평생 독자로 성장하게 하는 데에 가장 큰 목적이 있다. 취지에 맞게 수업이 전개되기 위해서는 학생들이 함께 읽을 책을 선정하는 과정에 참여하고, 생각을 자유롭고 다양하게 표현함으로써 독서의 즐거움을 경험하도록 해야 한다. 교사는 자율적인 배움이 일어나도록 시공간적 교육과정을 제공하지만, 어디까지나 주체는 학생이 되어야 하는 것이다.

현장 교사들은 여전히 한 권 읽기가 어렵다

그러나 현장에서 한 권 읽기가 제대로 무르익기까지는 아직 시간이 필요하다. 교사들은 한 권 읽기 실천에서 다음과 같은 어려움이 있다고 호소한다.

- 도서 목록은 어떻게 선정하는가?
- 책은 어떤 방법으로 마련하는가?
- 책 구입 예산은 어떻게 책정하는가?
- 어떤 방법과 과정으로 책을 읽고 활동할 것인가?

- 어떻게 하면 책의 재미도 느끼게 하면서 의미 있게 구성할 것인가?

　꾸준히 책 읽기를 실천해온 교사에게도 책 선정은 쉬운 일이 아니다. 학교 예산을 들여 책을 구입하고 어렵게 책을 마련했는데 학생들에게 제대로 읽혀야 한다는 책무성이 부담으로 다가오기도 한다. 여러 가지 부담과 바쁜 업무 등으로 독서 단원 수업을 미뤄두었다가 학기말에 급하게 몇 차시 수업 진행으로 마무리할 때도 있다. 우리 학급과 상황이 다른 조건에서 만들어진 독후 학습지를 그대로 적용하는 경우도 있다. 교사가 직접 책을 읽어 보지 않은 채 좋다는 소문을 들은 책을 선택했다가 학급 아이들과 맞지 않아 실패하는 경우도 있다.
　먼저 경험해본 교사들도 다양한 시행착오를 겪는 중이다. 과도한 교육과정 재구성이나 성취기준 달성에 목적을 두어 책 읽기 본래의 즐거움을 잃어버리는 경우, 재미만 좇다가 의미를 잃어버리는 경우, 의욕이 앞선 교사의 무리한 활동 계획으로 아이들이 힘들어하는 경우, 교사 위주의 책이나 활동 선택으로 아이가 흥미를 잃는 경우 등이 있다.
　어떻게 하면 재미와 의미를 모두 추구하는 수업을 할 수 있을까? 교사들의 고민, 궁금한 점들을 모아 열가지 질문과 답으로 준비했다.

한 권 읽기
FAQ

1. 읽기의 수준도 흥미도 다른 아이들에게 같은 책을 읽게 하는 것은 다소 폭력적인 방법 아닌가요?

A. 아이들마다 생각이나 좋아하는 책이 다르고, 저마다 독서력이 다른데, 한 권의 책을 정해서 다 같이 읽게 하는 것은 너무 독선적이고 폭력적인 것 아니냐 하는 의견들이 많습니다. 아이들이 스스로 좋아하는 책을 고르도록 선택의 자유를 줘야 한다는 뜻이지요. 하지만 정말 폭력적인 것은 같은 책을 읽게 하는 것이 아니라, 교사의 생각이나 의도대로 아이를 억지로 끌고 가려 하는 수업 과정이 아닐까요? 학급 아이들이 같은 책을 함께 읽을 수도 있고, 모둠별로 주제별로 다양한 책을 한 학기 동안 읽을 수도 있습니다. 학급 상황과 아이들의 수준에 맞게 선택할 수 있는 문제이므로 '한 권 읽기는 선택의 자유를 뺏고, 독선적으로 진행하는 교육이다'라고 단정짓

는 것은 잘못된 전제라고 봅니다.

　책을 함께 읽는다는 것은 책의 이야기든, 인물이든 공통된 주제에 초점을 맞춰 학급 전체가 다양한 관점과 생각을 나눈다는 의미를 지니고 있습니다. 같은 책을 다양한 아이들이 자신의 삶과 연결지어 읽고 자신의 관점으로 이야기를 주거니 받거니 하며 이야기꽃을 피우는 것이지요. '같은 책을 억지로 아이들에게 읽힌다'는 의미와는 거리가 있습니다.

2. 같은 책을 읽어야 하나요, 다른 책을 읽어야 하나요?

A. 처음에 한 권 읽기를 시작할 때는 같은 책을 읽는 것이 효율적입니다. 처음부터 개별적으로 읽고 싶은 책을 선택해 읽게 하면, 책 선정과 활동 구성 등에서 많은 시간과 에너지를 낭비할 위험이 있기 때문이지요. 학기 초에는 같은 책을 함께 읽고, 점차 모둠별, 관심 주제별로 책을 선택해 읽는 것이 좋은 방법입니다.

　지금은 한 권 읽기가 도입된 지 얼마 되지 않은 시점이기 때문에 한 권 읽기 지도 경험을 쌓는 시기라고 할 수 있습니다. 지도 경험이 늘면 모둠별로 다른 책, 더 나아가서는 개별로 다른 책을 읽는 사례도 충분히 나올 수 있다고 생각합니다.

　또 학년 특성에 따라 다르게 고민해볼 필요도 있습니다. 가령 1학년의 경우 읽기에 대한 개인차가 상당히 크지요. 글 읽기가 가능한 친구도 있고, 그렇지 않은 친구도 있고, 문장에 대한 이해도도 상당히 차이가 납니다. 이런 경우는 교사가 책을 직접 읽어주는 게 가장 좋습니다. 학년이 올라가면서 다양한 방식으로 책을 읽는 것이 가능하다고 봅니다. 고학년이 되면 주제별로 여러 책을 깊이 있게 읽는 것도 좋겠지요.

3. 책 싫어하고 안 읽는 아이, 어떻게 읽게 하지요?

A. 학급에는 책을 정말 싫어하고 안 읽는 아이들이 있습니다. 이런 아이들을 '한 권 읽기' 수업에 동참시키려면 어떻게 해야 하나 고민이 많이 됩니다.

다니엘 페나크가 『소설처럼』에서 말했듯이 명령어가 될 수 없는 동사가 있어요. '믿다', '사랑하다'와 같은 동사는 강제로 하게 만들 수 없는 동사예요. 무엇을 억지로 믿게 하거나, 억지로 누군가를 사랑하게 만들 수는 없잖아요. '읽다'도 마찬가지라는 생각이 듭니다. 억지로 읽게 만들 수는 없어요. 책을 싫어하는 아이를 억지로 읽게 만들 수는 없고, 저절로 이야기에 빠져들게 만드는 수밖에 없는데 어떻게 하면 좋을까요? 가장 기본적이고 단순하지만 가장 확실한 방법이 있습니다. 바로 선생님이 직접 책을 읽어주는 것이에요. 선생님이 나긋나긋한 목소리로 등장인물의 대사도 실감 나게 살려 책을 읽어주면 어느새 이야기에 빠져들 수밖에 없습니다. 책을 읽는 것이 아니라 재미있는 이야기를 듣는 기분이겠지요. 그렇게 책을 읽어주다 보면 책 싫어하는 아이도 어느새 '책이 재미없지는 않네!' 하며 다음 이야기가 궁금해서 책을 들춰보는 경험을 자주 하게 된답니다. 난독증이 있는 아이의 경우에도 선생님이나 친구와 함께 읽다 보면 어렵지만 천천히 읽어갈 수 있습니다.

책의 3분의 1 정도는 교사가 읽어주고, 다음 내용에 대해 호기심이 잔뜩 생길 무렵 아이들이 직접 읽게 하는 방법도 있겠지요. 책 읽는 분위기를 자연스럽게 만들어가면 어느새 책 읽기를 싫어하는 아이들도 '책이 그렇게 재미있나? 나도 한번 읽어볼까?' 하면서 책을 집어들게 될 거예요.

4. 함께 책을 읽는 방법에도 여러 가지가 있습니다. 어떤 방법으로 읽어야 효율적일까요?

A. 예전에는 학교에서 묵독을 많이 하는 분위기였습니다. 독서 시간을 주고, 각자 조용히 책을 읽게 하는 것이지요. 요즘에는 책을 소리 내어 읽는 낭독, 성독이 주목을 받고 있습니다. 성독을 하려면 책을 정면으로 마주 보고 읽어야 하기 때문에 마음의 흐트러짐이 줄고 학습 효과도 높일 수 있다고 합니다. 한 반이 같은 책으로 한 권 읽기를 할 때에도 소리 내어 읽어 보면 좋겠죠.

책을 읽는 방법은 여러 가지가 있기 때문에 꼭 한 가지 방법을 고집할 필요는 없습니다. 활동 단계나 작품 내용에 따라 다양한 읽기 방법을 적용하는 것이 좋겠지요. 이 책에서 제시하고 있는 읽기 방법은 아래와 같습니다.

1) 교사가 읽어주기

교사가 책을 읽어주는 방법이 있습니다. 이야기의 도입이나 절정, 결말 부분을 교사가 읽어주면 좋습니다. 이야기의 인물과 배경을 소개하는 도입 부분을 교사가 읽어주면 아이들은 앞으로 이어질 이야기에 흥미와 관심을 가지게 됩니다.

어떤 이야기는 소재나 배경에 따라 아이들이 낯설어할 수도 있는데, 교사가 도입 부분을 읽어줌으로써 새로운 이야기에 대한 두려움도 줄여줄 수 있고요. 절정 부분도 교사가 몰입해서 실감 나게 읽어주면 아이들이 작품에 푹 빠지곤 합니다. 또한 결말 부분도 교사가 분위기에 맞춰 읽으면 아이들이 여운을 길게 가져갈 수 있겠지요. 또 교사가 읽어주면 중요한 장면에서 멈추고 아이들과 대화를 나누기도 훨씬 수월하다는 장점이 있습니다. 그림책을 읽거나 학생들이 책을 준비하지 못했을 경우에도 교사가 읽어주면 좋습니다.

2) 돌아가며 읽기, 번갈아 읽기

전체 학급이 앉은 순서에 따라 돌아가며 읽는 방법, 여학생과 남학생이 번갈아 읽거나 교사와 학생 전체가 주거니 받거니 하며 읽는 방법이 있습니다. 한 줄씩 읽기, 두 문장씩 끊어 읽기 등을 하면 처음에는 흐름이 끊기고 더듬거리게 되는데, 나중에는 자연스럽게 내용이 이어집니다. 돌아가며 읽기를 할 때 자신의 차례를 놓치면 다른 아이들의 원성(?)을 살 수도 있기 때문에 집중해서 읽게 된다는 장점이 있지요. 한 문장이나 두 문장씩 읽기를 하는데 단답형의 대화가 나오거나, 짧은 문장이 연이어 나오는 경우도 있는데요. 이럴 때는 어떻게 끊어 읽어야 할지 난감하지요. 그럴 때는 자연스럽게 반 아이들과 합의를 하면 된답니다.

또 이야기에 등장하는 인물 수에 맞추어 모둠 친구들과 돌아가며 읽는 방법도 있습니다. 아이들은 이 방법으로 읽는 것을 참 좋아합니다. 대화문은 인물을 고른 아이가 읽고, 나머지 부분은 다른 아이들이 해설자가 되어 읽으면 됩니다. 아이들은 마치 자기가 책 속의 등장인물이 되어 말을 하는 듯한 느낌을 받게 되지요. 이 방법은 보통 낭독극 할 때 많이 쓰는 방법입니다. 드라마나 영화를 찍기 전에 배우들이 대본 리딩을 하는 방식과 비슷하다고 보면 됩니다. 최근에는 낭독극이 그 자체로 공연될 정도로 사람들의 관심을 받고 있습니다.

3) 짝과 함께 읽기 (두 마음 읽기)

짝과 함께 번갈아서 읽는 방법입니다. 한두 문장씩, 혹은 한 페이지씩 번갈아가며 읽어도 좋습니다. '두 마음 읽기'는 두 명씩 짝을 지어 한 명이 한쪽을 먼저 읽고, 나머지 한 명은 짝이 읽어주는 내용을 잘 들은 뒤 떠오르는 생각이나 느낌, 궁금한 것을 말하는 읽기 방법입니다. 이 방법은 짝이 한쪽을 다 읽었을 때 자기의 생각이나 느낌을 말해야 하기에 집중해서 듣게 된다는 장점이 있습니다. 두 명이 각자의 책을 가지고 읽는 것도 좋지만, 한 권의 책을 함께 읽는 것이 더 효과적입니다. 이 방법은 그냥 번갈아 읽을 때보다 시간이 많이 걸린다는 단점이 있지만, 친구와 대화를 나누면서 읽기 때문에 내용을 깊이 이해하고 생각을 넓힐 수 있다는 장점이 더 큰 읽기 방법입니다. 이 방법은 짝과의 호흡이 가장 중요합니다. 짝과 마음이 맞지 않는 아이들은 책을 읽다가 삐걱거리고 불만을 터뜨리는 경우도 생깁니다. 이럴 때 교사의 중재와 지도가 중요하겠지요.

4) 묵독하기

함께 책 읽기를 마친 후에는 각자 묵독을 하면서 책의 내용을 다시 돌이켜 보는 시간을 갖는 것도 좋습니다. 그림책을 교사가 읽어주는 경우에는 그림이나 글을 자세히 보기가 어렵지요. 책을 다 읽고 나서 각자 다시 책을 읽을 때 그림도 더 자세히 보고, 책을 함께 읽을 때 궁금했던 내용도 한 번 더 확인할 수 있습니다.

5. 책을 미리 읽은 아이, 어떻게 동기부여를 하고 '스포일러'를 방지하게 할까요?

A. 보통 한 권 읽기 수업을 하기 전에 미리 수업 계획을 아이들에게 알려주곤 하는데요. 책을 좋아하고, 어떤 책인지 궁금증을 참지 못하는 아이들은 미리 읽어오는 경우가 왕왕 있어요. 반전이 있거나 줄거리를 알면 안 되는 책은 수업계획에서 미리 알려주지 않거나, 교사만 책을 가지고 있어야 되겠지요. 하지만 대체로는 책을 미리 읽어도 학급 친구들과 함께 읽을 때 책이 새롭게 다가오기도 하고, 내용을 더 깊이 이해할 수 있다는 장점이 있

어서 제지할 필요는 없습니다. 미리 읽은 아이들에게 아직 안 읽은 친구를 위해 '스포일러'를 하지 말아달라고 당부하면 알아서 하지 않는 경우가 대부분이고요. '난 미리 읽었지만 조용히 하겠어.' 하며 의기양양해하는 아이도 있고, 그런 과정에서 친구에 대한 배려를 배우기도 한답니다.

6. 읽기 전, 읽는 중, 읽은 후로 단계를 나눌 필요가 있나요?

A. 보통 한 권 읽기 수업을 할 때 '읽기 전, 읽는 중, 읽은 후'로 과정을 나누곤 합니다. 하지만 읽기 전, 읽는 중, 읽은 후에 해야 하는 활동이 따로 정해져 있는 것은 아니고, 꼭 정확하게 나눌 필요도 없습니다. 아이들이 책에 관심을 가지고 재미있게 읽도록 하기 위해, 읽기 전 활동으로 표지를 보고 내용을 예측해 본다든지, 읽는 중에 중요한 장면에서 질문하고 대화 나누기를 한다든지, 읽은 후에 등장인물이 되어서 연극을 해본다든지 등의 계획을 세우다 보니 자연스레 읽기 전, 중, 후로 과정이 나뉜 것뿐입니다. 한 권 읽기 수업을 계획할 때 무엇보다 중요한 것은 아이들이 원하는 활동을 해야 한다는 것입니다. 책을 읽으면서 물어볼 수도 있겠지요. "어떤 활동이 하고 싶어요? 어떻게 책과 놀고 싶어요?" 하고 물어보면서 아이들이 재밌어 하는 활동과 수업으로 꾸려 나갈 때 자율성과 창의성도 기르고 책 읽기도 즐겁게 할 수 있습니다.

7. 한 권 읽기 수업을 재밌게 할 만한 활동은 어떤 것들이 있을까요?

A. 먼저 읽기 전 활동으로 책표지 그림과 제목을 살펴보며 내용 예상하기, 떠오르는 질문 만들기, 책 속에 나올 것 같은 단어 예측해 보기 등을 할 수 있습니다. 이러한 활동을 통해 책에 대해 관심과 흥미를 유도해 끝까지 책을 읽을 수 있게 합니다. 읽기 전 활동은 책과 처음 만나 친해지는 과정이

므로 책을 읽는 과정과 독후활동 못지않게 중요합니다.

함께 읽는 과정에서 책 내용을 파악하고, 중요한 장면에서 학생들의 경험과 생각을 서로 나누어 볼 수 있습니다. 읽는 중 활동으로는 뒤에 이어질 이야기 예상해 보기, 이야기 흐름 정리하기, 책 속 단어를 활용해 낱말 사전 만들어가기, 책 속 인물이 되어 인터뷰하기(핫시팅), 인상 깊은 장면을 정지장면으로 표현해 보기 등이 있습니다. 핫시팅과 정지장면으로 표현하기는 읽은 후 활동으로 할 수도 있습니다.

책을 다 읽은 후에는 인상 깊은 장면을 다양하게 표현해볼 수 있을 텐데요. 미술과목과 연계해 그림이나 입체 작품 등으로 표현해볼 수도 있고, 역할극이나 인형극으로 나타낼 수도 있습니다. 등장인물이나 작가에게 편지 쓰기도 많이 활용하는 방법입니다. 이야기 속에서 함께 나누고 싶은 주제를 뽑아 토론을 할 수도 있습니다. 토론 방법은 학생의 수준에 따라 정할 수 있습니다. 열린 결말이라면 뒷이야기를 상상해 지어내는 활동을 할 수 있고, 고학년의 경우에는 인물, 사건, 배경 등을 바꾸어 써 보는 활동도 할 수 있겠지요.

이외에도 책의 내용에 따라 나누고 싶은 이야기 주제나 활동을 얼마든지 다양하게 꾸려갈 수 있습니다. 굳이 읽는 중 활동과 읽은 후 활동을 구분할 필요는 없으며 책의 내용에 따라 적절하게 구성하면 좋겠지요.

8. 교사마다 관심 분야가 다른데요. 독서보다는 다른 활동에 관심 있는 교사가 한 권 읽기에 쉽게 접근할 수 있는 팁이 있을까요?

A. 기존에 나와 있는 한 권 읽기 안내서나 이 책을 읽고 따라해보는 것이 가장 쉬운 방법일 수 있겠지요. 또 교내에 교사 독서 모임이 있으면 좋습니다. 그림책이나 동화를 같이 읽으면서 토론하고 수업을 디자인할 때에도

동료 교사들과 머리를 맞대고 의논하다 보면 재미있고 참신한 아이디어가 더 많이 나온답니다.

단발성 행사나 단위 수업이 아니라 긴 호흡으로 8차시 이상 계획해야 하는 '한 권 읽기' 수업을 교사 혼자 꾸려가기는 쉽지 않습니다. 책을 선정하고 활동을 구성하며 수정·보완해 나가기 위해서는 동료 교사와 전문적 학습공동체를 만들어 함께 배우는 과정이 매우 중요합니다.

교사가 문학에 전혀 관심이 없는 경우에는 교사의 특기나 전문 분야와 관련 있는 도서를 학생들과 함께 선정해볼 수도 있습니다. '한 학기 한 권 읽기'는 그림책, 동시, 동화, 극본 같은 문학 도서뿐만 아니라 사회 및 과학 도서, 역사 도서 같은 비문학 도서도 포함할 수 있습니다. 또한 다른 교과와 연계한 프로젝트에 한 권 읽기 활동을 포함시킬 수도 있습니다.

9. 어떤 책을 읽어야 할까요? 책 고르기가 너무 어려워요.
A. 한 권 읽기 책을 고르는 것도 쉬운 일은 아니죠. 여러 책을 읽어 보면서 아이들에게 맞는 책을 골라야 하는데 이게 교사에게는 많은 부담이 됩니다. 아이들이 재미있어할 만한 책을 고르기 위해 책의 일부분을 먼저 읽어 보고 고를 수도 있지만, 어떤 책은 앞부분은 재미있는 데 반해 뒷부분은 지루하거나 지나치게 교훈적으로 흐르는 경우가 있어요. 그래서 교사가 먼저 다 읽어 보고 고르는 것이 가장 안전하지만 그러기에는 시간적 여유가 없어 부담스럽기도 합니다. 독서 지도 경험이 부족한 교사의 경우에는 경험이 많은 교사에게 추천 목록을 받거나, 참고 목록이 잘 소개된 안내서를 보는 것도 한 방법입니다.

물론 교사가 읽지도 않은 책을 목록만 참고해서 한 권 읽기 도서로 선택하는 것은 위험할 수도 있고, 무책임해 보일 수도 있습니다. 수많은 책을 다 검토할 수는 없으니 믿을 만한 목록을 참고해서 교사가 직접 보고 검증하는 과정은 필수겠지요.

고학년이라고 해서 무조건 두꺼운 책을 읽어야 된다는 생각을 버리고, 처음에는 비교적 읽는 시간이 짧은 그림책이나 단편 동화부터 시작해 보는 것도 좋은 방법입니다. 한 권 읽기를 처음 시도해 보는 교사에게도 입문 과정이 필요합니다. 접근하기 쉬운 그림책, 단편동화부터 시작해 차츰차츰 깊이 있는 책으로 나아가면 된다고 생각합니다. 남들이 좋다고 추천하지만 관심이 안 가는 책보다 교사가 직접 읽고 흥미를 느낀 책으로 아이들에게 다가가는 것이 가장 중요합니다. 교사가 좋아하는 책으로 해야 아이들도 함께 좋아하지 않을까요?

참고로 고등학교의 경우이긴 하지만 송승훈 교사는 『나의 책 읽기 수업』(나무연필, 2019)에서 한 권 읽기를 할 때 학생 수의 두 배가 되는 책을 가져가서 고르게 한다고 말했는데요. 한 권 읽기 수업이 익숙해지고, 책 읽는 분위기가 정착된다면 아이들이 직접 한 학기 동안 읽을 책을 고르게 하는 것도 나쁘지 않다고 봅니다.

10. 책 준비는 어떻게 할까요? 학교 예산은 어떻게 마련해야 하나요?
A. 책을 고르는 것도 힘들지만, 학급 아이들 수만큼 책을 마련하는 것도 만만치 않은 일이죠. 보통 학교 예산으로 구입하는 경우가 많으며 이것이 가장 좋은 방법입니다. 학교에서 구입한 한 권 읽기 도서를 어떻게 관리하느냐도 문제입니다. 학교도서관에서 관리할지, 학생들에게 나눠줄지도 학교마다 다른 것 같고요.

학교에서 보관한다면 학교도서관의 일부를 한 권 읽기 도서 배가 공간으로 확보하여 학년별, 학급별로 필요한 시기에 도서를 쉽게 대출해갈 수 있는 시스템을 마련해야 합니다. 여러 해를 두고 올해는 모둠별 한 권, 내년에는 2인 한 권 등으로 책의 권수와 종류를 꾸준히 쌓아간다면, 몇 년 안에 멋진 한 권 읽기 도서 공간이 만들어질 겁니다.

한 권 읽기 도서 구입 예산을 학교에서 지원하기 힘든 상황이라면 학생들이 직접 책을 구입하거나 공공도서관에서 대여하는 방법이 있습니다. 학생들이 직접 준비한 책을 가지고 수업을 한다면 더 애착을 가질 수 있고, 마음 편히 줄을 긋거나 메모도 하면서 배움의 순간을 남길 수 있겠죠. 다만 학부모에게 책 구입에 대한 부담으로 작용할 수 있으므로 미리 가정에 안내를 해야 할 것입니다. 지자체에서 매년 독서 관련 예산을 배정하기 때문에 공공도서관에 도움을 요청하면 적극적으로 지원하는 경우도 많이 있습니다.

하지만 '한 권 읽기'가 교육과정에 포함된 만큼 원활한 수업 운영을 위해 학교 예산을 충분히 배정하는 것이 가장 중요합니다. 교사도 이 부분에 대해 당당하게 요구할 수 있어야 하고요.

> 한 학기 한 권 읽기는 아이들을 평생 독자로 성장하게 하는 데에
> 가장 큰 목적이 있다. 취지에 맞게 교육을 하기 위해서는 아이들이
> 함께 읽을 책을 선정하는 과정에 참여하고, 생각을 자유롭고
> 다양하게 표현함으로써 독서의 즐거움을 경험하도록 해야 한다.
> 교사는 자율적인 배움이 일어나도록 시공간적 교육과정을 제공하지만,
> 어디까지나 주체는 아이가 되어야 하는 것이다.

저학년 한 권 읽기

다섯 고개 호랑이와 신나게 놀아보자!

호랑이가 나오는 옛이야기 그림책

손희선 북면초등학교 교사

누구나 처음은 두렵다. 학교에 처음 들어간 아이들의 마음도 그렇다. 입학식 다음 날 아침, 1학년 교실 앞 복도에서 엄마에게 안겨 통곡하는 아이가 보인다. 1학년 담임을 처음 맡았을 때는 우는 아이가 이상했다. '내가 무섭게 생겼나?' 하는 생각도 들었다. 차츰 1학년 아이들을 이해하게 되면서 정도의 차이일 뿐 아이들은 모두 처음에 학교를 두려워한다는 것을 깨달았다. 배움에 대한 두려움, 낯선 공간에서 느끼는 분리불안 같은 것이 존재하는 것이다.

글자를 잘 모르고 배움에 대한 두려움이 많은 아이들에게 아침 독서 시간에 혼자 책을 읽으라고 하는 것은 소리 없는 폭력과 같다. 선생님이 아이들에게 책을 읽어준 뒤 아이들이 하는 이야기에 귀 기울이고 공감해주면 좋은 관계를 맺는 데 도움이 된다. 우리 반 아이들이 즐겁게 책을 읽고 배우며 학교가 편안한 곳임을 알게 해주고 싶었다. 그래서 일명 '학교 적응 프로젝트'로 책과 놀이를 결합한 수업을 진행해 보았다.

호랑이가 나오는 옛이야기 살펴보기

어떤 책을 읽고 놀까 고민했다. 아이들이 좋아하면서도 편안하게 들을 수 있는 이야기를 찾다 보니 옛이야기가 떠올랐다. 어릴 적 할머니가 들려준 옛이야기를 떠올리면 편안하고 따뜻한 느낌이 든다. 물론 요즘 아이들은 할머니의 옛이야기를 거의 들어보지 못했겠지만, "책 읽어줄까?"보다는 "옛날이야기 들려줄까?"라는 말에 더 호기심을 보일 것 같았다.

아이들이 좋아하는 옛이야기에는 도깨비, 똥, 호랑이 따위가 등장한다. 무서우면서도 친숙한 호랑이가 가장 끌렸다. 호랑이가 등장하는 옛이야기

해와 달이 된 오누이

호랑이 꼬리 낚시

호랑이가 준 보자기

호랑이 뱃속 잔치

줄줄이 꿴 호랑이

는 무궁무진하다. 사람을 잡아먹는 호랑이, 사람을 도와주는 호랑이, 약한 존재를 괴롭히는 호랑이, 어리석은 호랑이 등 다양한 성격으로 옛이야기에 등장한다. 1학년 수준에 알맞고 재미있는 호랑이 이야기 다섯 편을 골라 함께 읽고 즐겁게 놀아보았다.

'호랑이가 나오는 옛이야기' 읽기 흐름

배움 주제	호랑이가 나오는 옛이야기를 읽고 놀면서 학교생활 적응하기
수업 흐름 (12차시)	**읽기 전(1차시)** • 『해와 달이 된 오누이』 함께 읽기 • 다섯 고개 호랑이 활동 소개하기 **읽는 중(8차시)** • 첫 번째 고개 : 호랑이 꼬리잡기 놀이하기 - 호랑이 꼬리 만들고 친구들과 꼬리잡기 놀이하기 • 두 번째 고개 : 보자기 놀이하기 - 학교생활 힘든 점 이야기하기 - 보자기를 쓰고 갖고 싶은 힘 외치기 • 세 번째 고개 : 호랑이 뱃속 잔치하기 - 커다란 호랑이 모형을 색칠하고 먹고 싶은 음식 그리기 - 쫀드기로 된 호랑이 고기 맛보기 • 네 번째 고개 : '꿀꺽 쏘옥 호랑이 꿰기' 놀이하기 - 나만의 호랑이 꾸며서 만들기 - 모형으로, 몸으로 '줄줄이 호랑이 꿰기' 놀이하기 **읽은 후(3차시)** • 다섯 번째 고개 : 호랑이 그림책 골라서 부모님과 함께 읽기 • 호랑이가 보내온 선물 : 호랑이 사탕 목걸이 만들기 • 활동 소감 나누기

다섯 고개 호랑이 소개하기

처음 들려줄 이야기는 아이들이 한 번은 들어봤을 법한 『해와 달이 된 오누이』(이혜옥 지음, 배성연 그림, 한국뻐아제, 2009)를 골랐다. 표지를 보여주자 유치원이나 집에서 읽어서 알고 있다며 신이 나 이야기하는 아이가 여럿이었다.

책에는 떡을 팔러 간 어머니가 고개를 넘을 때마다 호랑이가 나타나서 위협하는 장면이 나온다. 따라 하는 걸 좋아하는 아이들에게 "우리 다 호랑이가 되어서 외쳐볼까요?" 하니 아이들은 신이 나서 "떡 하나 주면 안 잡아먹지!"를 크게 외쳤다. 호랑이가 나무를 타고 오누이를 쫓아가다 참기름 때문에 미끄러지는 장면에서는 "쭈욱(미끄러지는 모습), 탕(바닥에 떨어지는 소리)" 소리를 만들어 말놀이도 했다. 호랑이가 쫓아오는 것이 무섭다고 울상인 친구부터 실감 나게 호랑이 소리를 흉내 내는 아이들까지 책을 읽는 내내 집중하는 모습이 보기 좋았다.

책을 다 읽고 나니 아이들은 "호랑이가 무서워요." "엄마가 불쌍해요." "따라 말하니 재밌어요." 등의 소감을 말했다. 다섯 고개 놀이판을 칠판에 붙였다. 아이들이 '저게 뭘까?' 웅성거린다. '다섯 고개 ○○○'이라고 칠판에 글씨를 썼다. 한글을 읽을 줄 아는 아이들이 "다섯 고개 땡땡땡이다!"라고 외친다. "땡땡땡이 뭘까요?"라고 물으니 어리둥절한 모습이다. "우리가 방금 읽은 책에서 엄마가 고개를 넘어갈 때마다 만난 거지요." 하고 힌트를 주니 "다섯 고개 호랑이!" 이구동성으로 답을 외쳤다.

'다섯 고개 호랑이'는 책을 읽고 놀이를 하며 하나씩 고개를 넘어가는

다섯 고개 호랑이 놀이판

활동이다. 아이들에게 고개마다 호랑이가 나오고 우리가 미션을 통과해야 다음 고개를 넘어갈 수 있다고 설명해주었다. 호랑이에게 잡아먹히지 않고 무사히 고개를 넘으면 호랑이가 주는 선물도 받을 수 있다고 했더니 빨리 호랑이를 만나러 가자고 난리가 났다.

"앞으로 우리는 여러 호랑이를 만날 건데, 어떤 호랑이를 만나고 싶어요?"

"무서운 호랑이요!"

"무서운 건 싫어요. 귀여운 호랑이가 좋아요."

"사람을 도와주는 착한 호랑이랑 만나고 싶어요."

"엄청 엄청 큰 호랑이요!"

"청소를 잘하는 호랑이요. 내 방도 청소해주면 좋겠어요. 헤헤."

"사람을 잡아먹는 무시무시한 호랑이를 만나고 싶어요!"

만나고 싶은 호랑이 이야기를 나누니 한 시간이 훌쩍 지나갔다. 쉬는 시간이 되어도 이야기꽃이 만발했다.

첫 번째 고개 : 호랑이 꼬리잡기 놀이

다음 날 아침부터 아이들은 다섯 고개 호랑이 언제 만나냐고 내 바짓가랑이를 붙잡고 늘어졌다. 첫 고개에 오늘 읽을 그림책 속 호랑이를 붙였다. 어떤 호랑이일까 추측해 보는 시간을 가진 후 책을 보여주었다. '호랑이 꼬리 낚시' 제목을 읽어주니, 유치원 때 호랑이 꼬리로 낚시놀이를 했던 경험을 이야기하는 아이가 있다. 어릴 적 경험도 나누고 어떤 내용일지 상상해 보는 시간도 가졌다.

『호랑이 꼬리 낚시』(김명수 지음, 이은천 그림, 애플트리테일즈, 2011)는 굶주린 호랑이를 만난 토끼가 꾀를 발휘해 호랑이를 골탕 먹이는 이야기이다. 추운 겨울 토끼에게 속아 꼬리로 물고기 낚시를 하는 호랑이의 모습이 익살스럽다. 책을 함께 읽으며 토끼의 입장에서 호랑이를 바라볼 줄 알았는데, 의외로 호랑이가 불쌍하다는 친구들도 꽤 있었다. 토끼가 거짓말로 호랑이를 속이는 게 분하다고 화를 내는 아이도 있었다. 책을 읽으며 나오는 반응에 따라 그 아이의 성격을 엿볼 수도 있다. 책을 다 읽은 후 소감을 나눌 때는 토끼가 호랑이를 속이는 장면이 통쾌하다는 아이들도 꽤 많았다.

"책에 나오는 호랑이는 어떤 호랑이 같아요?" 하고 물으니 "어릴 때 공부를 열심히 하지 않은 호랑이", "잘 속는 호랑이"라는 답들이 이어지던 중에 수줍게 손을 든 유빈이가 "남의 말을 잘 믿어주는 호랑이"라고 대답했다. 한 방 크게 맞았다. 책을 읽어줄 때 교사가 의도한대로 반응을 이끌어내는 것 또한 일종의 폭력일 수 있다는 생각이 들곤 했는데, 아이들의 다양하고 열린 생각들이 교사로서 내 모습을 반성하게 했다.

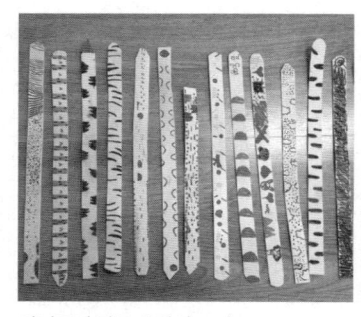
아이들이 만든 호랑이 꼬리

　책을 다 읽고 나서 무엇을 하고 싶은지 물으니 '호랑이 그리기', '색종이로 호랑이 접기', '꼬리잡기', '꼬리낚시' 등 다양한 의견이 나왔다. 먼저 호랑이 꼬리 만들기를 했다. 아이들은 EVA원단에 매직펜으로 무늬를 넣어 나만의 호랑이 꼬리를 만들었다. 친구랑 똑같이 만들면 안 된다고 따로 당부하지 않아도 하나도 똑같은 무늬가 없다. 열린 생각과 행동을 하는 멋진 아이들이다.

　첫 번째 고개의 '꼬리잡기 놀이'을 말해주기도 전에 아이들은 신나서 엉덩이를 들썩거렸다. 놀이 규칙을 설명하고, 안전하게 놀기 위해 지켜야 할 것들을 서로 이야기하는 시간을 가졌다. 꼬리잡기 놀이 방식은 여러 가지이다. 꼬리를 바지 속에 3분의 1쯤 넣고 꼬리를 잡으려는 술래를 피해 도망 다니는 놀이, 편을 나눠서 상대편의 꼬리를 빼앗는 놀이를 하며 아이들은 신나게 뛰어다녔다. 열심히 친구들의 꼬리를 잡으며 한결 더 친해진 모습이었다. 친구들과 함께 논 소감이 어떤지 물었다.

　"친구의 꼬리를 뺄 때 호랑이를 잡은 거 같았어요!"
　"호랑이 동굴에 들어간 것 같은 기분이에요."
　"꼬리가 잘 안 잡혀서 속상했어요."
　"진짜 호랑이가 나 잡으러 오는 줄 알았어요. 무서웠어요."

　안전하고 즐겁게 꼬리잡기 놀이에 참여한 아이들에게 첫 고개를 무사히 넘었다고 알려주었다. 다섯 고개 호랑이 미션지에 책 제목과 간단한 내용을 적고 도장을 찍어주니 모두가 받은 도장인데도 서로 자랑을 했다.

친구들과 신나게 꼬리잡기 놀이 한판!

두 번째 고개 : 보자기야, 나의 학교생활을 도와줘!

두 번째 고개에 호랑이를 붙였다. 크기가 매우 큰 호랑이를 보고 먹보 호랑이, 뚱뚱한 호랑이 같다는 이야기가 나왔다. 『호랑이가 준 보자기』(서정오 지음, 김은정 그림, 한림출판사, 2007) 제목을 읽고 표지를 보여주자 부자 호랑이가 보자기를 나눠주는 이야기라며 좋아했다. 착한 호랑이가 나올 것 같단다. 책을 미리 읽어본 아이는 하나님이 보자기를 주는 이야기라고 하고, 또 다른 아이는 부처님이 주라고 한 거라고 반박하고, 책을 읽기도 전에 대화들이 재미있었다.

'뒷간'이라는 단어를 모르는 아이들이 꽤 있었다. 책의 흐름상 중요한 단어라서 아는 친구에게 설명을 시켰더니, '뒷간 귀신 이야기'까지 나왔다. 마음씨 착한 총각에게 호랑이가 보자기를 선물하는 장면까지 읽으니 아이들은 어떤 보자기일까 매우 궁금해했다. '가난한 총각을 따뜻하게 만들어주는 보자기', '집을 지어주는 보자기', '부자로 만들어주는 보자기', '친구가 되어주는 보자기', '호랑이를 타고 다닐 수 있게 해주는 보자기' 등 다양한 의견이 나왔다. 책을 다 읽고 나서는 두 번째 고개 미션이 궁금하다고 성화다. 책에 나오는 총각처럼 착한 마음씨를 지닌 아이들에게 호랑이가 보내준 선물 상자를 공개했다. 선물 상자에는 호랑이가 보낸 편지와 보자기가 들어 있었다.

> 안녕? 1학년 4반 나행씨
> 나의 이야기를 잘 들어줘서 고마워!
> 두 번째 고개 미션은,
> 하나. 학교에서 힘든 점 이야기 나누기
> 둘. 보자기를 뒤집어쓰고 내게 생겼으면 하는 힘 말하기
> 이번 미션도 모두 통과하길 바랄게!
> ― 호랑이로부터

호랑이가 보낸 편지를 읽고 둥글게 모여 앉아 학교생활의 어려움을 서로 이야기했다. 아이들의 솔직한 마음을 들을 수 있어서 무척 좋았다. 바른 생활습관을 기르게 하고자 내가 준비한 많은 배움과 규칙들이 아이들을 힘들게 하는 부분도 있다는 것을 알게 되었다.

"급식 먹을 때 매운 김치를 다 먹어야 해서 힘들어요."
"운동장에서 2학년이 모래를 뿌려서 눈이 아팠어요."
"종이 치면 자리에 앉아야 하는 게 너무 힘들어요."
"학교에 계단이 너무 많아서 숨이 차요."
"가방이 너무 무거워요."
"아침에 학교까지 걸어와서 다리가 아파요."
"미세먼지 나쁜 날 밖에서 못 놀게 해서 슬퍼요. 미세먼지가 싫어요."

"구호를 많이 외치는 게 힘들어요."

호랑이가 왜 보자기를 보낸 것 같으냐고 물으니 힘든 학교생활을 도와주려고 보낸 것 같다고 말했다. 아이들에게 보자기를 뒤집어쓰고 어려움을 이겨낼 수 있는 힘을 말해 보라고 했다. 평소에 공부를 많이 하는 다영이는 공부하는 것이 어렵다고 말했다. 보자기를 얌전히 두른 후 연필을 쥐면 저절로 공부가 되는 능력이 생겼으면 좋겠다고 말했다. 다영이 어머니와 상담할 때 참고해야겠다는 생각이 들었다. 시간을 지배하는 힘을 가지고 싶다는 동윤이의 말에 다른 아이들이 "나도!" "나도!"라고 말하며 환호했다. 동윤이는 쉬는 시간이 끝나면 다시 시간을 돌려서 쉬는 시간으로 돌아가겠다고 말했다. 선생님도 갖고 싶은 능력이라고 하니 아이들이 까르르 웃었다.

"투명 호랑이가 나타나서 빠르게 이동할 수 있어요."

"아침에 누워 있으면 옷이 저절로 입혀져서 더 잘 수 있어요."

"실내화나 준비물을 깜빡했을 때 손을 뻗으면 자석처럼 날아와서 붙어요."(토르 망치 능력이라고 불러달란다.)

"친구의 마음을 읽어서 친구가 외로워하면 같이 놀아줄 수 있어요."

"나를 여러 명 만들어서 내가 가기 싫은 곳에 보내고 나는 놀래요."

"미세먼지가 나쁨일 때 바람을 일으켜 날려 보내버릴래요."

"보자기를 쓰면 날 수 있어요."

보자기를 어깨에 두르는 아이, 앞치마처럼 두르는 아이, 장옷처럼 머리에 쓰는 아이 등 다양한 방법으로 뒤집어썼는데 부끄러움이 유난히 많은 민수는 얼굴을 가렸다. 보자기는 상자 속에 다시 넣어놓고 학교에서 어려움이 생길 때마다 꺼내어 힘을 만들어보자고 약속하고 모두 통과 도장을 받았다.

세 번째 고개 : 호랑이 뱃속으로 들어가 볼까?

세 번째 고개에 호랑이를 붙이자마자 표정이 재미있다고 아이들이 웃었다. 혀를 날름거리고 눈을 위로 치켜 뜬 호랑이의 표정이 익살스럽다.『호랑이 뱃속 잔치』(신동근 지음, 사계절, 2007) 책을 보여주니 이미 읽었다는 친구가 많았다. 까만 바탕에 상단에는 하얀색의 뾰족한 가시들이 아래로 향해 있는 표지 그림을 보고 하얀 가시들이 호랑이의 뾰족한 이빨과 입이라는 것을 말하는 아이가 있어서 조금 김이 빠졌지만, 책을 읽어주니 금방 빠져들었다.

다양한 사투리가 등장하는 이야기라서 입말을 살려 실감 나게 읽어주었다. 책에 나오는 '대장장이'가 뭐냐고 묻는 아이가 있었는데, 바로 알려주지 않고 이야기를 조금 더 읽었다. "숯장수는 불을 피우고, 대장장이는 칼로 고기를 도려내고, 소금장수는 고기에 소금을 뿌린다." 대장장이가 정육점 사장이라고 주장하는 팀과 철로 물건을 만드는 사람이라고 주장하는 팀으로 나뉘어 열띤 토론을 벌였다. 토론이 격해져 싸움이 벌어지기 전에 대장장이의 뜻을 인터넷 국어사전에서 찾아서 보여주었다. 정육점 사장을 주장한 팀에게는 정말 창의적인 생각을 했다며 격려해줬다.

강원도에서 호랑이에게 잡아먹힌 소금장수, 경상도에서 잡아먹힌 숯장수, 충청도에서 잡아먹힌 대장장이가 호랑이 뱃속에서 만났다. "호랑이에게 물려 가도 정신만 차리면 산다."라는 속담처럼 세 사람은 호랑이 뱃속에서 한바탕 잔치를 벌이며 살아남는다. 구수한 사투리와 익살스러운 입담이 이야기에 쏘옥 빠지게 하는 전래동화다.

책을 다 읽고 나니 호랑이 고기 맛이 궁금하다는 아이가 있다. "질겨서 먹기 힘들 것 같아요." "무서워서 먹기 싫어요!" "입에서 사르르 녹을 것 같아요." "소고기처럼 맛있는데 비쌀 것 같아요." 등 다양한 맛을 상상해내는 아이들. 미션을 통과하면 호랑이 고기를 맛볼 수 있게 해주겠다고 했더니 "으악!" 소리를 지른다. 익살스러운 아이들의 표정을 뒤로 하고 미션을 공개했다.

호랑이 뱃속 잔치 미션
1. 커다란 호랑이 그림을 색칠해주세요.
2. 선생님이 "어흥!" 하고 소리치면 친구들은 "으악!" 한 뒤 호랑이에게 잡아 먹힙니다.
3. 호랑이 그림을 뒤집어서 먹고 싶은 동물, 음식을 그려 보세요.
4. 소금을 뿌리고, 가위로 먹고 싶은 음식을 오려냅니다.
5. 호랑이 고기 시식회를 합니다.

아이들이 호랑이가 잘려나가는 게 싫다고 해서 먹고 싶은 음식을 자르는 과정은 생략하기로 했다. 호랑이 그림을 크게 인쇄할 수 있는 대형 프린터(플로터)가 없다면 호랑이 얼굴만 크게 출력해 전지 한쪽에 붙이고 몸뚱이는 밑그림을 그린 후 아이들에게 색칠하게 하는 것도 좋다. 호랑이 그림 없

직접 그리거나 크게 인쇄해서 대형 호랑이를 만든 아이들

이 큰 검은 종이를 뱃속이라고 한 뒤 흰색 크레파스로 먹고 싶은 음식을 그려보게 하는 것도 실감날 것 같다.

곤약과 현미로 만든 갈색 쫀드기를 종이컵에 미리 넣어놓고 호랑이 고기를 시식해 보자고 했다. 먼저 호랑이 고기를 맛보고 친구들에게 이야기해 줄 용기 있는 친구가 있느냐고 물었다. 급식에 새로운 음식이 나오면 못 먹는다는 말부터 내뱉던 윤재가 손을 든다. 이야 반갑다! 바로 윤재를 교실 앞으로 불렀다. 안대를 쓰게 한 뒤 종이컵을 보이지 않게 가려서 쫀드기를 윤재 입에 쏙 넣어줬다. "약간 쫄깃하고 단맛이 나는데, 육포 같아요!" 용기 있게 새로운 맛에 도전한 윤재는 친구들에게 박수 세례를 받았다. 윤재는 어깨를 으쓱거렸다.

잘게 자른 쫀드기를 모둠별로 나눠주고 시식회를 가졌다. 호랑이 고기가 먹기 싫은 친구는 먹지 않아도 된다고 말해주었지만 거부하는 아이 한 명 없이 모두 한 개씩 맛보았다.

네 번째 고개 : 꿀꺽 쏘~옥 호랑이 똬기 놀이

네 번째로 만난 책은 『줄줄이 꿴 호랑이』(권문희 지음, 사계절, 2007)이다. 고개에 붙은 호랑이 중 제일 인기가 많았는데, 개그콘서트에 나오는 호랑이처럼 웃길 것 같다는 반응들이었다. 아이들은 제목의 '줄줄이 꿴'이 무슨 뜻이냐고 물었는데, 어떤 친구가 "줄줄이 비엔나"라고 답을 했다. 그러자 아이들은 바로 "아~" 하고 반응했다. 교사가 장황하게 설명하는 것보다 또래 친구의 한마디가 더 이해가 잘되는 경우를 종종 경험한다. 앞부분에 등장하는 '아랫목', '윗목' 단어에 대해서도 설명해줬다.

"같은 방인데, 밥도 먹고 똥도 싸다니 너무 이상해요!"

나만의 호랑이를 만들어 '꿀꺽 쏘옥' 호랑이 꿰기 놀이하기

"맞아. 너무 더러워! 밥 먹을 때 냄새나면 어떻게 해요?"
"으, 밥 먹는데 똥냄새나면 나는 토해요."
"많이 안 움직여도 되니까 편하게 옛날 집에서 살고 싶다."

『줄줄이 꿴 호랑이』는 너무 게을러 아랫목에서 똥을 싸고 윗목에서 밥을 먹고 아무것도 하지 않는 아이가 똥, 참깨나무, 강아지로 산 속 호랑이를 줄줄이 꿰었다는 옛날이야기다. 유쾌한 내용으로 재미있는 말놀이도 할 수 있어서 지금까지 읽은 책 중에 가장 반응이 뜨거웠다. 똥을 모아서 참깨나무를 쑤욱 키우는 장면, 강아지가 참기름을 계속 먹고 잠자는 장면 등에서 아이들의 눈은 반짝, 귀는 쫑긋했다. 특히 호랑이가 참기름 바른 강아지를 '꿀꺽' 먹고 똥구멍으로 '쏘옥' 내보내면 다음 호랑이가 또 '꿀꺽 쏘옥' 해서 줄줄이 호랑이가 꿰어지는 장면을 너무 좋아했다.

네 번째 고개 미션 '꿀꺽 쏘옥 호랑이 꿰기 놀이'를 하자고 했다. 나만의 호랑이를 꾸며서 만들고 강아지를 줄 끝에 붙여서 줄줄이 꿰어보는 활동이다. 다섯 고개 호랑이 활동을 하는 내내 아이들은 호랑이를 그리거나 만드는 활동을 원했다. 친구와 자기 호랑이를 비교하기도 하고 수다를 떨면서 즐겁게 만들었다. 가위질과 풀칠이 능숙하지 못해서 만드는 것을 어려워하는 아이도 있었다. 손과 눈의 협응 능력이 떨어지는 친구들은 호랑이

속에 강아지를 끼워 넣는 것도 많이 힘들어했다. 아이들이 힘들어하더라도 실뜨기나 구멍에 실 꿰기 등 손을 다양하게 사용하는 활동을 많이 해봐야겠다는 생각이 들었다.

먼저 혼자서 호랑이 꿰기 놀이를 한 후 모둠별로 함께 했다. 아이들은 친구와 협동해서 호랑이를 꿰는 활동이 어려웠지만, 다 꿰고 나니 뿌듯하다고 했다. 우리 반 호랑이를 모두 꿰어보자는 의견이 나왔다. 긴 줄을 만들어 한 명씩 자기 호랑이를 꿀꺽 쏘옥 꿰어서 창문에 매달아 두니 자기 호랑이가 제일 멋지다고 자랑이 줄을 섰다.

남자아이들이 호랑이 꿰기 놀이를 몸으로 직접 하고 싶다고 해서 강당에서 '꿀꺽 쏘옥' 놀이를 했다. 아이들 사이에서는 강아지 역할이 인기가 많았는데, 줄이 당겨져서 아팠다는 의견도 있었다. 놀이를 할 때 주의가 필요한 부분이었다.

몸으로 하는 '꿀꺽 쏘옥 호랑이 꿰기' 놀이 방법
1. 편을 둘로 나눈다.
2. 강아지 역할 친구를 팀별로 한 명씩 뽑아서 굵고 긴 줄을 허리에 묶는다.
3. 두 명이 호랑이가 되어 손을 잡고 달려가 강아지를 '꿀꺽' 하고 가둔다.
4. 강아지는 '쏘옥' 소리를 내면서 그대로 빠져나온다.
5. 계속 반복하면 하나의 줄에 호랑이가 줄줄이 꿰어진다.

다섯 번째 고개 : 내 마음 '쏙' 호랑이

다섯 번째 고개에 붙일 호랑이는 없다. '내 마음 쏙 호랑이'라고 제목을 적었다.

"선생님 왜 호랑이가 없어요?"

"내 마음 쏙 호랑이가 뭐예요?"

"이제 우리나라에 호랑이가 없어서 안 나오나 봐!"

평소 동물에 관심이 많았던 재영이의 말에 아이들이 진짜냐고 아쉬워했다. 호랑이가 등장하는 그림책 서른 권을 꺼내서 보여줬다. 네 개의 고개를 넘으며 함께 읽은 책도 있다. 옛이야기 특성상 제목은 같지만 내용과 그림이 다른 책, 외국 작가의 호랑이 그림책, 현대적으로 해석한 책도 포함시켰다. 호랑이가 나오는 책이 이렇게 많냐고 아이들이 놀라워한다.

호랑이가 나오는 책을 서른 권씩 마련하는 것이 부담스러울 수도 있다. 나는 가지고 있던 그림책 반, 동네도서관과 학교도서관을 이용해 반 정도를 미리 빌려 놓았다. 학교에 사서 선생님이 있다면 미리 호랑이 관련 책을 골라서 빌려달라고 부탁해도 되고, 공공도서관에 연락해 학교 수업에 필요하다고 도움을 요청할 수도 있다.

책을 바닥에 펼쳐놓고 아이들에게 각자 마음에 쏙 드는 호랑이 책을 골라보자고 했다. 당연히 새로운 책에 호기심을 보이고 인기가 많을 거라 생각했는데, 예상과 달리 고개를 넘으며 읽어준 다섯 권의 책들에 선택이 몰렸다. 아무래도 한글을 읽는 것이 아직 서툰 아이들에게는 익숙한 책이 편하게 다가왔던 것 같다.

고른 책을 학교에서 바로 읽을 수도 있지만 글을 못 읽는 친구도 있어서 '집에서 부모님과 함께 책 읽기'를 다섯 번째 미션으로 정했다. '책은 좋다' 공책에 활동지를 붙여서 집에서 부모님과 함께 작성하라고 안내했다. '내 마음 쏙' 황금문장이나 장면을 쓰거나 그리고, 부모와 아이가 함께 책 읽은 소감을 쓰는 활동지였다. 다섯 번째 미션은 학부모도 모두 동참해주어서 무사히 마지막 고개를 넘을 수 있었다. 몇몇 아이들은 자신이 읽은 책이 너무 재미있다며 아침 독서시간에 소개하기도 했다. 교실 앞쪽에 일주일 정도 책을 세워두었더니, 지영이와 유경이는 도서실에서 자기가 찾은 새로운 호랑이 책을 빌려와 함께 세워두었다. 가족과 함께 책 읽는 즐거움을 느끼고 스스로 원하는 책을 찾아 빌려오는 아이들의 모습이 어찌나 대견하던지! 아이와 함께 책을 읽은 학부모들은 다음과 같은 소감을 전해오기도 했다.

"바쁘다는 핑계로 요즘 아이에게 책을 못 읽어줬는데 짧은 시간이었지만 아이와 즐겁게 보낼 수 있었습니다."

"우리 가족이 함께하는 보금자리가 있다는 것이 얼마나 행복한 일인지 책을 읽고 알게 됐습니다."

"이 책을 함께 읽는 순간만큼은 답을 정해놓은 엄마가 아니라 내 아이가 어떤 생각을 하는지 경청하는 엄마가 될 수 있었습니다."

> **Tip** '책은 좋다' 공책
>
> '책은 좋다' 공책은 우리 반에서 쓰는 독서기록장이다. 저학년용 줄 공책에 자로 선을 긋고 날짜를 왼쪽에, 읽은 책 제목을 오른쪽에 쓰는 공책이다. 가끔 재미있는 활동이나 아이들이 그리고 싶어 하는 것이 생기면 이 공책을 활용한다.
> 저학년은 독후활동을 많이 하면 부담스러워할 수도 있고 아직 한글에 대한 두려움도 크다. 읽은 책 제목, 별점 주기, 황금문장 쓰기 정도의 활동이 적당하다.

호랑이가 보내온 선물

열심히 고개를 넘어온 우리에게 호랑이가 선물을 보냈다. 호랑이 모양으로 꾸밀 수 있는 사탕 목걸이인데, 투명한 플라스틱의 호랑이 얼굴 모형 안에 색지와 사탕, 호랑이가 보낸 쪽지를 넣은 것이다. 목공용 풀로 투명한 반구의 호랑이 얼굴 모형을 연결해서 붙이고 색지로 호랑이 얼굴을 꾸미면 된다. 하루 정도 풀이 마를 때까지 기다렸다가 함께 다섯 고개를 넘은 친구

호랑이가 보내온 사탕 목걸이

에게 서로 격려하는 의미로 자기가 만든 호랑이 사탕목걸이를 목에 걸어 주기로 했다. 그동안의 소감을 물으니 '호랑이 꼬리 낚시'와 '줄줄이 펜 호랑이' 놀이가 또 하고 싶다는 의견이 많았다. 아이들은 몸으로 움직이며 노는 것에 큰 재미를 느낀 것 같았다.

"다음 고개에는 호랑이 말고 뭐 나와요?"
"참기름에 빠진 강아지를 또 만나고 싶어요."
"호랑이 꼬리잡기 놀이가 또 하고 싶어요."
"호랑이가 진짜 우리 교실에 오면 좋겠어요."
"호랑이를 만나면 정신을 바짝 차릴래요."

선생님과 책 읽는 시간이 재밌어요!

옛이야기는 입에서 입으로 전해져 내려온 것이다. 교사가 실감 나는 말투로 책 없이 아이들에게 옛이야기를 들려주면 더 재밌지 않았을까 하는 생

각이 들었다. 역량 부족으로 그림책의 도움을 빌려 옛이야기를 들려준 것이 아쉬웠다. 물론 그림책을 소리 내어 읽어주는 활동도 무척 의미 있고 가슴에 깊이 남는 활동이다. 아이들과 눈을 맞추며 작은 소품을 가지고 이야기를 들려주면 아이들이 이야기에 몰입해 더 가까이 다가오는 모습도 볼 수 있고, 그 자체로 마음이 따뜻해진다.

다섯 고개를 넘는 동안 내가 교실에 들어서면 아이들은 늘 "오늘은 어떤 호랑이 만나요?"라고 물어보곤 했다. 이제 막 학교에 적응하기 시작한 아이들이 교사에게 편하게 말을 걸어오고, 교실에서 하는 활동에 호기심을 가진다는 것만으로도 '학교 적응 프로젝트 절반은 성공했구나.' 하는 생각이 들었다. 선생님과 책 읽는 시간이 좋다는 아이들의 말이 참 고마웠다.

1학년 친구들아, 앞으로 선생님과 재밌게 책 읽으며 더 즐거운 교실 만들어가자!

■ 함께 읽으면 좋은 호랑이 그림책

『금강산 호랑이』(권정생 지음, 정승각 그림, 길벗어린이, 2017)
『팥죽 할머니와 호랑이』(조대인 지음, 최숙희 그림, 보림, 1997)
『호랑이 잡은 피리』(강무홍 지음, 김달성 그림, 보림, 1998)
『호랑이 뱃속 잔치』(홍영우 지음, 보리, 2011)
『뒤집힌 호랑이』(김용철 지음, 보리, 2012)
『호랑이와 곶감』(이미애 지음, 박철민 그림, 애플트리태일즈, 2009)
『호랑이 꼬리 낚시』(신현수 지음, 백대승 그림, 하루놀, 2018)
『어수룩 호랑이』(황순선 지음, 바람의아이들, 2014)
『여우 시집가고 호랑이 장가가고』(유다정 지음, 유승하 그림, 책읽는곰, 2013)
『토끼와 늑대와 호랑이와 담이와』(채인선 지음, 한병호 그림, 시공주니어, 2000)
『우당탕』(강경수 지음, 파란자전거, 2012)
『꼭꼭 숨어라 호랑이한테 들킬라』(박종진 지음, 김성미 그림, 키즈엠, 2013)
『정글의 아기호랑이』(조 위버 지음, 김경미 옮김, 재능교육, 2019)
『발레하는 호랑이』(파비 산티아고 지음, 장미란 옮김, 재능교육, 2016)
『친절한 호랑이 칼레의 행복한 줄무늬 선물』(야스민 셰퍼 지음, 김서정 옮김, 봄볕, 2017)
『호랑이 씨 숲으로 가다』(피터 브라운 지음, 서애경 옮김, 사계절, 2014)
『호랭이 꼬랭이 말놀이』(오호선 지음, 남주현 그림, 길벗어린이, 2006)
『호랑이가 책을 읽어 준다면』(존 버닝햄 지음, 정회성 옮김, 창비, 2018)

1학년,
너희가 하고 싶은
독서는 뭐니?

이동림 제황초등학교 교사

최근 초등학교 입학식 풍경이 많이 달라졌다. 입학하는 아이들에게 그림책을 선물하기도 하고, 교장 선생님이 입학식 때 직접 그림책을 읽어주기도 한다. 1학년 아이들과 학부모들은 그림책을 선물로 주고 읽어주는 학교가 좋은 학교라는 생각이 들어 안심이 된다고 한다. 초등학교 1학년 아이들에게 알맞은 독서교육은 무엇일까 고민을 하다가, 입학식부터 자연스레 접하는 그림책으로 시작해보자고 생각했다. 1학년 때 책 읽는 것에 재미를 느꼈다면 2학년이 되어서는 책을 알아서 가까이하게 될 것이다. 그렇게 책 읽는 습관이 자리 잡혔으면 하는 마음으로 1년간의 긴 호흡을 가지고 아이들과 '그림책 한 권 읽기' 수업을 진행해 보았다.

    내가 책을 골라서 권하기보다는 아이들이 좋아하는 것을 자연스레 고르게 하고 따라가 보고자 했다. 어른이 욕심을 내지 않으니 아이들은 자연

'1학년이 좋아하는 그림책' 읽기 흐름

배움 주제	좋아하는 그림책 읽으며 독서의 즐거움 알기

수업 흐름
(1년)
	읽기 전
	• 책날개 입학식
	  – 책날개 꾸러미 선물하기
	  – 교장 선생님이 그림책 읽어주기
	  – 집에서 엄마가 책 읽어주기
	• 학교도서관 이용교육하기
	  – 사서 선생님이 도서관 이용교육하기
	  – 개인 대출증 만들기
	• 학교도서관에서 그림책 대출·반납하기
	  – 학교도서관 서가를 거닐며 읽고 싶은 그림책 고르기
	  – 그림책 대출하고 다음 날 반납하기
	  – 매일 그림책 대출과 반납 반복해서 연습하기
	
	읽는 중
	• 어른들이 그림책 읽어주기
	  – 교사가 읽어주기
	  – 학부모가 읽어주기
	• 아이가 그림책 읽어주기
	  – 책을 잘 읽는 아이가 우리 학급 아이들에게 읽어주기
	  – 옹기종기 모여서 책 읽어주기
	• 세계 책의 날 즐기기
	• 친구들과 책 돌려 읽기
	  – 친구들끼리 좋은 책 정보를 공유하고 서로 돌려 읽기
	  – 친구와 함께 도서관에 가서 책 빌려 읽기
	• 책 텐트에서 책 읽기
	  – 학교 운동장에 텐트 치고 책 읽기
	
	읽은 후
	• 독서 성장통 평가하기
	  – 아이 스스로 학교도서관 이용과 책 읽는 태도를 평가해 보기
	  – 학부모의 응원과 격려 받기

수업 흐름	• 독서록 쓰기
	  – 읽은 책에 대해 읽은 날짜와 책 정보 기록하고 자유롭게 그림 그리고 글쓰기
	• 친구에게 책 소개하기
	  – 학교도서관에서 친구에게 소개하고 싶은 그림책 고르기
	  – 친구들에게 그림책 소개하기
	  – 친구가 소개한 책 읽어 보고 재미있는 책에 스티커 붙이기
	  – 가장 인기가 많은 책선생님과 함께 읽고 이야기 나누기
	• 책 속 장면 그림으로 버튼과 손거울 만들기
	  – 좋아하는 그림책 장면을 그림으로 그려서 버튼, 손거울로 제작하기
	  – 완성된 버튼과 손거울 알뜰시장 판매하기
	  – 판매 수익금을 불우이웃 돕기 성금으로 기부하기

스럽게 책을 좋아하고 책 읽기를 재미있어 했다. 교사가 할 일은 좋은 그림책을 재미있게 읽어주고, 책을 들고 있는 아이에게 칭찬을 많이 해주는 것으로 충분하다는 것을 깨닫는 시간이었다.

책날개 입학식하기

초등학교 1학년 아이들에게 선물로 줄 그림책과 책날개 가방을 입학식 전에 구입해 놓았다. 책날개운동을 했던 '책읽는사회문화재단'에 책날개 가방을 준비하는 방법에 대해 문의했다. 입학식 당일에는 책날개 입학식의 취지를 안내하고, 학부모들에게 책을 자주 읽어주자는 약속을 받았다. 그리고 1학년 아이들에게 책날개 꾸러미를 선물했다. 교장 선생님은 다정한 목소리로 아이들에게 그림책을 읽어주었다. 책꾸러미를 들고 학교를 나서는 아이들과 학부모들의 표정이 무척 밝았다.

학교도서관 이용교육하기

입학식을 하고 며칠이 지난 후, 아이들에게 학교도서관 이용교육을 했다. 먼저 사서 선생님이 그림책 『도서관에 간 사자』(미셸 누드슨 지음, 케빈 호크스 그림, 웅진주니어, 2007)를 읽어주며 학교도서관에서 지켜야 할 점들을 알려주었다. 그리고 아이들 각자 '책 대출증'을 만들어 보았다. 대출증 앞면에는 아이의 이름, 사진, 바코드를 넣었고, 뒷면에는 여러 권의 그림책 표지를 작게 출력해 마음에 드는 표지를 골라서 넣을 수 있도록 했다. 아이들은 대출증에 자기가 좋아하는 그림책 표지를 넣고는 무척 즐거워했다. 완성된 대출증은 도서관의 우리 반 보관함에 넣어서 보관했다.

학교도서관에서 그림책 대출·반납하기

대출증을 만들고 나서 학교도서관 서가를 탐방하는 시간을 가졌다. 우리 학교도서관에는 어떤 책들이 있는지, 책은 얼마나 많은지를 탐색하는 시간이다. 아이들이 친구들과 수다를 떨며 서가의 책을 구경한 후 그림책 서가 쪽으로 모여 다양한 그림책을 만났다. 마음에 드는 그림책 한 권을 골라 대출해준다고 하니 아이들은 신이 난 표정으로 와글거리며 그림책을 골랐다. 그림책을 고른 아이는 대출증 보관함에서 대출증을 꺼내 사서 선생님에게 가서 대출을 하면 된다. 사서 선생님께 인사를 하고 "대출해주세요."라고 말하면, 사서 선생님은 아이의 이름을 다정하게 불러주며 그림책을 대출해줬다. 대출한 그림책은 집에 가서 읽어 보고 다음 날 학교에 가져오

처음으로 학교도서관에서 그림책을 대출해 보는 아이들

라고 했다.

다음 날 대출한 그림책을 다시 학교로 들고 와 도서관에 반납하고 다른 그림책을 대출하는 연습을 했다. 매일 그림책을 대출하고 반납하는 과정을 반복하며 아이들은 그림책 읽기에 재미를 붙이고 학교도서관에 익숙해져 갔다.

교사가 그림책 읽어주기

아이들에게 매일 대출하는 그림책 중에서 반 친구들에게 소개하고 싶은 그림책이 있으면 선생님이 읽어주겠다고 했다. 처음 읽어준 책은 관민이가 가져온 『치킨 마스크』(우쓰기 미호 지음, 책읽는곰, 2008)였다. 관민이는 글자를 익히지 못한 채 입학했지만 굉장히 자유롭고 자기표현이 뛰어난 아이였다. 국어시간만 되면 재미가 없다고 말하는 관민이에게 자신감을 심어주고 싶었다.

"얘들아, 오늘 관민이가 아주 좋은 그림책을 가져왔는데 너희들에게 읽어주고 싶어. 괜찮겠니?"

"네~ 읽어주세요!"

나는 천천히 실감 나는 말투로 책을 읽어주었다. 아이들은 매우 집중하며 이야기를 들었고, 다 읽고 나니 관민이 어깨에 힘이 들어갔다. 관민이는 글자를 모르지만 『치킨 마스크』를 몇 번이고 다시 펼쳐서 보았다.

다음 날부터 아이들은 서로 그림책을 읽어달라고 성화였다. 적당히 거절을 하면서도 자존감을 높여주고 싶은 아이의 그림책은 일부러 읽어주었다. 책 읽어주기는 책의 내용을 공유하기에도 좋고, 아이의 마음에 용기와 자신감을 불어넣기에도 좋은 활동이다.

학부모 책선생님이 그림책 읽어주기

매주 화요일 아침에는 학부모 책선생님이 교실에서 그림책을 읽어준다. 아이들에게 그림책을 읽어주는 학부모를 '책선생님'이라고 부른다. 책선생님은 아이들에게 들려주고 싶은 좋은 그림책을 골라서 열심히 읽어줬다. 집중해서 이야기를 듣는 아이들의 얼굴을 보면 책선생님은 봉사하는 시간이 매우 기다려진다고 했다.

친구가 그림책 읽어주기

어느 날 나윤이가 "선생님, 저도 친구들에게 책 읽어주고 싶어요."라고 했다. 어른들이 책 읽어주는 모습을 보니 자기도 친구들에게 책을 읽어주고 싶었나 보다. "좋아 나윤아, 친구들에게 재미있게 책을 읽어주렴!"

나윤이는 정말 책을 잘 읽었다. 목소리도 낭랑하고, 발음도 똑 부러지고, 대화하는 장면에서는 말투도 바꿔가며 실감 나게 읽어주었다. 나윤이가 책을 다 읽자 아이들은 박수를 치며 즐거워했다. 이후 쉬는 시간이나 점심시간에 나윤이가 그림책을 읽기 시작하면 친구들이 나윤이 자리로 삼삼오오 모여서 조용히 듣고 있는 모습을 자주 볼 수 있었다. 나윤이 말고도 친구들끼리 모여서 소리 내어 책을 읽고 하하 호호 웃으며 이야기를 나누는 아이들이 점점 늘어났다. 어른들이 시키지 않아도 아이들은 자연스레 책을 가지고 친구들과 노는 법을 터득해갔다.

세계 책의 날 즐기기

4월 23일, 사서 선생님이 교실로 와서 '세계 책의 날' 기념행사를 한다고 안내했다. 도서관에 다녀온 몇몇 아이들이 "선생님! 오늘 책을 대출하니까 사서 선생님이 사탕을 주셨어요. 그리고 책도 세 권이나 대출해도 된다고 하셨어요!" 하며 매우 흥분해 있었다. 미리 계획된 행사였지만 모르는 척하며 "진짜? 와 좋겠다! 사탕도 받고 책도 세 권이나 대출했구나!"라고 감탄해주었다. '세계 책의 날'을 맞이해 대출 권수를 늘리는 이벤트에 대한 아이들의 반응은 기대 이상으로 좋았다. 아이들의 독서량이 껑충 뛰었다.

태희는 내가 읽어준 요시타카 신스케의 그림책 『뭐든 될 수 있어』(스콜라, 2017)를 재미있게 듣고는, 그 작가의 다른 그림책 세 권을 대출해와 "선생님, 이것 보세요!" 하며 자랑했다. 백희나 작가의 작품들을 대출해오는 아이들도 있었다. 재미있게 읽은 작가의 다른 책들이 궁금했던 것 같다. 교사가 가르쳐주지 않아도 스스로 탐구하고 알아가고자 하는, 참 멋진 아이들이다.

아이들은 아침마다 학교에 와서 "선생님, 도서관에 가도 돼요?"라고 물었다. 나의 대답은 항상 "응, 그래. 다녀오너라."이다. 물론 책을 빌리지 않겠다는 아이들도 있었다. 책 읽기보다 놀기를 좋아하는 아이의 마음도 존중해주었다. 모든 아이들이 책을 좋아할 필요도 없지 않은가.

어느 날 한 아이가 집에 책을 놓고 와 연체를 했다. 책을 반납하지 못해 도서관에 갈 수 없다고 울상인 아이에게 "반납은 못 해도 책 구경은 할 수 있어."라고 말해주었더니 "정말 그래도 돼요?"라고 다시 묻는다. "아마 사서 선생님은 허락해주실 거야. 도서관에 가서 여쭤보렴." 내 대답을 들은 아이는 표정이 활짝 펴져 쪼르르 도서관으로 달려갔다. 책은 읽고 싶을 때 읽어야 제대로 읽고 책 읽기를 좋아하게 된다.

친구들과 책 돌려서 읽기

아이들이 학교생활에 점점 익숙해지고 친구를 사귀면서 친한 친구들끼리 모여서 도서관에 가곤 했다. 아침에 등교해 조금 늦게 도착한 친구를 기다렸다가 같이 도서관에 가기도 하고, 하교할 때 "우리 내일 도서관에 같이 가자" 약속을 하기도 한다.

친구끼리 같은 그림책을 빌려와 내게 보여주기도 하고, "선생님, 태희가 빌렸던 그림책 저도 빌렸어요." 하며 친구가 빌린 책을 빌려 보기도 하고, 자기가 빌린 책을 다음에 빌려 보라며 친구에게 권하기도 했다. 아이들은 서로 좋은 책을 추천하고, 정보를 공유하며 점점 다양하게 책을 읽어 나갔다.

곤충을 좋아하는 지용이는 곤충 관련 그림책을 자주 대출했다. "선생님, 도서관에 이런 책도 있었어요!" 하며 『장수풍뎅이』 그림책을 자랑하는가 하면, 사마귀, 거미, 사슴벌레 그림책을 대출해오기도 했다. 곤충 관련 그림책은 글밥이 많아서 능숙하게 읽기는 힘들지만, 지용이는 곤충 그림을 보면서 아주 만족한 눈치였다. 또 지용이는 종이접기를 좋아해서 어느 날은 들뜬 목소리로 "선생님, 종이접기 책 빌렸어요!" 하며 책을 들고와 자랑했다. 찾기 어려운 책을 발견한 지용이에게 "우와~ 지용아 대단해!"라고 격려해주니 지용이는 뛸 듯이 기뻐했고, 그 모습을 본 친구들도 함박웃음을 지었다. 종이접기 책을 읽으며 지용이는 종이접기 박사가 되었다. 친구들은 지용이에게 종이접기를 해달라고 맨날 찾아갔다. 며칠 뒤 종이접기 책은 태율이 손에 들려 있었다. 며칠동안 교실에는 지용이로 인해 종이접기가 유행했다.

책 텐트에서 책 읽기

제황초등학교는 5월 마지막 주 금요일에 야영활동을 한다. 3학년부터 6학년까지만 참여하니 1, 2학년은 3학년이 되기만을 손꼽아 기다렸다. 야영활동을 할 때면 사서 선생님이 운동장 나무 그늘 아래에 있는 텐트에 옛이야기 그림책을 비치해놓곤 했다. 우리 반 아이들이 중간놀이(2교시를 마친 후 30분간의 놀이시간)를 다녀오더니 "선생님, 운동장에 책 텐트가 있어요. 우리 거기 가서 책 읽어요."라고 말했다. 거절할 이유가 없었다. "정말? 책 텐트가 있다고?" 아이들은 책 텐트에 그림책이 많다는 둥 무서운 책도 봤다는 둥 말이 많았다. "좋아! 운동장에 나가자."라는 말이 떨어지기가 무섭게 아이들은 달려 나갔다.

책 텐트에서 친구들과 함께 책을 읽는 아이들

　책 텐트에 가보니 벌써 그림책을 읽고 있는 아이들이 있었다. 윤서가 그림책을 읽어주는 게 재미있어 보였는지 시후가 윤서 옆으로 쓱 가서 이야기를 듣는다. 나윤이 주변에도 여러 친구들이 나윤이가 읽어주는 그림책 이야기 속으로 빠져들고 있었다. "이것 보세요, 선생님!" 뒤돌아보니 여자친구들 여럿이 누워서 깔깔 웃는다. 혼자서 책 읽는 아이, 두 명이 같이 읽는 아이, 여러 친구들에게 소리내어 책 읽어주는 아이 등 옹기종기 모여서 책 속에 빠져 있는 모습을 보니 마냥 행복했다.

독서 성장통

아이들의 책 읽기가 익숙해질 무렵 '독서 성장통' 평가를 했다. '독서 성장통'은 1학년 아이들이 독서활동을 하면서 새롭게 알게 됐거나 달라진 점을 스스로 평가하고 부모님께 격려를 받는 형식의 통지문이다. 평가항목은 다음과 같다.

우리 학교도서관 이름은 무엇일까요?	학교도서관에 가서 책을 대출하거나 반납할 수 있어요.	학교도서관에서 우리를 도와주시는 어른들께 인사를 잘해요.
	○ ○ ○	○ ○ ○
학교도서관에서 대출하는 순서를 알아요. - 서가에서 읽고 싶은 책을 고르기 - 내 대출증을 찾아내기 - 사서선생님께 책과 대출증을 보여드리고 컴퓨터에서 대출된 것을 확인하기	학교도서관에서 꼭 지켜요. - 작은 소리로 말하기 - 뛰어 다니거나 장난치지 않기 - 대출한 책은 7일 이전에 반납하기 - 궁금한 것은 사서선생님께 물어보기	나는 학교도서관에서 책을 읽거나 대출하는 것이 즐거워요.
○ ○ ○	○ ○ ○	○ ○ ○

평가지를 나눠주고 한 문항씩 읽어주면 아이들은 솔직하게 자신의 상태를 평가해 색연필로 색칠했다. 아주 잘하고 있다고 생각하면 동그라미 세 개에 색을 다 칠하면 된다. 아이들 대부분 자신이 잘하고 있다고 생각했다. 누가 뭐래도 자신감이 넘치는 아이들. 책을 좋아하고 책 읽기가 즐겁다고 생각하는 것만은 분명했다. 아이들이 스스로 평가를 마치고, 부모님께 답장을 받아오라는 숙제를 내주었다.

학부모들은 다음과 같은 소감을 전해왔다.

"매일 아이가 여러 가지 책을 빌려오기에 자기 전에 꼭 같이 읽어주려고 노력합니다. 함께 책을 읽고 생각을 나누고 대화도 많이 하게 되네요."

"이제는 책 읽으라고 얘기하지 않아도 스스로 꺼내 읽는 모습을 보니 칭찬해주고 싶어요. 앞으로도 책 읽는 습관을 잘 유지했으면 좋겠습니다."

"학교에 이렇게 재미있는 책이 많은지 몰랐어요. 좋은 독서습관을 잡아주셔서 감사할 뿐입니다. 책만 열심히 읽어주었는데 이젠 글자도 제법 잘 읽는 성빈이가 되었네요."

책 읽고 독서록 쓰기

어느 날 소현이가 종합장에 그린 그림을 내게 보여주었다. 그림책 『까만 크레파스』(나카야 미와 지음, 웅진주니어, 2002) 표지를 따라 그린 것이었다. 표지를 똑같이 잘 그렸기에 아주 잘 그렸다고 칭찬해줬다. 그 이후로 소현이는 계속 그림책 표지를 그려 나갔다. 소현이와 친한 권주와 민영이도 종합장에 그림책 표지와 본문 그림을 따라 그렸다. 슬슬 독서록을 써야 할 때가 되었다는 생각이 들었다.

독서록 공책을 구입해 아이들에게 한 권씩 나눠줬다. 독서록 공책에 각자의 이름을 쓰게 하고, 독서록 쓰는 방법을 익히기 위해 함께 읽을 그림책으로 『꿍꿍꿍』(윤정주 지음, 책읽는곰, 2016)을 골랐다. 술마시고 늦게 들어온 아빠의 실수로 멋진 아이스크림 케이크가 만들어지는 이야기가 아주 유쾌하고 재미있는 그림책이다.

아이들에게 독서록 공책을 펼쳐서 책 읽은 날짜를 쓰게 하고, 책 이름과 지은이 찾는 법을 알려주었다. 책 이름과 지은이 이름은 칠판에도 큼직한 글씨로 써두어 아이들이 보고 따라 쓸 수 있게 했다. 그리고 『꿍꿍꿍』을 재미있게 읽어주다가 마지막에 아이스크림 케이크가 만들어지는 장면에서 읽기를 멈추었다. "얘들아, 어떤 아이스크림 케이크가 만들어졌을지 상상해 봐. 너희들이 각자 먹고 싶은 아이스크림 케이크를 독서록 공책에 한

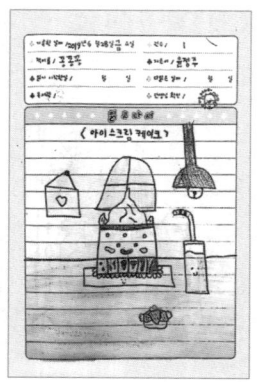 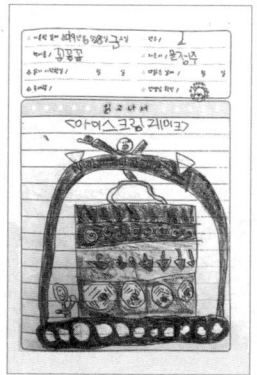 

아이들이 독서록에 그린 아이스크림 케이크

번 그려 보자." 아이들은 신이 나서 자기가 먹고 싶은 아이스크림 케이크를 독서록에 그려 나갔다. 교실에는 사인펜과 색연필로 열심히 그림 그리는 소리만 들렸다. 책 읽은 날짜와 책 이름, 지은이 이름을 쓰고, 아이스크림 케이크까지 다 그린 아이들에게 예쁜 도장을 찍어주었다.

평소 조용하고 말이 없는 성빈이는 부끄러움도 많았다. 그런 성빈이가 독서록에 성심성의껏 아이스크림 케이크를 그리는 모습을 보니 마음이 참 흐뭇했다. 성빈이의 그림에 도장을 두 개 찍어주었다. 흠칫 놀라는 성빈이에게 그림을 정성껏 잘 그려서 상으로 도장 두 개를 찍어주는 것이라고 하니 표정이 환해졌다. 이후 성빈이는 독서록을 아주 정성들여서 기록했다. 아이들이 발돋움할 때 아낌없는 칭찬과 격려는 아이들의 성장에 날개를 달아준다는 것을 다시금 깨달았다. 이렇게 아이와 함께 교사도 성장하는 것이리라.

『꽁꽁꽁』 읽으며 독서록을 쓰는 법을 배운 아이들이 질문을 해왔다.

"선생님, 독서록 또 언제 써요?"

"독서록 쓰는 게 재미있니?"

"네! 또 쓰고 싶어요!"

"좋아, 또 쓰게 해주지."

선심 쓰듯이 말하며 앞으로 자율적으로 독서록을 쓰면 된다고 안내했다. 아이들에게 알려준 독서록 쓰기 방법은 다음과 같다.

> **독서록 쓰는 방법**
> - 선생님이 읽어주는 그림책, 교실에 있는 그림책, 대출한 그림책, 집에 있는 그림책을 읽고 독서록을 쓴다.
> - 점심시간, 수업 마치고 나서, 집에서 등 언제 어디서나 책을 읽고 독서록을 쓰면 된다.
> - 독서록을 쓴 친구는 언제든지 선생님에게 도장을 받으러 온다.
> - 독서록은 쓰고 싶은 마음이 생길 때만 쓰고, 억지로 쓰지 않는다.

아이들은 열심히 독서록을 썼다. 집에 있는 책을 읽고 쓰거나, 학교에서 틈틈이 책을 읽고 쓰기도 하고, 도서관에서 책을 읽고 쓰는 등 다양한 방식으로 독서를 하고 독서록을 채웠다. 아이들이 가장 어려워한 부분은 '지은이'를 찾아서 기록하는 것이었다. 아직 여덟 살밖에 되지 않은 아이들에게 표지에 작게 쓰인 지은이를 찾는 일은 어렵게 느껴졌던 것 같다. 지은이를 못 찾았다고 하면 방법을 알려주고, 그래도 찾지 못하면 내가 직접 찾아주기도 했다. 아이들은 '지은이 찾기'라는 난관을 해결하며 또 한 뼘 성장해갔다.

친구들에게 그림책 소개하기

2학기 국어교과서에는 '친구에게 그림책 소개하기' 내용이 있다. 아이들이 과연 어떤 책을 친구들에게 소개할지 궁금했다. 교과서에는 간단하게 나와 있지만 충분한 시간을 두고 책 소개를 하고, 놀기도 했다.

"얘들아, 도서관에 가서 책을 찾을 거야."

"무슨 책을 찾아요?"

"너희들이 1학기부터 지금까지 우리 학교도서관에서 읽었던 책 중에 정말 정말 재미있어서 친구들에게 꼭 소개해주고 싶은 책을 고르는 거야."

"한 권만요?"

"그래, 꼭 한 권만 골라야 해."

책을 한 권만 골라야 한다는 말에 "아… 나는 재미있는 책이 너무 많은데 어떻게 하지?" "도서관에 책이 엄청 많은데 그중에서 어떻게 골라요?" 하며 걱정하는 아이들이 나왔다. "얘들아, 각자 자기가 쓴 독서록을 한 번 볼래? 독서록에 쓴 것 중에서 골라도 돼."라고 힌트를 주니 "맞아, 독서록 보면 되겠다!" 하며 박수를 쳤다. 아이들은 독서록을 펼치며 열심히 자기가 읽고 기록한 책들을 살펴보았다. 독서록을 찾아보고 소개할 책을 정한 아이들과 함께 도서관에 갔다. 단번에 그림책을 찾아서 대출한 아이도 있고, 찾는 책이 없다고 실망한 아이도 있었다. "누가 대출해갔나 봐."라고 말해 줬더니 이내 다른 책을 찾았다. 아이들이 당황하지 않도록 책을 고르는 시간을 충분히 주었다.

"얘들아, 친구에게 소개할 그림책을 다시 천천히 읽어 봐. 다시 읽으면서 재미있거나, 웃기거나, 인상 깊었던 장면을 골라 보렴. 나중에 친구에게 소개할 때 그 장면도 같이 이야기해 주는 거야."

아이들이 모두 책을 한 권씩 고르고 교실에 돌아왔을 때 고른 그림책을 다시 읽도록 안내했다. 아이들은 금세 책 속에 빠져들며 재미있는 장면에선 킥킥 웃기도 하고, 슬픈 장면에선 울상이 되기도 했다. 책을 다 읽고 난 아이들에게 그림책을 소개하는 방법을 알려주었다. 친구들에게 자기가 읽은 책의 표지를 보여주면서 책의 제목을 말하고, 인상 깊게 읽었던 장면을 소개한 다음, 왜 그 장면이 인상 깊었는지 설명해주면 된다고 알려줬다. 아이들이 쉽게 이해할 수 있게 내가 먼저 책을 소개하는 시범을 보였다.

"선생님이 재미있게 읽은 책의 제목은 『로쿠베, 조금만 기다려』(하이타니 겐지로 지음, 초 신타 그림, 양철북, 2006)야. 그리고 가장 인상 깊었던 장면은 로쿠베가 구덩이에 빠졌는데 아이들이 노래를 불러주었던 장면이야. 아이들이 로쿠베를 사랑하는 마음이 느껴져서 좋았어."

시범을 보여주고 아이들에게 책을 잘 소개할 수 있겠냐고 물으니 하나같이 자신 있게 "네!"라고 대답한다. 교탁 앞쪽에 책상을 하나 더 두었다. 혹시 그림책을 들고 있기 불편한 아이가 있을 것 같았기 때문이다.

"저는 『벗지 말걸 그랬어』(요시타케 신스케 지음, 스콜라, 2016)가 가장 재미있었어요. 재미있는 장면은요, 옷이 목에 걸려서 벗지 못하고 있는 장면이 웃겼어요."

"내가 재미있게 읽은 그림책의 제목은 『알사탕』(백희나 지음, 책읽는곰, 2017)이야. 그리고 내가 가장 인상 깊었던 장면은 아빠가 동동이에게 잔소리를 마구 하는 장면이야. 왜냐하면 우리 아빠도 그렇게 잔소리를 하거든."

"내가 가장 재미있게 읽은 책은 『100만 번 산 고양이』(사노 요코 지음, 비룡소, 2002)야. 우리 집에도 이 책이 있어. 엄마가 읽어주셨을 때 좋았어. 그리고 인상 깊은 장면은 흰 고양이가 죽고 얼룩 고양이가 입을 크게 벌리고 우는 장면이야. 고양이인데 쥐같이 보여서 웃겼어."

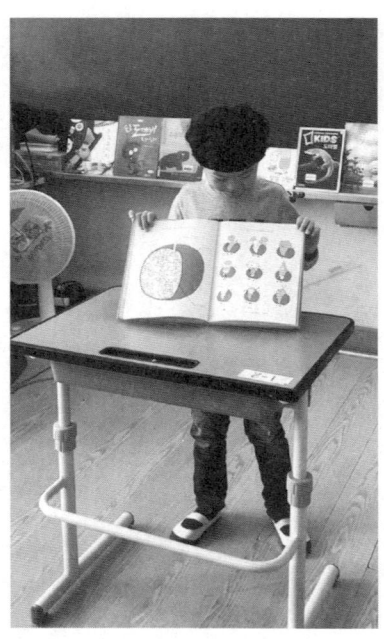

친구들에게 그림책을 소개하는 아이

"내가 가장 재미있게 읽은 책은 『치킨 마스크』야. 친구들과 놀지 못하는 장면이 슬펐어."

아이들이 책 소개를 이어갈수록 감탄이 나왔다. 그동안 우리 아이들이 정말 다양하고 좋은 책을 많이 읽었구나! 아이들이 소개한 책은 칠판 앞에 세워두었다.

"선생님, 친구들이 소개한 책도 읽고 싶어요."

아이들의 기특한 제안에 점심 시간과 5교시에는 책 읽는 시간을 가지기로 했다. 책을 읽고 재미있는 책 표지에는 동그라미 스티커도 붙이기로 했다. 점심을 먹고 교실에 와서 보니 아이들이 대부분 책을 읽고 있었다. 혼자서 읽기도 하고, 두세 명이 같이 읽기도 했다. 그리고 이야기를 나누면서 책표지에 스티커도 붙였다. 다음 날 아침에도 계속 책을 읽고 이야기하고 스티커를 붙였다.

우리 반 아이들이 좋아하는 그림책은 무엇일까

아이들이 각자 읽고 다시 칠판 앞에 전시한 그림책들을 함께 살펴보았다. 어떤 책은 스티커가 많이 붙어 있기도 하고, 적게 붙어 있기도 했다. "선생님, 스티커가 가장 많이 붙은 책이 뭔지 궁금해요."라고 어떤 아이가 말하니 다른 아이들도 궁금하다고 목소리를 높였다.

"좋아. 그 대신에 약속할 것이 있어. 내가 소개한 책에 스티커가 많이 붙은 사람은 크게 자랑하지 않고, 스티커가 적게 붙었다고 속상해하지 않는다는 약속해 줄래?"

"약속해요!" 아이들은 큰소리로 대답했다. 그림책 표지에 붙은 스티커의 개수를 세어 보았다. 가장 많은 개수를 받은 책은 『100만 번 산 고양이』였다. 의외였다. 1학년이 읽기에 어려운 그림책이라고 생각했기 때문이다. 비슷하게 스티커를 많이 받은 책으로 『무엇이든 삼켜버리는 마법상자』(코키루니카 지음, 고래이야기, 2017), 『뭐든 될 수 있어』, 『짝꿍 바꿔주세요』(다케다 미호 지음, 웅진주니어, 2007), 『알사탕』, 『이게 정말 사과일까?』(요시타케 신스케 지음, 주니어김영사, 2014), 『벗지 말걸 그랬어』, 『로쿠베, 조금만 기다려』 등이 있었다. 아이들은 생각보다 훨씬 다양하고 깊이 있는 그림책을 좋아했다.

아이들이 좋아하는 그림책 전시하기

『100만 번 산 고양이』 깊이 읽고 이야기 나누기

이 그림책을 많은 아이들이 좋았다고 해서 놀랍고, 궁금했다. 아이들이 이 책을 왜 좋다고 하는지 알아보고 싶었다. 『100만 번 산 고양이』를 천천히 같이 읽고 이야기 나누는 시간을 가져 보았다.

"얘들아, 『100만 번 산 고양이』는 일본의 사노 요코라는 할머니 작가가 지은 책이야. 사노 요코 할머니는 고양이를 무척 좋아해서 고양이 그림을 많이 그리셨어. 그리고 이 책도 만들었단다. 이 책은 엄청 유명한 책이고, 어른들이 많이 좋아하는 책인데 너희들이 좋다고 해서 선생님이 좀 놀랐어. 우리 반 아이들이 좋은 그림책을 고를 줄 아는 것 같아서 아주 기쁘단다. 너희들은 참 대단해!"

아이들을 한껏 칭찬해주고 책의 표지를 살펴보았다. 아이들에게 선생님이 읽어주는 책의 이야기를 들으며 글보다는 그림에 눈길을 주라고 당부했다. 내용에 몰입할 수 있도록 쉬지 않고 처음부터 끝까지 쭉 읽어주었다. 다 읽고 나서 아이들에게 물었다.

"얘들아, 얼룩 고양이가 다시 살아나지 않은 이유는 뭘까?"

"자기 할 일을 다 했기 때문이에요."

"좋아하는 하얀 고양이와 결혼도 하고 아기도 낳았으니까요."

"하얀 고양이와 살면서 자기 인생을 제대로 살았으니까요."

"좋아하는 고양이와 행복하게 살았으니 더 이상 태어나고 싶지 않았나 봐요."

아이들의 대답은 상상을 초월했다. 태어난 지 8년도 채 안 된 아이들의 입에서 인생의 답이 나오다니! 아이들의 멋진 대답에 칭찬과 격려의 말을 해주었다. 책을 다 읽고 나서 어떤 느낌이 들었냐고 물으니 다음과 같은 대답을 했다.

"좀 슬픈 생각이 들었어요."

"슬픈데 재미있어요."

"감동적이에요."

"고양이가 멋지게 보였어요."

"고양이가 자꾸 살아나서 이상했어요."

"고양이가 자꾸만 죽어서 불쌍했어요."

이 그림책이 아이들에게 어려울 거라고 생각했던 나의 편협함을 돌아보게 됐다. 그림책은 독자의 수준을 나누지 않는데 나는 아이라고 수준을 낮추어 본 것이다. 아이들은 직관력이 있어서 세상의 이치를 그대로 꿰뚫어 볼 줄 안다는 것을 다시 깨달았다.

책 속 장면 그림으로 버튼과 손거울 만들기

그림책 소개하기까지 마치고 이대로 활동을 마무리하자니 조금 아쉬웠다. 그림책으로 한 판 더 놀고 싶었다. 요즘 공공도서관이나 지자체에서는 독서체험활동 프로그램을 하면서 책 관련 기념품으로 버튼을 제작해서 나눠주기도 한다. 거기에서 아이디어를 얻어 아이들과 함께 버튼과 손거울을 만들어 봐도 좋겠다는 생각이 들었다. 아이들에게 그림책 장면이 그려진 버튼을 보여주고 우리도 이런 버튼을 만들어 보면 어떻겠느냐고 물었다. 아이들은 버튼이 너무 예쁘다고 감탄하며 우리도 만들 수 있냐고, 빨리 만들고 싶다고 기대에 가득 찬 반응을 보여줬다. 학교에 있는 버튼제작기와 그림을 그릴 동그란 종이, 투명 필름, 버튼 몰드를 보여줬다. 미리 그려둔 그림을 버튼제작기에 넣고 버튼을 만들었더니 아이들은 탄성을 질렀다. 빨리 만들어보자고 수선을 피우는 아이들을 진정시킨 다음, 버튼 만드는 방법을 설명해줬다.

> **버튼 만드는 방법**
> - 어떤 그림책의 어느 장면을 그릴 것인지 정한다.
> - 동그란 종이에 그림책의 장면을 따라 그린다. 색연필이나 사인펜으로 색칠도 한다.
> - 완성된 그림을 가지고 교실 앞에 가서 선생님과 같이 버튼제작기로 버튼을 만든다.(버튼제작기는 아이 힘으로 사용할 수 없으니 어른의 도움을 받아서 작업해야 한다.)

버튼을 처음 만들다 보니 예상치 못한 실수가 많았다. 다시 그리고 만드는 과정이 반복되자 아이들도, 나도 지쳐버렸다. 아이들과 머리를 맞대고 고민을 해봤다. 우리 힘만으로는 역부족이라는 생각이 들어 학부모들의 손을 빌리기로 했다. 버튼 제작에 동참해줄 학부모를 모집한다는 내용으로 알림장에 안내했다. 학부모 책선생님이 책을 읽어주러 오는 화요일에 버튼을 만들기로 했다. 재료가 모자랄 듯해 인터넷 쇼핑을 하다가 손거울을 만들 수 있는 재료도 발견해서 함께 구입했다.

아이들은 버튼을 만들기 전까지 버튼에 넣을 그림을 그렸다. 한 사람당 세 개 정도만 그리라고 했는데, 의욕이 넘치는 아이들은 더 많이 그렸다. 각각 다른 그림책의 그림을 그리는 아이, 같은 작가의 시리즈로 그림을 그리는 아이, 같은 그림책의 여러 장면을 그리는 아이들이 있었다.

버튼과 손거울 재료가 도착했고, 학부모들도 화요일 오전에 학교로 모였다. 여러 어른과 아이들이 마음을 모아 신중하게 작업하니 버튼과 손거울도 문제 없이 잘 만들어졌다. 아이들은 자기 작품을 보고 함박웃음을 지었다. 도움을 주신 학부모들께 아주 큰 목소리로 감사 인사를 했다. 학부모들도 손뼉을 치며 기뻐했다.

"얘들아, 너희들이 예쁘게 만든 손거울과 버튼이 참 소중하지? 이 버튼과 손거울을 그냥 집에 가져가는 것보다 좋은 곳에 쓰면 어떨까?"

"어디에 쓸 건데요?"

"싫어요. 내가 만든 것은 내가 가져갈 거예요."

"우리 요즘 '서로 돕는 이웃'을 배우고 있잖아. 이 버튼과 손거울을 학교 알뜰시장에서 팔면 돈이 생기겠지? 그 돈을 불우이웃 돕는 데 보내는 거야. 꼭 간직하고 싶은 버튼과 손거울 하나씩만 남겨두고 판매하면 어때?"

당시 1학년 아이들이 불우이웃을 도와야 한다는 내용을 배우고 있었는데, 교과서의 배움을 아이들의 삶과 연결짓고 싶었다. 버튼과 손거울을 판매해 불우이웃을 돕자는 나의 제안에 흔쾌히 동의하거나 망설이거나, 싫어하는 등 여러 가지 생각과 의견들을 조율하는 데 많은 시간이 소요되었다. 1학년 아이들의 생각을 모으는 과정은 참 힘들다. 하지만 아이들은 이런 지난한 과정을 거치면서 합의하면 아무리 사소한 것이라 해도 의미 있게 받아들이고 지키려고 한다. 아직 여덟 살밖에 되지 않은 어린 아이들이지만 대화를 통해 얼마든지 문제를 해결할 수 있음을 발견한 시간이었다. 버튼과 손거울을 알뜰시장에서 판매하기로 결론이 내려졌고, 학부모에게도 알렸더니 모두 대환영이라며 판매에 손을 보태겠다고 하셨다. 참 감사했다.

알뜰시장이 열리던 날, 버튼과 손거울은 개당 500원에 판매했고, 47개를 판매해 2만3500원을 벌었다. 내가 손거울 세 개를 구입해 1500원을 보태 총 2만5000원을 진해재활원에 보냈다. 학부모들이 찾아와 자녀가 만든

그림책 장면을 버튼으로 만들어 알뜰시장에서 판매하기

것을 사기도 하고, 할아버지 할머니들도 와서 손자, 손녀가 만든 것을 사가셨다는 소식을 전해 듣고 마음이 따뜻해졌다. 비록 크지 않은 돈이지만 의미 있는 일을 하게 되어 모두가 뿌듯했던 경험이었다. 어려운 이웃을 생각하는 아이들의 마음도 성큼 자랐으리라 생각한다.

아이들은 스스로 자기의 길을 찾아간다

요즘 아이들은 무엇이든지 주체적으로 하고 싶어 한다. 배움도 스스로 찾고 싶어 하는 아이들이 많다. '한 권 읽기' 수업이 자칫 아이들에게 책 읽기를 강요하는 것처럼 다가가지 않을까 고민이 많이 되었다. 독서교육도 아이들이 스스로 길을 찾아가게끔 안내해야겠다는 생각이 들었다. 1학년 아이들이 처음 학교에 오는 순간부터 책을 만나게 하고 그다음부터는 길 안내만 할 뿐 선택은 아이들에게 맡겨 보았다. 그랬더니 아이들은 매번 스스로 길을 잘 찾아갔다. 사실 아이들이 선택한 활동들이 그리 새로운 것은 없었으나 아이들의 반응은 늘 다채로웠다. 매일 그림책을 대출하고 반납하느라 도서관 문턱이 닳을 지경이고, 독서록 쓰기를 따로 검사하지 않아도 스스로 즐겁게 했다. 자유롭게 알아서 공부하는 것이 아이들의 자존감을 높여주고 행복을 느끼게 한다는 걸 깨달았다. 진심으로 책을 좋아하는 아이들을 보며 나도 그저 흐뭇하고 행복했다.

　1학년 아이들이 학교도서관에 들어서는 것은 새로운 세계를 만나는 일이라 생각한다. 도서관이라는 상상의 세계에서 친구와 이야기도 하고 장난도 치고 책도 고르면서 즐겁게 놀다가 탐험길에서 획득한 그림책을 대출해서 도서관 문을 나서면 현실의 세계로 돌아온다. 도서관이라는 상상 놀이터에서 아이들이 발견한 그림책들은 모두 보물같이 귀하고 아름다운 책들이었다.

　아이들이 『100만 번 산 고양이』에 마음이 끌렸던 이유는 무엇일까? 아마도 '네 인생의 주인이 되어 살아라.' 하는 메시지가 순수한 아이들의 영혼과 곧장 맞닿았기 때문은 아닐까? 어른들의 간섭을 벗어나서 자유롭게 살고 싶은 마음이 간절한 아이들에게 답을 주었기 때문은 아닐까?

　좋은 것은 아이들에게 억지로 권하지 말아야 한다. 조급해하지 말고 그냥 내버려두고 지켜보면 아이들은 스스로 좋은 것을 찾아갈 줄 안다. 현명한 어른이 해야 할 일이 있다. 아이들이 원하는 독서가 무엇인지 알아차리고, 그들이 하고 싶은 것을 하도록 지원해 주고 믿어주는 것이다.

■ 함께 읽으면 좋은 그림책

『커졌다!』(서현 지음, 사계절, 2012)
『슬픈 도깨비 나사』(우봉규 지음, 이육남 그림, 책내음, 2012)
『수박 수영장』(안녕달 지음, 창비, 2015)
『꼬마 구름 파랑이』(토미 웅게러 지음, 이현정 옮김, 비룡소, 2001)
『완두』(다비드 칼리 지음, 세바스티안 무랭 그림, 이주영 옮김, 진선아이, 2018)
『이상한 손님』(백희나 지음, 책읽는곰, 2018)
『강아지 복실이』(한미호 지음, 김유대 그림, 국민서관, 2012)
『깜빡깜빡 도깨비』(권문희 지음, 사계절, 2014)

1학년
동시

시와 함께
노는 교실

『침 튀기지 마세요』

김미희 웅남초등학교 교사

시 수업은 따로 시간을 내어 준비하기 어렵고, 아이들의 삶을 시로 표현할 수 있게 지도하는 것은 더 어려운 수업이다. 그러나 조금만 신경을 쓰면 잘 할 수 있을 것 같고, 잘해 보고 싶은 수업이기도 하다. 지금껏 교사를 하면서 시 수업을 마음먹고 제대로 시도한 적이 없었는데 올해 용기를 내 보았다. 20년간의 교직생활에서 처음으로 1학년 담임을 맡게 되었다. 1학년 아이들은 아직 글자를 잘 알지 못해서 비교적 간단한 시나 시 노래를 통해 글자를 익히는 수업을 하면 좋을 것 같았다. 국어교과와 연계해 시나 노래를 감상하는 활동을 하고, 시와 노래를 듣고 겪은 일을 글로 쓰는 활동을 함께 엮어서 '시로 하는 한 권 읽기' 수업을 계획해 보았다.

아이들 삶을 잘 드러낸 시집을 찾다 보니 유치원 아이들의 입말을 그대로 살려 쓴 『침 튀기지 마세요』(박문희·이오덕 엮음, 고슴도치, 2000)가 눈에 들어왔다. 시노래 책 『맨날 맨날 우리만 자래』(백창우 지음, 아람유치원어린이들 글, 설은영 그림, 보리, 2003)도 함께 활용해 보았다. 아침 활동 시간과 국어 시간, 창의적 체험 활동 시간을 활용해 아이들과 함께 시집을 읽었다.

초등학교 1학년 아이들은 학교에서 처음으로 시를 만나게 되는데, 아이들의 삶이 입말 그대로 살아 있는 시를 통해 시가 어렵지 않고 친숙하게 느끼도록 해주고 싶었다. 나아가서는 자신의 삶을 시로 표현하는 활동을 통해 삶을 아름답게 가꾸어갈 수 있었으면 좋겠다고 생각했다.

『침 튀기지 마세요』 살펴보기

'마주이야기 시'를 엮은 책이다. 아이들의 삶을 담아내는 글쓰기 교육을 실천했던 故이오덕 선생과 박문희 선생이 함께 엮었다. '마주이야기 시'란 아이들이 저도 모르게 쏟아내는 말, 평소에 마음속에 담아두었던 생각을 동무나 어른들에게 말한 것을 적어둔 것이다. 아름다운 말로 꾸며서 써낸 시가 아니라 아이들이 일상적으로 사용하는 말들을 그대로 담아내어 우리 반 아이들이 많이 공감하고 좋아했다.

침 튀기지 마세요

이 책과 더불어 『맨날맨날 우리만 자래』도 활용했다. 백창우 작곡가가 『침 튀기지 마세요』 등에 실린 '마주이야기 시'에 곡을 붙여 만든 노래를 담

맨날 맨날 우리만 자래

은 시노래 책이다. 책에는 시화와 악보가 실려 있고, 음악 CD도 함께 묶여 있어서 아이들이 노래를 들으며 따라 부르기 좋았다.

『침 튀기지 마세요』 읽기 흐름

배움 주제	어린이의 삶이 담긴 어린이시를 배우며 시와 친해지기

수업 흐름 (14차시)	**읽기 전(2차시)**
	• 시 노래 맛보기
	  – 〈물오리떼〉 듣고 오리 흉내내기
	• 다양한 형태의 시 맛보기
	  – 세상에서 가장 짧은 시 낭독하기
	• 책 소개하기
	  – 어린이시를 읽고 비슷한 경험 이야기해 보기
	
	읽는 중(8차시)
	• 함께 시 감상하기
	  – 교사와 학생이 번갈아 시 낭독하기
	• 시 수수께끼 활동하기
	  – 교사가 시집에서 시를 골라 제목 퀴즈 내기
	  – 학생이 시를 짓고, 친구들에게 제목 퀴즈 내기
	  – 학생이 지은 시를 모아 수수께끼 시집 만들기
	• 딱지치기 놀이하고 〈딱지 따먹기〉 노래 가사 바꿔 부르기
	  – 바꿔 쓴 노래 가사 시노래 동영상으로 만들기
	
	읽은 후(4차시)
	• 우리만의 시화전 열기
	  – '나의 삶'을 시로 표현하고, 어울리는 그림 그리기
	  – 친구들의 시화를 감상하며 감상평 남기기
	• 활동소감 나누기

시를 노래하며 친해지기

아이들이 시를 친숙하게 느낄 수 있도록 시가 어떤 글인지 설명해주고 시 노래를 들려줬다. 백창우 작곡가가 김희석 시인의 동시 「물오리떼」에 곡을 붙인 노래를 함께 감상했다.

> 빡·빡·빡·빡 빡·빡·빡/ 오리오리 물오리 떼가/ 하낫둘 셋넷 걸음 맞춰서
> 앞뜰 개울 뒤뜰 개울 물나라로/ 아그작 뽀그작 산보 갑니다

물오리를 흉내 내는 말이 재미있고, 풍경을 그린 듯한 아름다운 시어로 이루어진 노래를 들으며 아이들은 무척 즐거워했다. 귀여운 물오리들이 아장아장 걸어다니는 모습을 묘사한 노래를 들으니 오리 흉내를 내고 싶었던 모양이다. 한 아이가 몸을 수그리고 두 손을 얼굴 아래에 가지런히 붙인 채 오리 흉내를 내며 책상 사이를 돌아다녔다. 그러자 약속이라도 한 듯 다른 친구들도 줄지어 오리 흉내를 내며 교실을 돌아다니기 시작했다. 들썩이는 교실 분위기에 나도 신나서 우리 다 같이 오리가 되자고 하며 아이들을 일으켜 세웠다. 아주 단순한 동작이지만 아이들은 아기 물오리가 되어 아장아장 교실을 돌아다니며 신나고 즐겁게 놀았다.

다양한 시를 맛보고 내 경험과 연결 짓기

본격적으로 시를 소개하기 전에 다양한 형태의 시가 있음을 알려주었

다. '세상에서 가장 짧은 시'로 알려진 쥘 르나르의 「뱀」은 "너무 길다"라는 네 글자가 다인데, 이 시를 읽어주자 아이들은 이런 시도 있느냐며 놀라워했다.

유치원 아이들의 말과 생각이 그대로 담긴 마주이야기 시집 『침 튀기지 마세요』를 소개했다. 마주이야기란 박문희 선생이 창안한 교육방법으로, 아이들이 마음껏 말을 하게 하고 어른들이 들어주는 교육이다.

아이들이 하는 말을 그대로 적은 마주이야기 시집은 생생한 아이들의 마음과 생각을 엿볼 수 있는 책이다. 이 책에 조민정 어린이의 말을 옮긴 「국」이라는 시가 있다. 이 시는 백창우 작곡가가 〈싫단 말이야〉라는 제목의 곡으로 만들어 시노래 음반 『맨날 맨날 우리만 자래』에 수록했다.

국

조민정

왜 국에다 밥 말았어
싫단 말이야 싫단 말이야
이제부터 나한테
물어보고 국에 말아줘
꼭 그래야 돼

국에 밥 말아 먹기 싫은 아이의 투정이 잘 살아 있는 이 시를 우리 반 아이에게 큰소리로 읽게 해 보았다. 아이가 쓴 시는 아이의 목소리로 전달하는 것이 훨씬 실감 나고 생생하기 마련이다. 시를 들은 후 짝끼리 비슷한 경험을 이야기해 보라고 했더니 서로 신나서 수다를 떨었다. 짝끼리 이야기한 후 전체 친구에게 말하고 싶어 하는 아이가 있어 두세 명 정도 발표를 하게 했다. 효준이는 김치를 먹기 싫어하는데 밥 먹다가 잠시 다른 곳을 보고 있을 때 엄마가 밥 숟가락에 몰래 김치를 얹어서 기분 상했던 적이 있다고 했고, 상민이는 늦잠을 자서 서둘러 학교에 가려고 하는데 엄마가 밥을 국에 말아서 얼른 먹고 가라고 했을 때 억울했다고 말했다.

함께 시 감상하기

시 노래를 듣고 경험을 이야기하며 시와 친숙해진 아이들. 이제 본격적으로 시를 감상할 시간이다. 먼저 『침 튀기지 마세요』에서 홍준원 어린이의 말을 옮긴 「위로」라는 시를 함께 읽어 보았다. 엄마 아빠와 아이가 대화하는 말로 되어 있는 이 시를 엄마 아빠는 선생님이, 아이는 우리 반 아이들이 역할을 맡아 한 행씩 번갈아가며 낭독해 보았다. 마지막 행의 반전이 재미있는 시인데 아이들이 내용을 바로 파악하지 못해 내가 다시 설명을 해줬다. 설명을 듣고 아이들은 그제야 웃음보를 터뜨렸다. 시를 읽고 나서 부모님과의 비슷한 경험이 있었는지 이야기를 나눠 보는 시간을 가졌다.

　함께 시를 낭독하는 시간을 가진 후 각자 시집을 감상하는 시간을 주고, 가장 마음에 드는 시 한 편을 고르게 했다. 각자 한 편씩 고른 시를 반 친구들에게 발표하며 왜 마음이 드는지 이유도 말하게 했다. 친구의 발표를 들으면서 아이들은 자기도 비슷한 경험이 있다고 이야기꽃을 피웠다. 어른도 그렇지만 아이들은 자신의 마음을 알아주는 것만으로도 편안해지는 모양이었다.

시 수수께끼 활동하기

안도현 시인이 쓴 동시집 『나무 잎사귀 뒤쪽 마을』(정문주 그림, 실천문학사, 2007)에서 시 몇 편을 골라 제목을 알아맞히는 활동을 했다. 활동 방법은 다음과 같다.

먼저 교사가 시의 제목을 포스트잇으로 가린 후 실물화상기를 이용해 학생들에게 화면으로 시를 보여주면서 읽어준다. (이때 퀴즈로 내는 시는 내용에 제목이 들어가지 않은 시로 골라야 한다.) 제목을 말할 학생은 손을 들고 교사의 지목을 받으면 자신이 생각하는 제목과 그렇게 생각하는 이유를 말하면 된다. 여러 가지 답이 나오고, 제목을 공개하자고 합의를 하면 "하나, 둘, 셋" 구호와 함께 정답을 보여준다. 「장마」(19쪽), 「소나기」(32쪽), 「감자꽃」(66쪽) 등의 시를 퀴즈로 냈는데, 정답을 맞혀서 환호하는 아이도 있었고, 아무도 맞히지 못한 기상천외한 제목에 모두가 놀랄 때도 있었다.

아이들이 직접 시를 써서 다른 친구들에게 제목 퀴즈를 내는 활동도 했다. 먼저 A4용지를 반으로 잘라 아이들에게 나눠 주었다. 종이 끝에 제목을 쓸 공간을 2~3센티미터 접게 하고, 접힌 부분에는 제목을 쓰고 나머지 부분에 자신의 경험과 연관 지어 시를 쓰라고 했다.

아이들은 제목 맞히기 활동을 하면서 시를 충분히 감상해서인지 어려워하지 않고 시를 술술 써내려갔다. 길에서 본 것, 가족, 교실에 있는 물건 등 소재도 다양하게 나왔다. 전체 아이들이 한 명씩 앞으로 나와 실물화상기에 자신이 쓴 시를 비추고 낭송하며 제목 맞히기를 했다. 자신이 지은 시를 가지고 게임을 하니 무척 재미있어 했다. 아이들의 마음이 순수해서인지 참 예쁜 시들이 많이 나왔다.

아이들에게 자기가 지은 시를 다시 예쁜 글씨로 쓰고 그림도 그려 보

시계 　　　　　　서다솜 자꾸자꾸 일어나라한다 더 자고 싶은데 더 자고 싶은데	**민들레** 　　　　　　이동욱 하품을 하면 씨앗이 날아가 날아가면 다른 세상으로 가 다시 자라
소나기 　　　　　　김정후 차보다 빠르고 소보다도 빠르고 언제 올지 모르겠고	**동생** 　　　　　　김서율 얼굴은 조그맣고 몸통도 작고 나만 괴롭히고 집에선 만날 울고 장난감을 보면 떼를 쓰고

라고 하니 신이 났다. 마치 예술가가 된 듯 고사리 같은 손으로 정성껏 그림을 그렸다. 아이들의 시를 모아서 인원수만큼 복사한 후 제본 테이프를 붙여서 책으로 만들었다. 시집 표지도 공모해서 정했다. 자신의 시가 들어간 시집을 받고 아이들은 무척 뿌듯해했다.

시 수수께끼 활동은 우연히 어느 학습지에서 글의 제목을 맞히는 문항을 보고 아이디어를 얻어서 계획한 것인데 뜻밖의 수확이었다. 시를 친근하게 느끼도록 해주었고 자연스레 시를 창작하는 활동까지 이어졌다.

처음에 시 제목 맞히기를 했을 때는 "너무 어려워요!" 하며 투덜거리던 아이들이, 힌트를 주고 정답을 유도했더니 점점 재미있어하며 열기를 더해갔다. "선생님, 우리도 수수께끼 내고 싶어요." 하며 아이들은 스스로 시도 쓰고 제목 맞히기 활동까지 했다. 아이들의 시를 모아 시집을 만드는 과정까지 계획된 것은 없었다.

딱지치기 놀이하고 시노래 가사 바꿔 부르기

통합교과에 '놀이도구 만들어 놀기' 활동이 있다. 이 활동과 연결 지어 백창우 작곡가의 시노래 〈딱지 따먹기〉를 감상하고, 함께 따라 부른 후 딱지치기 놀이를 했다.

〈딱지 따먹기〉 노래를 어느 정도 익힌 후에는 노래 가사 바꿔 부르기를 해 보았다. 아직 1학년이라 가사 바꾸기를 어려워했지만 글자 수대로 말을 바꾸어 보라고 하니 곧잘 하는 친구들도 있었다.

냉면 집어먹기	팽이돌리기
조한준	윤채원
냉면 집어먹기 할 때	팽이돌리기 할 때
딴 아이가 내 것을 뺏어	딴 아이가 내 것을
먹으려 할 때	이기려고 할 때
가슴이 두근두근한다	가슴이 두근두근한다
냉면이 홀딱 뺏겨갈 때	팽이가 홀딱 넘어갈 때
나는 내가 뺏겨가는 거 같다	나는 내가 쓰러지는 것 같다

아이들이 바꿔 쓴 노래 가사를 색을 칠할 수 있는 글씨체로 프린트해 주었다. 노래 가사를 마음에 드는 색으로 칠하고 그림도 그리게 해서 그것을 모아 동영상으로 만들었다. 이 시노래 동영상을 쉬는 시간이나 수업시작 전에 틀어주면 아이들이 무척이나 즐거워하며 따라 불렀다.

시화 그리기, 시화전 열기

시집을 읽고 마음에 드는 시를 소개하고, 친구들과 시 감상을 나누고, 시 노래를 부르고, 시 수수께끼 활동도 했다. 이제 나의 삶을 시로 표현하는 시간이다. 아이들은 자기 마음을 솔직하게 담은 시를 쓰고 시화도 그렸다.

아이들이 완성한 시화를 모아 '우리만의 시화전'을 열었다. 자석 칠판에 시화를 붙여두고 앞으로 나와 감상하는 시간을 가졌다. 아이들은 친구들의 시를 읽고 포스트잇으로 감상평을 남겨 붙여주었다. 친구들의 작품에 "시가 참 재미있어!" "그림을 참 잘 그린다!"라고 칭찬하고, 가족들이 모두 바빠서 떡볶이를 못 먹는다는 친구에게는 "너 떡볶이 좋아하는구나!"라고, 엄마가 동생만 예뻐해서 속상하다는 친구에게는 "힘내!" "너는 참 잘해." 하며 격려하는 아이들의 감상평이 참 착하고 귀여웠다.

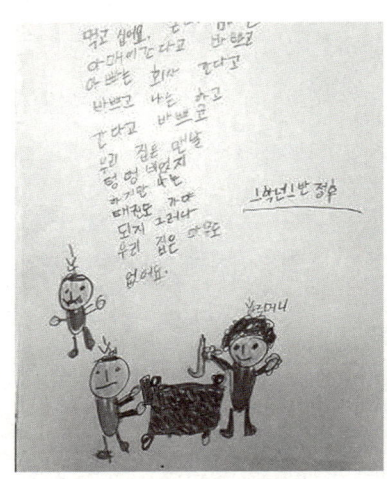

친구들의 시화에 포스트잇으로 감상평 남기기

아이들은 직접 시를 쓰고 그림 그리는 활동을 하면서 창작욕을 불태우고 시를 더 좋아하는 모습을 보였다. 더 많은 시를 읽고 싶어 하는 아이들을 보면서 '어린이시 한 권 읽기 수업은 성공이구나!' 하며 마음속으로 환호했다. 아이들은 다음과 같은 수업 소감을 전했다.

"시 수수께끼 놀이를 할 때 정말 재미있었어요!"

"내가 쓴 시를 읽을 때는 조금 부끄러웠지만 칭찬을 들으니 기분이 좋아서 한 편 더 썼어요. 시를 쓰는 게 재미있어요."

"시 노래가 정말 재미있고, 〈딱지 따먹기〉 노래는 너무 좋아서 계속 부르고 싶어요."

아이들의 말과 생각은 그대로 시가 된다

시를 가르치는 일에 대해 많은 부담을 느꼈는데 이번 수업으로 '아이들과 재미있게 시를 가지고 놀면서 자연스레 반응을 이끌어내면 되겠구나.' 하는 생각이 든다. 시 수업을 하고 싶은 이들에게 시 선정과 활용에 조금이나마 도움이 될 수 있도록 다음 이야기를 전하고 싶다.

아이들에게 읽어줄 시집을 선정하기 전에 반드시 교사가 먼저 책을 읽어 보고 아이 수준에 맞는 흥미로운 시집을 선택해야 한다. 아이들이 공감하고 자신의 경험을 떠올릴 수 있는 시들이 담긴 약간 쉬운 시집이 좋다. 시중에 많이 출간된 시노래 책들과 앨범은 시를 흥미롭게 느낄 수 있도록 돕는 아주 훌륭한 자료들이다. 개인적으로 구매하거나 학교도서관에 신청해두었다가 통합교과 시간이나 놀이를 할 때 들려주면 아이들은 시를 동요처럼 흥얼거리며 가깝게 느낄 것이다.

시를 함께 읽으며 서로 질문을 던지고 대화를 주고받는 과정은 시 감상에서 중요하다. 시인의 마음을 추측해 보거나, 자신의 경험과 생각 등을 자유롭게 나누는 시간을 가지면 아이들은 자신의 삶과 관련된 이야기를 편하게 털어놓는다. 이를 바탕으로 자신의 경험도 시로 표현할 수 있게 된다.

아직 한글이 서투른 아이들에게 동시를 이용한 한글 교육을 해 보는 것도 좋다. 먼저 시노래로 익힌 후 글로 따라 써본다면, 노래를 부르고 글을 써보는 과정에서 한글을 자연스레 익힐 수 있다.

아이들의 말과 생각은 그대로 옮겨 쓰기만 해도 시가 된다. 언젠가 소방훈련 때 소방차가 와서 건물에 물을 뿌리니 한 아이가 이런 말을 했다. "와~ 학교가 목욕한다." 시인의 마음을 가진 아이들이 시심을 잃지 않도록 시와 가까이하는 활동과 수업을 꾸준히 해야겠다는 생각이 든다.

■ 함께 읽으면 좋은 동시, 어린이시집

『쫀드기 쌤 찐드기쌤』(최종득 지음, 문학동네, 2009)
『선생님 내 부하해』(하이타니 겐지로 지음, 햇살과나무꾼 옮김, 양철북, 2009)
『똥누고 가는 새』(임길택 지음, 실천문학사, 2004)
『저 풀도 춥겠다』(박선미 엮음, 보리, 2017)
『꼴찌도 상이 많아야 한다』(임길택 엮음, 보리, 2006)
『새들은 시험 안 봐서 좋겠구나』(한국글쓰기교육연구회 엮음, 보리, 2007)
『시놀이터1. 꼭 하고 싶은 말』(전국초등국어교과 여주모임 엮음, 삶말, 2016)
『시놀이터8. 내마음이 우르르르 흘렀다』(전국초등국어교과 평택모임 엮음, 삶말, 2018)

진정한 친구를 사귀는 방법

『콩이네 옆집이 수상하다!』

손희선 북면초등학교 교사

교실에는 다양한 성격의 아이들이 있다. '친구와 사이좋게 지내자'라는 약속을 하고 잔소리를 해도 저학년 아이들은 아직 자기중심적이고 친구와 관계 맺는 것이 서툴러 다툼이 잦다. 싸움이 끊이지 않는 아이들을 보면서 '어떻게 하면 친구들과 사이좋게 지내게 할 수 있을까?' 하는 고민으로 마음이 무거웠다. 우리 1학년 아이들이 서로 조금씩만 양보하고 이해해주면 친구들과 재미있게 놀고 우정을 쌓을 수 있을 텐데! 안타까운 마음이 가득한 가운데 『콩이네 옆집이 수상하다!』(천효정 지음, 윤정주 그림, 문학동네, 2016)를 만났다.

책에 나오는 다양한 성격의 등장인물을 보면서 우리 1학년 친구들의 얼굴이 하나씩 떠올랐다. '우리 아이들이 여기에 나오는 등장인물들을 실제로 만난 것처럼 상상하고 함께 놀다 보면 친구들과도 사이좋게 지낼 수 있지 않을까?' 아이들이 친구의 단점보다는 장점을 먼저 발견하고 서로 보완해주고 이끌어주는 관계를 만들기를 바랐다. 평화롭고 행복한 교실에서 친구와 함께 삶을 나눌 수 있기를 바랐다.

『콩이네 옆집이 수상하다』 살펴보기

생쥐 콩이의 이웃에 동물들이 하나둘 이사를 오면서 이야기가 시작된다. 콩이가 이웃사촌의 정체를 추리해나가는 큰 틀의 이야기 속에 여섯 개의 작은 이야기가 이어져 있다. 유쾌하고 리듬감 있는 문체에 단서를 하나씩 던지며 동물의 정체를 추리해 나가는 방식이 매력적인 책이다. 산만해 보여도 다른 사람 말을 잘 믿어주는 콩이, 남의 흉보기

콩이네 옆집이 수상하다

를 즐기는 빽, 얄밉게 비비꼬아 말하는 버릇이 있는 씨니, 상대방을 향한 호감을 거침없이 표현하는 떡두 등 다양한 캐릭터들은 우리 아이들의 모습과 많이 닮아 있다.

    이 책은 상상하고 추리해갈 때 그 맛을 느낄 수 있으므로 교사가 아이들에게 소리 내어 읽어주는 방식이 어울린다. 여섯 개의 이야기를 각각 한 권의 책을 읽어주는 것처럼 나눠서 읽어주면 아이들은 다음 이야기를 몹시 궁금해하며 집중할 것이다.

『콩이네 옆집이 수상하다』 읽기 흐름

배움 주제	등장인물을 상상하고 함께 놀면서 진정한 친구의 의미 찾기
수업 흐름 (16차시)	**읽기 전(2차시)** • 제목과 표지를 보고 책 내용 상상하기 • 옆집 동물 상상책 만들기 – 단서를 듣고 옆집 동물 그려 보기 **읽는 중(10차시)** • 귓속말 미션하기 – 험담에 관한 경험 이야기하기 – 두더지 빽에게 하고 싶은 말 편지 쓰기 • 등장인물 인터뷰하기 • '이럴 때 나라면?' 상황극하기 • 깡군 아저씨 상상해서 그리기, 인터뷰하기 – 오해를 받아서 억울했던 경험 이야기하기 • 옆집 동물이 밝혀지는 순간 낭독극하기 **읽은 후(4차시)** • 봉투가면 쓰고 연극하기 – 등장인물 봉투가면 만들어서 쓰고 일인극, 역할극 하기 • 활동소감 나누기

제목과 표지를 보고 상상하기

책과 아이들이 처음 만나는 시간은 무척 중요하다. 재미, 호기심, 나와의 연결고리 중에서 하나라도 건져낼 수 있어야 아이들은 책을 더 매력적으로 느낀다. 아이들의 호기심을 자극하기 위해 앞표지에서 생쥐를 제외한 모든 동물들을 가려서 보여줬고, 뒤표지는 아예 보여주지 않았다. 불안한 눈빛으로 떨고 있는 생쥐의 표정이 눈에 가장 먼저 들어온다. "왜 저런 표정을 지었을까?" "우린 어떤 상황에서 저런 표정을 지었을까?" 등의 주제로 이야기를 나누다 보면 책 내용이 더 궁금해진다. 한 아이가 생쥐가 무서워하는 것 같다며 표정을 따라 하기에 다른 아이들도 함께 표정놀이를 해 보았다.

"엄마한테 혼날 때 저런 표정을 지어요."

"신비아파트 볼 때 무서워요."

자기의 무서웠던 경험 이야기도 자연스럽게 나온다. '고양이', '괴물' 등 생쥐가 두려워하는 표정을 지은 이유에 대해 다양한 의견이 나왔는데 제목을 읽고 "옆집에 수상한 일이 있나 봐요." 하는 대답도 나왔다. "수상하다는 건 무슨 뜻일까요?"라고 물으니 평소에 책 읽는 것을 별로 좋아하지 않았던 민혁이가 "의심스러운 거요!" 하며 씩씩하게 대답하기에 칭찬을 많이 해주었다. 민혁이는 콩이를 만나는 내내 가장 적극적인 태도를 보였다. 책과의 첫 만남이 이렇게나 중요하다.

옆집 동물 상상책 만들기

콩이가 수상한 구멍을 발견하고 누가 이사를 왔는지 궁금해하는 첫 이야기를 책의 예고편처럼 읽어줬다. 첫 번째 이야기에 옆집 동물이 '시커멓고 굴을 잘 파는 동물'이라는 단서가 나왔다. 아이들 사이에서 옆집에 이사 온 동물이 누구인지 설전이 벌어졌다. 두더지, 뱀, 쥐, 개미, 쇠똥구리, 곰 등 시커멓고 굴을 잘 파는 동물 이름들이 거의 다 나오고 나서야 조용해졌다. 아이들은 한목소리로 두 번째 이야기를 바로 읽어달라고 재촉했다. 호기심과 흥미를 끄는 데 성공했구나!

단서 1. 시커멓고 굴을 잘 판다.
단서 2. 다리가 여섯 개다.
단서 3. 눈이 다섯 개다.
단서 4. 엄청난 패거리다.

 두 번째, 세 번째, 네 번째 이야기에 나오는 세 개의 단서를 아이들에게 보여주면서 옆집 동물을 상상해서 그려 보는 상상책을 만들자고 했다. 책을 읽기 전에 단서를 미리 다 알면 아이들의 흥미가 떨어지지 않을까 염려될 수도 있다. 세 번째 단서가 있기 때문에 그런 걱정은 하지 않아도 된다. 두 번째 단서까지는 흔히 주변에서 볼 수 있는 동물들을 상상한다. "눈이 다섯 개"라는 세 번째 단서가 나오자마자 아이들의 눈은 휘둥그레진다. 세상에 그런 동물은 없다고, 못 그린다고 난리다.
 상상해서 그리는데 왜 못 그리느냐고 반문하자 아이들은 다시 눈을 반

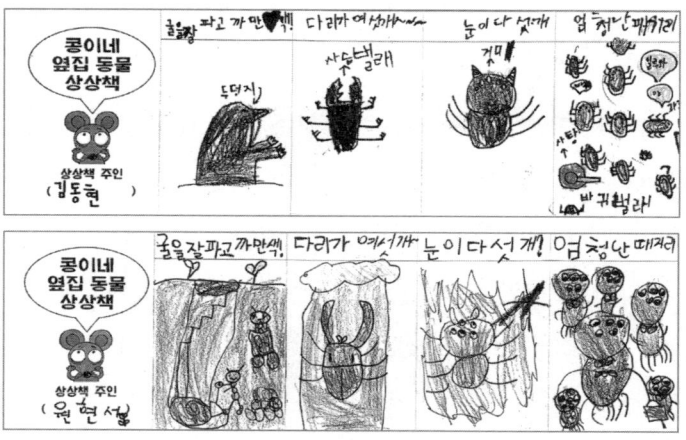

아이들이 만든 옆집 동물 상상책

짝이며 사인펜을 들었다. 두 번째 단서까지 듣고 그릴 때는 실제 옆집 동물을 그린 친구도 있었지만, 세 번째 단서부터는 눈이 다섯 개, 다리가 여섯 개인 상상의 동물들이 그려졌다. 각자 상상책을 만든 후 바로 거두었다. 이 상상책들은 책을 읽으며 옆집 동물의 정체가 밝혀지기 직전에 다시 나눠주고 펼쳐 보게 할 것이다. 단서가 나오고 책을 즐겁게 만든 후에도 옆집 동물의 정체를 알 수 없어 아이들은 뒷이야기를 더욱 궁금해했다.

험담에 관한 경험 나누기

두 번째 이야기는 험담을 즐기는 두더지 빽이 주인공이다. 아이들에게 책 속 장면을 미리 보여주고 상황을 상상해 보라고 했다. 혼자 있는 것을 좋아하는 보영이는 마지막 장면에 나오는 두더지의 모습이 자기와 닮았다며 책을 읽는 내내 두더지와 자신을 동일시했다.

쉬는 시간에 아이들 몇 명을 불러 미션을 알려주었다. 짝 활동이 시작되면 특정 친구를 쳐다 보면서 귓속말 하고 손가락으로 가리키기, 째려보기, 웃기 등의 행동을 하라고 했다. 평소에 귓속말을 자주 하는 친구들이 귓속말의 대상이 되도록 했다. 귓속말의 대상이 된 아이들은 짝 활동 중간에 울면서 내게 와 속상하다고 말했다. '귓속말 미션'임을 아이들에게 공개하고 각자 생각을 나누는 시간을 가졌다. 귓속말의 대상이 된 아이들은 자기를 놀리는 것 같아 속상했고, 귓속말 내용이 무엇일지 궁금하고 외로웠다고 말했다. 두더지 빽에게 해주고 싶은 이야기를 쪽지에 쓰라고 하니 험담을 줄이고 사과하면 친구와 함께할 수 있다고 격려하는 내용이 많았다.

> **빽에게**
> 안녕, 빽. 뒷말, 욕은 안 좋은 말이야. 동물 친구들에게 사과해주면 좋겠어.
> – 보라가
>
> **빽에게**
> 빽, 친구 험담하지 말고 사이좋게 놀아. 사이좋게 놀수록 우정이 생기잖아.
> – 은희가

'이럴 때 나라면?' 상황극하기

세 번째 이야기에는 비비 꼬아 말하기를 좋아하는 청개구리 씨니가 등장한다. 아이들에게 두더지 빽이나 청개구리 씨니와 친구를 하고 싶은지 묻고 이야기를 나누었다. 『친구를 모두 잃어버리는 방법』(낸시 칼슨 지음, 보물창고, 2007)이라는 책이 생각난다는 아이들이 많았다. 씨니도 친구를 모두 잃어버린 것 같다며 저 책을 선물해주고 싶다고 말했다. 등장인물의 행동이나 마음을 좀더 이해해 보기 위해 '핫시팅'을 시도했다.

아이들이 등장인물에게 궁금한 것들을 쪽지에 쓰고 한 명이 등장인물이 되어 친구들이 하는 질문에 대답하는 방식으로 인터뷰를 진행했다. 그중에서 청개구리 씨니의 구박에도 항상 웃으며 옆을 지키는 두꺼비 떡두의 인터뷰가 인상적이었다.

떡두 인터뷰

질문: 넌 원래 눈치가 없니?

떡두: 응 나는 씨니의 말이 다 진심으로 들렸어.

평소에 친구들에게 많이 맞춰주는 영준이가 인터뷰를 듣고 작은 목소리로 중얼거린다. "친구가 나를 싫어할까봐 비꼬아 말하는 걸 모른 척 한 건데…." 영준이의 반응에 마음이 짠하기도 했고, 1학년들도 친구와의 문제를 많이 고민하고 있다는 것이 느껴졌다.

 똑같은 상황에서 한 팀은 격려나 칭찬의 말을 하고, 다른 팀은 비꼬는 말을 하는 '이럴 때 나라면?' 상황극 놀이도 했다. 이 상황극은 "친구에게 칭찬하는 말, 격려하는 말, 고운 말을 많이 해야 해요."라고 백 번 잔소리하는 것보다 훨씬 효과적인 방법이었다. 평소에 친구에게 비꼬거나 짜증스러운 말투로 말을 했던 여정이가 상황극이 끝난 후 소감을 말했다. 상황극 할 때 다른 친구가 비꼬면서 "잘~한다!"라고 했을 때 누군가 "여정이 말투다!"라고 말해서 충격을 받았다고 했다. 처음에는 자기 말투라고 해서 화가 났는데, 곰곰이 생각해보니 본인이 그런 말을 자주 하는 것 같다며 앞으로는 줄이도록 노력하겠다고 다짐했다. 다른 친구들은 그런 다짐을 하는 여정이가 멋지다고 격려해줬다.

> **'이럴 때 나라면?' 상황극 : 떡두가 상을 받았을 때**
> 씨니 : (엄지척하며) 떡두야, 상 받은 거 축하해! 넌 정말 잘하는 게 많아.
> 떡두 : (미소를 지으며) 고마워. 네가 칭찬해주니까 더 행복하다.
>
> 씨니 : (비꼬는 말투로) 상받아서 좋~겠네. 좋냐? 좋아?
> 떡두 : (기분 나쁜 표정으로 돌아보며) 두고 보자, 흥!

등장인물의 마음이 궁금해! 인터뷰하기

건달로 불리며 얼굴에 칼자국이 있고 보따리를 짊어지고 다니는 청설모 깡군이 네 번째 이야기의 주인공이다. 읽기 전에 깡군을 상상하여 그려보는 시간을 가졌다. 아이들은 얼굴에는 칼자국, 핏자국이 있고, 자루 속에는

아이들이 상상한 깡군 아저씨

동물들에게 빼앗은 돈이나 칼과 쥐의 시체가 들어 있는 장면을 그렸다. 대부분 청설모를 도둑이나 범죄자로 상상하는 가운데 한 아이가 "깡군 아저씨가 불쌍해요."라고 말했다. 얼굴에 상처가 있어서 슬플 것 같다는 아이의 말에 따뜻함이 느껴졌다.

　이야기를 읽고 나서 우리가 깡군을 오해했음을 알게 되었다. 왜 우리는 깡군을 무서운 인물로 상상하고 오해했을까? 아이들과 이야기를 나누어 보았다. 소문을 확인하지 않고 믿어버려서 그렇다는 이야기, 생긴 것만 보고 판단했다는 대답이 나왔다. 깡군이 어떤 기분이었을지 이야기해 보고 오해를 받아서 억울했던 적은 없는지도 이야기해 보았다. "얼굴색이 까매서 아프리카 사람이라는 말을 들었어요." "물건을 빌려서 썼는데 훔쳐갔다고 말해서 속상했어요." 자신이 억울했던 이야기를 털어놓는다. 그럼 반대로 자기가 다른 사람을 오해한 경험을 이야기하고 사과하고 싶은 사람은 없는지 물었다. 다문화 가정에서 자란 유민이라는 아이가 있다. 언젠가 장난꾸러기들이 유민이의 엄마가 베트남인이라고 놀렸던 일이 있었다. 당시에 서로 화해를 하고 넘어갔지만 그때 유민이를 놀렸던 아이들은 다시 그 이야기를 하고 진심으로 사과를 했다. 용기 어린 아이들의 행동에 박수를 쳤다. 우리 아이들은 이렇게 순수하고 마음이 착하다.

네 번째 이야기를 읽고 나서 아이들은 깡군을 이대로 보내주기 싫다며 아쉬워했다. 그럼 깡군 아저씨를 직접 만나면 된다. 민혁이가 깡군의 역할을 맡아 얼굴에 칼자국을 그려서 붙이고, 가방으로 자루를 만들어 걸치고 교실 중앙에 앉았다. 질문들이 쏟아져 나왔다.

깡군 아저씨 인터뷰

질문 1 : 얼굴에 왜 칼자국이 생겼어요?

깡군 : 먹이를 구하다가 나무에서 떨어졌어.

질문 2 : 오해를 하니까 화나지 않았어요?

깡군 : 처음엔 억울했지만 자주 있는 일이라서 이젠 아무렇지도 않아.

질문 3 : 억울하면 오해라고 했어야죠!

깡군 : 소문이 너무 많이 퍼져서 아무도 내 말을 믿어주지 않을 것 같았어.

아무도 내 말을 믿어주지 않을 것 같았다는 깡군의 마지막 대답이 마음을 쿡쿡 쑤셨다. 깡군 아저씨의 마음속 이야기를 들어본 후 우리는 깡군 아저씨와 아쉬운 작별을 했다.

책의 장면을 낭독극으로 읽어 보기

옆집에 이사 온 동물이 밝혀지는 다섯 번째 이야기에서 아이들의 긴장감은 최고조로 올라갔다. 이번 이야기는 아이들과 함께 읽으면 더욱 재미있을 것 같아서 대본을 나눠주고 효과음 등을 준비해 낭독극을 했다. 대본을 보면서 낭독하니 아이들의 긴장감을 풀어주는 효과가 있었지만, 실감 나게 낭독하기보다는 글자를 읽는 데 집중하는 모습을 보여 아쉽기도 했다.

아직 한글 해득이 미숙한 저학년에게는 낭독극이 오히려 더 어려울 수도 있겠다는 생각이 들었다.

'옆집 동물이 밝혀지는 순간' 낭독극

- 등장인물 : 해설, 콩이, 옆집동물, 깡군

해설 : 콩콩콩! 누군가 또 문을 두들기는 소리가 들렸어요.

콩이 : 바쁘다, 바빠! 오늘따라 손님이 많네!

해설 : 콩이가 문 앞으로 뛰어가며 큰 소리로 물었어요.

콩이 : 누구세요?

해설 : 그러자 밖에서 가느다란 소리가 들렸어요.

옆집동물 : 옆집에 이사 온 동물이에요.

해설 : 그 말에 집 안에 있던 동물들 모두 입을 딱 벌렸어요.

모두 함께 : 으악!

해설 : 다들 비명을 지르며 호들갑을 떨었어요. 빽은 탁자 아래로 기어 들어갔고, 씨니와 떡두는 찬장 속에 숨었어요. 깡군은 긴장된 표정으로 자리에서 벌떡 일어섰어요.

옆집 동물의 정체가 밝혀지지 아이들은 믿을 수 없다는 반응이었다. 왜 그 동물이 눈이 다섯 개냐고 아우성이었다. 쉬는 시간에 도서실에 가서 동물 책을 찾아보겠다는 아이도 있었다. 궁금한 것을 알아내기 위해 다른 책을 찾아 보는 연계 독서가 이뤄지는 순간이었다.

봉투가면 쓰고 연극하기

책을 다 읽고 나니 아이들은 2편은 없냐고 아우성이었다. 천효정 작가님께 2편을 만들어달라고 연락하자는 친구도 있었다. 이대로 콩이를 보낼 수 없어서 종이봉투로 가면을 만들고 연극을 하기로 했다. 혹시 아이들이 선택한 등장인물이 몰릴까 봐 제비뽑기로 결정했더니 자기가 하고 싶은 동물이 아니라고 속상해하는 아이들이 많았다. 그런 아이에게는 뒷면에 하고 싶었던 동물을 그려 넣으라고 했다. 아이들이 선택한 동물들을 살펴보니 당연히 주인공 콩이를 많이 고를 줄 알았는데 의외로 다양한 동물들이 그려져 있었다. 귓속말을 자주 하던 유민이는 두더지 뺙을 선택했고, 짜증을 많이 내고 신경질적이었던 여정이는 청개구리 씨니를 골랐다. 남자친구들에게는 근육질에 힘이 센 깡군이 인기가 많았다. 아이들은 책을 읽는 내내 애정을 보이던 인물들을 골라서 멋진 봉투가면을 만들었다.

자기가 만든 가면을 쓰고 기억에 남는 장면을 일인극으로 발표하는 시간을 가졌다. 눈이 다섯 개 달린 괴물 가면을 쓰고 친구들을 놀라게 하는 아이가 있었다. 아이들이 그런 장면은 없다고 항의를 하니 콩이가 옆집 동물을 상상하며 무서워하는 장면이라고 설명했다. 창의적인 친구의 생각에 '엄지 척'을 해주는 아이들. 오해하고 항의하기 전에 먼저 이유를 물어보자며 함께 웃었다.

자기가 만든 가면을 쓰고 돌아다니며 다른 동물 가면을 쓴 친구를 만나 핫시팅 때 묻지 못한 질문을 물어보기도 하고, 짝꿍과 인상 깊은 장면에 대해 이야기를 나눈 뒤 역할놀이도 짧게 꾸며 보았다. 미리 대본을 작성하고 연습해 볼까도 했지만, 아이들의 상상력과 창의력을 믿어보기로 했다. 가면을 쓴 아이들의 표현력은 더 과감해지고 실감이 났다. 물론 눈만 뚫린 봉투가면을 쓰니 표정을 볼 수 없고 말소리가 작게 들리는 단점도 있었지만 아이들은 즐거워했다. 역할극을 하고 나서 아이들은 다음과 같은 소감을 전했다.

"너무 빨리 콩이 친구들과 헤어지는 것 같아요. 다른 친구의 가면을 더 써 보고 싶어요."

"봉투가면을 쓰고 혼자 표현할 때 재미있었어요."

"책이 더 길었으면 좋겠어요. 더 긴 책을 읽고 싶어요."

"100쪽이 넘는 책을 처음 읽었는데 내가 자랑스러워요."

직접 만든 봉투가면을 쓴 아이들

아쉽지만, 콩이 안녕!

"나도 콩이처럼 좋은 친구가 되고 싶어요."

수업이 끝나는 것을 아쉬워하는 아이들의 반응을 보고 뿌듯함을 느꼈다. 핫시팅에 가장 적극적이었던 친구는 "깡군 아저씨 인터뷰가 너무 재밌었어요. 아저씨처럼 친구들을 지켜줄 거예요."라고 소감을 전했다.

자신의 감정을 몸으로 먼저 표현해버려서 문제를 자주 일으키는 친구가 있었다. 다른 친구들이 자기를 힘으로 친구를 괴롭히는 사람으로 오해를 하는 게 속상하다고 했다. 그 친구는 깡군 아저씨에게 특히 공감을 많이 했는데 일기에 잘 표현해줬다. 깡군 아저씨처럼 묵묵히 좋은 일을 하는 사람이 되겠다는 녀석의 마음을 응원하고 믿어주겠다고 답글을 남겼다.

> 2019년 5월 22일
> **제목: 깡군 아저씨**
>
> 깡군 아저씨, 오해해서 미안해요. 그런데 상처는 새끼 청설모를 도와주다 다쳤다면서요. 저는 깡군 아저씨가 나쁜 사람인 줄 알았는데 말을 듣고 보니 착한 아저씨인 것 같아요. 아저씨는 참 멋진 사람 같아요. 아저씨처럼 좋은 사람이 될게요.

콩이의 친구들과 닮은 아이들

산만하지만 다정하고 남의 말을 잘 믿어주는 생쥐 콩이, 뒤에서 흉보기를 자주하지만 친구를 사귀고 싶은 두더지 빽, 비꼬는 말을 잘하지만 친구와 놀고 싶은 개구리 씨니, 눈치는 없지만 친구를 배려하는 두꺼비 떡두, 오해를 받고 외롭게 지내지만 정의로운 깡군 아저씨를 만나며 강점과 약점을 함께 가진 자신의 모습을 책 속에서 발견하고 공감하면서 책을 읽었다. 자신의 모습이 책 속에 있으니 독서수업에서 하는 활동을 자신의 삶과 연결하고 자신의 모습을 돌아볼 수 있었다.

1학년 담임을 여러 해 하면서 그림책은 수도 없이 읽어줬지만 동화책을 읽어준 것은 처음이었다. 비교적 두꺼운 분량의 책이어서 '집중하지 못하고 힘들어하면 어떻게 하지?' 하는 부담감을 안고 시도했는데, 아이들의 삶과 밀접한 책이라면 저학년 아이들도 긴 호흡의 책을 너끈히 읽어낼 수 있다는 믿음이 생긴 시간이었다.

■ 함께 읽으면 좋은 책

『친구에게』(김윤정 지음, 국민서관, 2016)
『One(일)』(캐드린 오토시 지음, 이향순 옮김, 북뱅크, 2016)
『짝꿍 바꿔주세요』(다케다 미호 지음, 고향옥 옮김, 웅진주니어, 2007)

인물의 마음은 어떻게 알 수 있을까?

『멋지다 썩은 떡』

손은경 구봉초등학교 교사

아이들에게 감정이나 기분이 어떤지 물어 보면 단순히 '좋다, 나쁘다'로 답할 때가 많다. 서툰 감정 표현은 친구 사이에 오해를 만들기도 하고, 소통에 어려움을 가져오기도 한다. 친구와의 관계에서 어려움을 겪는 아이, 감정 표현이 서툴러서 답답함을 느끼는 아이들이 어떻게 하면 감정 표현을 다채롭게 하고 다른 사람의 감정을 잘 이해할 수 있을까?

2학년 국어교과서 4단원은 '인물의 마음을 짐작해요'이다. '인물의 마음 짐작하기'는 국어 교육 과정에서 늘 중요하게 다뤄지고 있다. 그만큼 성장 과정에서 다른 사람의 마음을 알고, 나의 마음을 아는 것이 중요하다는 뜻일 터다. 4단원을 대체해 『멋지다 썩은 떡』(송언 지음, 윤정주 그림, 문학동네, 2007)을 아이들과 함께 읽었다.* 초등학교 2학년의 학교생활 이야기를 다루어서 아이들이 자기 이야기처럼 재미있게 읽을 수 있는 책이었다.

『멋지다 썩은 떡』 살펴보기

멋지다 썩은 떡

실제 초등학교 교사를 했던 작가의 경험이 잘 녹아 있는 책이다. 주인공 슬비가 '썩은 떡'이라는 별명을 얻게 된 과정, 스스로 백오십 살이라고 우기는 선생님과 왁자지껄한 아홉 살 아이들의 학교생활이 재미있게 묘사되어 있다. 책 속 아이들처럼 개구쟁이인 우리 반 아이들과 신명 나게 놀이하듯 책을 읽고 싶었다. 친구 별명 짓기, 퍼즐 놀이, 빙고 놀이도 하며 우리 아이들은 즐겁게 책 속으로 빠져들었다.

여담으로 작년에 송언 작가를 학교 책 잔치 행사에 초대한 적이 있는데, 책 속의 할아버지 선생님 모습과 그대로 닮아 있어 참 반가웠다. 작가와 대화를 나누며 다시금 아이들을 바라보는 할아버지 선생님과 선생님을 향한 아이의 마음, 그리고 아이들끼리 오가는 우정을 고스란히 느낄 수 있었다.

● 이 책 말고도 '인물의 마음 짐작하기'와 관련된 국어교과 단원을 대체해 책을 두 권 더 읽었다. 1학기 3단원 '마음을 나누어요'는 『춤추는 책가방』(송언, 좋은책어린이, 2008), 1학기 8단원 '마음을 짐작해요'는 『두 배로 카메라』(성현정, 비룡소, 2017)로 수업했다. 각각의 책에서 1, 2학년 국어과 영역(듣기·말하기, 읽기, 쓰기, 문학, 문법) 성취기준 25개 중 20여 개의 관련 요소를 찾을 수 있었다. 이는 교과서를 내려놓아도 아이들의 경험과 관련이 있는 재미있는 작품으로 국어 수업이 가능하다는 것을 보여준다.

『멋지다 썩은 떡』 읽기 흐름

배움 주제	책 속 인물의 마음 짐작하며 나와 다른 사람의 마음 알기
수업 흐름 (13차시)	**읽기 전(2차시)** • 마음날씨표, 마음신호등 놀이로 오늘 내 감정 표현하기 – 동시와 내 감정 연결 짓기 • 책의 제목과 표지 보며 이야기 나누기 • 책의 그림 읽기 – 인물의 표정과 모습을 살피며 감정을 짐작하기 **읽는 중(6차시)** • 함께 책을 읽으며 주요 장면에서 대화 나누기 – 책 속 상황을 살피며 인물의 마음이 드러나는 표현 찾기 • 우리 반 친구들 별명 만들기 **읽은 후(3차시)** • 인물의 마음을 짐작하는 감정카드 놀이하기 – 활동지를 채우며 감정카드 활용하기 • 직접 등장인물이 되어 마음 짐작해 보기 – 정지장면 나타내기, 등장인물 인터뷰하기 • 등장인물에게 하고 싶은 말 쪽지 편지 쓰기

오늘 내 기분 표현하기

아이들이 자신의 마음을 알고 감정을 표현하는 활동은 다채로운 방식으로, 일상적으로 이뤄지고 있다. 교실 앞 게시판에는 '마음날씨표'가 붙어 있다. '화나는', '기쁜', '활기찬', '우울한', '어지러운', '힘나는' 등 감정상태를 나타내는 50개의 낱말표에 아이들은 매일 자신의 기분에 따라 이름을 쓰면 된다. 신나고 활기차다는 아이도 있지만, 밤늦게 잠이 들어 피곤하다거나 감기 기운에 아프다는 아이도 있다. 경주는 학교 오는 길에 누가 밀치며 사과도 안 하고 가버려서 '화나는' 감정에 자기 별명을 네 번이나 썼다. 마음날씨표 말고도 자신의 감정을 빨강, 노랑, 초록색 종이로 나타내는 '마음신호등' 놀이도 한다. 아이들이 모둠이나 원을 만들어 서로 돌아가면서 자신의 감정에 대해 이야기하는 시간을 가지면 표정이 한결 편안해지는 걸 확인할 수 있다.

제목과 표지 보며 이야기 나누기

『멋지다 썩은 떡』 제목을 보자 '썩은 떡'은 안 좋은 건데 왜 멋지다고 하는지 모르겠다는 반응이 나왔다. 학기 초에 '한 권 읽기' 계획서를 안내해 미리 책을 읽어오는 아이들이 있었다. 미리 읽은 아이가 제목에 대해 답을 말하고 싶어 입을 열려다가 얼른 제 손으로 막았다. 답을 말하며 의기양양한 기분을 느끼고 싶었을 법도 한데, 아직 읽지 않은 친구들을 위해 참는 모습이 대견했다. 속표지를 넘기면 등장인물 소개 그림이 나와서 '썩은 떡'이 주인공 여자아이의 별명이란 걸 알 수 있다. 재미있게도 책날개 작가 소개란을 보면 윤정주 그림작가와 달리 송언 글작가는 뒷모습으로 그려져 있다. 책에 나오는 백오십 살 할아버지 선생님과 작가가 닮아 있음을 드러내지 않게 하려는 그림작가의 세심함이 느껴졌다. 하지만 나는 작가를 직접 만났다는 이야기가 하고 싶어 입이 근질근질, 결국 못 참고 이야기를 하고 말았다. 송언 작가는 백발에 수염난 할아버지 선생님 모습과 무척 닮았다고 말하니 아이들은 오히려 어떤 선생님인지 궁금하다며 책에 호기심을 보였다.

속표지에는 썩은 떡의 반 친구들 희수, 유손이, 원웅이, 오광명과 선녀

머리를 한 아줌마도 나오는데, 아줌마의 정체는 끝까지 읽은 사람만 알 수 있다고 하니 아이들은 책 내용을 더 궁금해했다. 또 오광명은 송언 작가처럼 뒷모습으로 그려져 있는데, 아이들에게 같은 작가의 책 『잘한다 오광명』(문학동네, 2008)의 주인공이라고 설명해주었다. 눈 밝은 아이들은 뒷모습의 오광명을 책 속에서 찾아내며 그림 읽기 놀이를 이어가기도 했다.

인물의 표정과 모습 살피며 그림 읽기

본격적으로 책을 읽기 전에 그림만 보는 '그림 읽기' 시간을 가졌다. 책을 먼저 읽은 아이들에게는 친구들이 자유롭게 내용을 상상할 수 있도록 비밀을 지켜달라고 당부했다. 한 권 읽기를 할 때는 미리 읽은 친구들에게 내용을 말하지 말라고 주의를 주곤 하지만, 책은 여러 번 읽을수록 깊이 이해하고 여운도 많이 남기에 굳이 미리 읽는 것을 막지는 않는다. 함께 책을 읽고 난 후에도 다시 혼자서도 읽어보라고 권한다.

아이들은 등장인물의 표정을 익살스럽게 표현한 책의 그림이 무척 재미있다는 반응을 보였다. 특히 할아버지 선생님이 백오십 살이라는 걸 도저히 믿을 수 없다는 슬비의 표정, 꺼낸 말을 도로 담지 못하는 할아버지 선생님의 표정이 압권이다.

할멈이 연기 나는 그릇을 들고 커다란 상자 속에서 나오는 장면에서는 전혀 내용이 예측되지 않아 어리둥절하다는 반응을 보였다.

"왜 갑자기 커다란 상자에서 할머니가 나올까요? 그걸 썩은 떡이 놀란 표정으로 보고 있지요?"

눈 밝은 아이가 그새 그림 바로 아래 '텔레비전'이라고 쓰인 글자를 주워 담았다.

"선생님, 이 상자가 텔레비전 같아요."

"그렇네요. 텔레비전이네요!"

"선생님, 그런데 왜 그릇에서 연기가 나요?"

"그러게요. 왜 연기가 날까요? 그림만으로는 내용을 이해하기가 어렵죠? 다음 시간에 책 읽으면서 확인해 봐야겠네요."

글을 함께 읽어야 연기 나는 음식이 썩은 떡임을, 텔레비전에서 할머니가 쑥 튀어나와 그릇을 내밀고 있는 장면임을 이해할 수 있다. 그림작가의 재기발랄한 표현력이 느껴지는 장면이다.

그림 읽기 시간에 아이들의 예리한 관찰력은 유감없이 발휘됐다. 운동장 바닥에서 유솔이가 봉지를 찾아낸 장면과 슬비가 선생님에게 내민 봉지를 연결해 "헉, 땅바닥에서 주운 걸 드렸어!"라고 말하며 선생님의 곤란한 표정을 짚어냈다. 슬비가 교실 창가에서 하늘을 날고 있는 선생님을 바라보는 장면에서 선생님은 왜 하늘을 날고 있는지 궁금해하며 슬비의 웃고 있는 표정도 놓치지 않았다. 슬비가 선생님을 생각하는 마음이 특별하다는 걸 눈치챈 듯했다.

5장 '야한 그림 보여줄까'에서 야한 게 뭔지 아느냐고 물어보니 한 아이가 "여자 나오는 거요."라고 대답했다. 아이의 눈높이에 어울리는 대답에 웃음이 나왔다. 야한 그림의 정체가 드러나는 장면에서는 다 같이 실소가 터져나왔다. "야한 그림이 인어였다니…."

책 앞쪽에 소개된 등장인물 중에서 궁금증을 자아내던 선녀의 정체는 마지막 페이지 그림에서 드러난다.

"진짜 선녀 아닌 건 맞네. 뭉게구름이 아니라 트럭에 태운 거구나!"

이렇게 그림 읽기만으로 주거니 받거니 이야기를 나누다 보면 한 시간이 금방 지나간다.

한 권 읽기 수업이 아이들의 선택권을 뺏고 읽기 능력의 차이를 고려하지 않는다는 비판도 있는데, 이렇게 그림 읽기를 하면 수준의 차이를 어느 정도 극복할 수가 있다. 그래서 동화책도 그림책 못지않게 그림(삽화)이 중요하다고 생각한다. 그림만 보면서 상상력을 발휘하며 온갖 이야기를 나누다 보면 결말로 갈수록 이야기의 흐름이 어느 정도 그려진다. 또 그림으로 추측한 내용이 맞는지 아닌지 책을 읽으며 확인해가는 재미도 무척 크다. 반 친구들, 선생님과 함께 그림을 읽으며 재미있는 활동을 하게 되리라는 기대감은 읽기를 힘들어하는 아이에게 멋진 동기로 작용한다. 그래서 교사들에게 동화책이나 그림책을 함께 읽을 때는 그림을 먼저 읽는 시간을 가져 보는 것을 추천한다.

함께 책을 읽으며 대화 나누기

본격적으로 책을 읽는 시간, 『멋지다 썩은 떡』은 7장으로 되어 있는데 첫 장은 내가 먼저 읽어줬다. 책을 함께 읽을 때는 교사와 학생이 번갈아 읽기, 모둠별로 읽기, 번호나 앉은 차례대로 읽기, 역할 정해 읽기 등 다양한 방법이 있다. 정해진 방법은 없고 아이들에게 어떤 방법으로 읽고 싶은지 물어보면서 그때그때 다양하게 읽고 있다. 단, 교사도 함께 읽는 것이 좋다. 그렇게 해야 주요 장면에서 자연스럽게 읽기를 멈추고 아이들과 이야기를 나눌 수 있기 때문이다. 함께 읽기에서 중요한 것은 질문을 던지고 이야기를 나누는 것이다. 글의 맥락을 이해하고 인물의 마음을 짐작하며 생각의 깊이를 더할 때 책과 아이들의 삶이 연결된다. 이야기를 더 풍성하게 나누기 위해 동학년 선생님들과 함께 아이들에게 할 질문을 정하기도 한다.

책을 읽어가면서 아이들이 불쑥불쑥 질문을 던질 때도 많다. 교사가 보기엔 중요하지 않지만 아이들은 집요하게 파고드는 것들이 있다. 예컨대 책에서 할아버지 선생님이 나이가 백오십 살인 걸 증명하기 위해 뭉게구름 모양으로 꾸민 트럭에 아이들을 태우는 대목이 있다. 우리 반 아이들은 내용의 맥락과 상관없이 "트럭은 어디에서 났어요?" "뭉게구름은 뭘로 만들었어요?" "뭉게구름 만드는 데 얼마나 걸려요?" 등의 질문을 던졌다. 답이 정해져 있는 질문이 아니므로 아이들 마음껏 상상을 펼치며 이야기를 나누게 했다.

썩은 떡이 놀이터에서 주운 보약 한 봉지를 선생님께 갖다 드리는 대목에서도 읽기를 멈추고 아이들에게 질문했다. "썩은 떡이 선생님께 보약을 갖다 드린 이유는 무엇일까요?"라고 물으니 "선생님이 나이를 많이 먹어서요."라며 익살스럽게 답하다가 이내 진지한 답변을 내놓았다. "썩은 떡이 선생님을 좋아하나 봐요." "선생님을 사랑하는 거 같아요." 썩은 떡처럼 보약을 발견하면 누구에게 주고 싶으냐고 물으니 맨날 잠 온다고 드러눕는 아빠, 아픈 할머니, 나이가 많은 할아버지에게 줄 거라고 말했다. 보약 먹고 힘내시라고, 아픈데 빨리 나으시라고 드린다는 그 마음이 참 예뻤다. 내가 애절한 눈빛을 보내니 마지못해 선생님께 주겠다는 아이도 있었다.

책을 읽으며 대화를 나누다 보면 그림 읽기에서 알쏭달쏭했던 문제가 서서히 풀린다. 슬비가 왜 희수에게 썩은 떡이나 먹으라고 쏘아 붙였는지, 선생님은 왜 날고 있었는지, 전학 간 슬비가 보낸 편지에서 밝혀지는 선녀의 정체에 대해서도 다 알게 된다. 마지막 페이지까지 글과 그림을 함께 읽

아이들이 직접 그리고 만든 별명 이름표

을 때 아이들 입에서는 "아~" 하는 소리가 나왔다. 그러면서 긴 시간에 걸쳐 한 작품을 온전히 함께 읽는 것도 멋진 경험임을 알게 됐다.

멋지다, 친구들! 별명 만들기

슬비의 별명이 '썩은 떡'인 것처럼 친구들에게 불러주고 싶은 별명이나 스스로 불리고 싶은 별명을 이야기해 보는 시간을 가졌다. 친구 관계에서 어려움을 느꼈던 민수는 2학기에 동철이랑 축구를 하면서 친해졌고 다른 친구들과도 사이가 좋아졌다. 민수는 동철이에게 '메시'라는 별명을, 동철이는 민수에게 '메시 절친'이라는 별명을 권하니 서로 만족하는 눈치였다. 이안이는 몸집이 좋은 지혁이에게 '통실'이라는 별명을 지어줬는데 지혁이가 그 별명을 고르니 자신이 골라준 별명을 골랐다고 좋아했다.

한 아이가 처음에 스스로 '호랑이'라는 별명을 지었다가 수업이 끝날 때쯤 혼잣말로 "외톨이로 바꿀까?"라고 말했다. 그 이야기를 듣고 내내

2장 | 저학년 한 권 읽기 **109**

마음에 걸려 밤잠도 못 이루고 다음 날 다시 이야기를 나누어보았다.

아이들에게 왜 친구가 '외톨이'라는 별명을 자신에게 붙이고 싶어 했는지 생각해보자고 했다. 여자아이들은 그 친구가 쉬는 시간마다 운동장에 나가 씩씩하게 뛰어 놀아서 그런 생각을 하고 있는지 몰랐다고 했고, 몇몇 남자아이들은 축구 경기할 때 그 아이를 끼워주지 않은 이유가 다른 반 아이 때문이라고 핑계를 댔다. 과연 친구의 외로움을 몰랐을지, 정말 함께 놀지 못한 이유가 있는 것인지를 다시 이야기하며 서로 더 좋은 친구가 될 수 있도록 노력하자고 했다. 명쾌하게 문제가 풀린 것은 아니었지만, 교사인 나부터 드러난 문제를 단순하게 풀려고 했을 뿐 아이가 속으로 느끼고 있는 어려움을 직시하지 못했음을 돌아보게 되었다.

한 권 읽기 수업의 힘이 여기에 있다고 믿는다. 중요한 것을 스쳐 보내지 않게 긴 여운으로 남겨 교사에게도, 아이들에게도 거듭 묻는다. 책, 아이들, 세상과 어떻게 만나야 하는지 때때로 죽비와 같은 두드림으로 나를 일깨운다.

인물의 마음을 짐작하는 감정카드 놀이

책을 읽으며 대화를 나눈 뒤 활동지를 가지고 인물의 마음을 짐작하는 시간을 가져보았다. 활동지는 인물의 마음을 짐작하는 방법을 찾는 문항으로 구성하고, 감정카드 놀이와 연결할 수 있도록 만들었다. 아이들은 책을 다시 들춰 보고, 감정카드를 찾아서 활동지를 채워갔다. 다음은 활동지 문항 중 일부다.

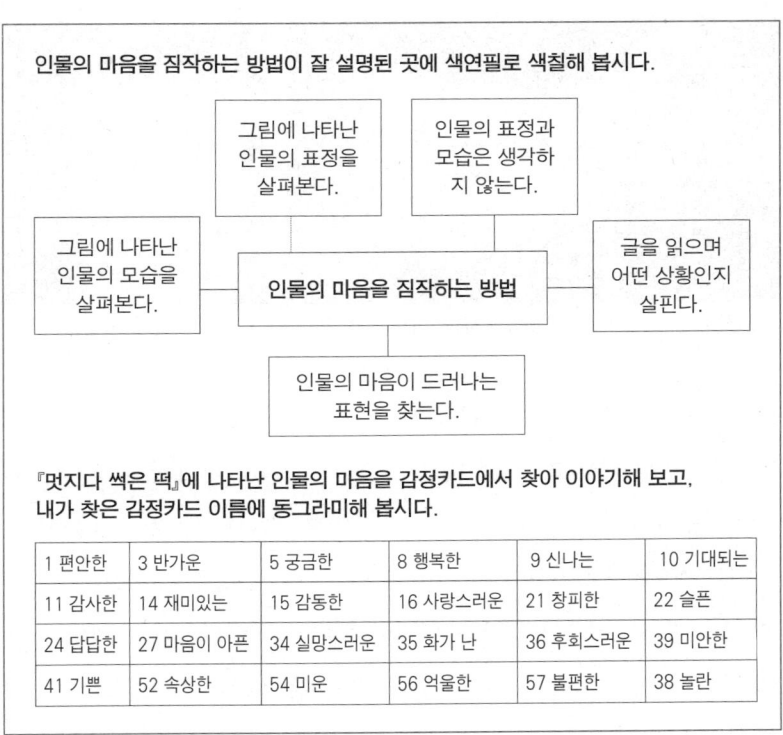

　감정카드 놀이는 여러 가지 감정을 나타내는 낱말이 쓰여 있는 카드와 책에 나타난 등장인물의 마음을 연결 짓고 자신의 생각을 이야기하는 활동이다. 서너 명씩 모둠을 짓거나 짝끼리 감정카드를 놓고 서로 번갈아가며 책의 장면에 나타난 등장인물의 마음을 나타내는 감정카드를 찾아서 말하면 된다. 꼭 등장인물의 감정이 아니라 하더라도 글 전체의 분위기에서 짐작되는 감정을 말해도 된다. 모둠보다는 짝끼리 말할 때 발화 기회가 많아서 더 활발하게 대화를 나눌 수 있다. 가끔 아이들은 서로 의견이 달라 선생님의 도움을 요청하기도 하지만 대부분 스스로 이견을 조정하고 재미있게 대화를 나누곤 한다.

　한 모둠에서 '억울하다' 낱말에 대해 의견이 갈려 선생님을 호출했다.

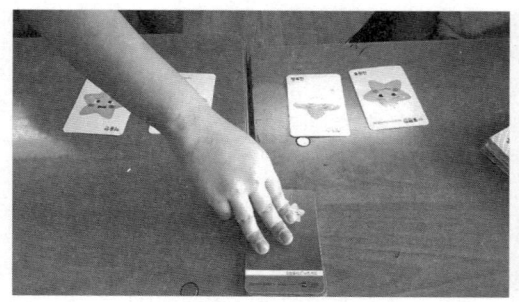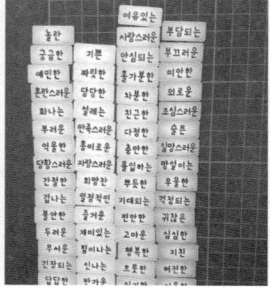

놀이를 할 때 쓰는 감정카드와 발표를 할 때 쓰는 자석 감정카드

슬비가 인어 그림을 야한 그림이라고 해서 선생님께 불려가 혼나는 장면에서 한 아이는 슬비가 억울하다는 감정을 느낄 것 같다고 했는데, 짝은 생각이 달랐나 보다. 개입을 할까 하다가 가만히 지켜보는데, 옆에서 듣고 있던 다른 친구가 "선생님이 잘 알아보지도 않고 슬비를 화난 목소리로 불렀으니까 억울할 수도 있지." 하며 중재를 했다. 감정카드 놀이를 하면 종종 모르는 낱말이 나오는데 그때그때 뜻을 알려줄 필요는 없다. 모르는 낱말은 칠판에 적어두었다가 아이들에게 물어보면 아는 꼭 아는 아이가 나온다. 아는 아이가 없으면 함께 사전이나 인터넷을 찾아보면 된다. 짝 활동이 끝난 후, 반 친구들을 대상으로 기억에 남는 감정 표현을 발표하는 시간을 가졌다. 전체 발표 시간에는 자석 감정카드를 활용해 말하도록 했다.

아이들은 다음과 같은 내용으로 발표했다.

"썩은 떡 반 아이들은 활기차요."

"썩은 떡은 선생님이 계속 백오십 살이라고 거짓말을 해서 실망스러웠어요."

"선생님이 백 살이 되면 다시 젊어진다는 사실이 흥미로웠어요."

"체육 시간에 선생님이 뭉게구름을 탈 수 있다고 해서 아이들이 흥분했어요."

"백오십 살 선생님은 썩은 떡이 전학 간다고 해서 아쉬웠을 것 같아요."
"썩은 떡이 전학 간 뒤에 할아버지 선생님한테 편지를 보내서 감동했을 것 같아요."

직접 등장인물이 되어 마음을 짐작해 보기

정지장면 나타내기(타블로 활동)는 서너 명이 모둠이 되어 책의 한 장면을 정지 행동으로 표현하는 활동이다. 책을 처음부터 다시 보면서 기억에 남는 장면을 찾아 말해 보는 시간을 가지면, 모둠에서 정지장면을 표현하기도 쉽고 장면을 짐작하는 데도 도움이 된다. 각 모둠별로 뽑은 쪽지를 읽고 어떻게 장면을 만들지 의논하는데 소리가 크면 비밀이 샐 수 있다고 주의하라고 하니 자연스럽게 엉덩이를 들어서 머리를 맞대고 소곤거렸다. 준비를 마치면 한 모둠씩 나와서 정지장면을 표현하고, 다른 모둠 아이들이 추측해서 알아맞혔다. 이때 주의할 점은 장면을 찾고 정지장면을 표현할 때에도 인물의 마음을 계속 짐작해 보는 것이다.

> **정지장면(타블로) 나타내기 방법**
> - 등장인물과 모둠 인원수가 맞지 않을 때는 학급 아이들이나 주변 인물로 표현한다.
> - 모둠원은 서로 둥글게 모여 있다가 "하나, 둘, 셋, 찰칵!" 소리가 나면 동시에 정지동작으로 장면을 표현해야 한다.
> - 모둠에서 표현한 정지 장면을 다른 아이들이 계속 알아맞히지 못하면 다 같이 등장인물 한 명에게 "얼음 땡!"을 외칠 수 있다. 얼음 땡을 받은 인물이 책의 장면과 관련된 움직임이나 말을 하며 다른 아이들이 정답을 맞힐 수 있도록 유도한다.

인상 깊은 장면을 정지장면으로 표현하기

　　교육연극 기법으로 타블로와 함께 등장인물 인터뷰하기(핫시팅)도 자주 활용된다. 등장인물이 앉을 의자와 간이 마이크를 미리 준비하고, 선생님은 사회자 역할을 맡아 인터뷰 분위기를 만든다. 아이들이 돌아가며 각자 다른 역할을 맡아 관객이 된 다른 친구들의 질문을 받는다. 아이들이 던진 질문과 답이 생각보다 예리하고 깊이가 있어 핫시팅을 할 때마다 놀라곤 한다. 작품을 깊이 있게 읽은 만큼 생각도 깊어졌기 때문에 가능한 일일 것이다.

할아버지 선생님 인터뷰

질문 1 : 썩은 떡이 준 보약 드셨어요?

선생님 : 슬비가 보약을 줘서 참 고마웠는데 흙과 지푸라기가 묻어서 안 먹었어.

질문 2 : 희수도 슬비 질문에 답을 안 해줬는데, 왜 욕한 슬비만 혼내셨어요?

선생님 : 아니야. 책에는 안 나왔지만 희수한테도 친구가 뭘 물어보면 잘 가르쳐줘야 된다고 했어.

질문 3 : 선생님 진짜 나이가 몇 살이에요?

선생님 : 진짜 진짜 백오십 살이라니까!

썩은 떡(슬비) 인터뷰

질문 1 : 왜 희수한테 욕을 했어?

슬비 : 모르는 문제 물었는데 자긴 바쁘다고 "그냥 네가 풀어!" 하면 화가 안 나겠냐? 지금 바쁘니까 나중에 가르쳐 주겠다고 말할 수도 있잖아.

질문 2 : 썩은 떡아, 구름을 탔을 때 엄마가 있었는데 왜 "엄마다!" 하고 말 안 했어?

슬비 : 처음엔 나도 잘 몰랐어. 나중에야 알아봤지.

질문 3 : 너는 선생님이 썩은 떡이라고 하고, 아이들도 그렇게 부르는데도 어쩌면 그렇게 아무렇지 않니?

슬비 : 내가 원래 좀 그래.

희수 인터뷰

질문 1 : 슬비가 수학 모르겠다고 물어봤는데 왜 안 가르쳐줬어?

희수 : 그땐 내가 많이 바빴단 말이야.

질문 2 : 슬비가 선생님한테 혼났을 때 기분이 어땠어?

희수 : 슬비가 "썩은 떡이나 먹어라!" 해서 화가 나서 선생님한테 일렀는데, 좀 미안하긴 했어.

등장인물에게 하고 싶은 말 편지로 쓰기

한 권 읽기 마지막 시간에는 등장인물을 한 명 골라 하고 싶은 말을 편지로 쓰는 시간을 가졌다. 평소에 '글똥누기' 이름으로 생활글쓰기를 꾸준히 해왔지만, 저학년 아이들에게 글쓰기는 여전히 부담스러운 활동이기도 하다. 그래서 길지 않은 분량으로 하고 싶은 말을 하는 쪽지 편지를 쓰며 편안하게 글을 써 보게 했다. 여러 차례 책 읽기 수업을 하며 아이들도 하고 싶은 말이 많이 생겼을 것이다. 하고 싶은 말을 아이의 언어로 표현하는 활동을 하면서 글쓰기와 독서를 한결 더 가깝게 느끼길 바랐다. 평소에 작은 키 때문에 스트레스를 받았던 이안이는 '썩은 떡' 슬비에게 "유솔이가 너보다 키가 조금 커서 심술이 났을 것 같은데, 그래도 유솔이가 좋아?"라는 편지를 썼다. 개구쟁이 민수는 전학 간 슬비가 새로운 학교에서는 선생님의 말씀을 잘 듣고 있는지 궁금해했다. 선생님을 속썩이지 않겠다고 애쓰고 있었을 아이의 마음이 엿보였다. 이렇게 쪽지 편지를 보면서 우리 아이들이 평소에 가지고 있던 생각, 걱정거리 등을 알 수 있는 점도 좋았다.

썩은 떡에게
썩은 떡아 안녕? 나도 너랑 똑같은 2학년 3반이야. 넌 참 재미있는 아이야. 그럴 일은 없겠지만, 난 너랑 진짜 같은 반 친구가 되어서 신나게 놀아보고 싶어. 너를 만나면 정말 기쁠 것 같아. 내가 너 수학 숙제할 때도 도와줄 수 있을텐데…. (성은)

썩은 떡에게,
넌 어떻게 그렇게 씩씩하니? 선생님이 나쁜 별명을 붙여도 기분 나빠하지 않고. 나도 그랬으면 좋겠다. 전학 가서 좋은 선생님과 친구 만나. 그럼 안녕! (보람)

> **슬비한테**(썩은 떡)
> 슬비야, 안녕, 난 민수야, 넌 새 학교에서 잘 지내니? 학교에서도 선생님 말씀 잘 듣고 있니? 장난치지 말고 선생님 말씀 잘 듣고 공부 열심히 하면 판사, 의사, 경찰, 니 꿈을 이룰 수 있어. (민수)
>
> **150살 도사 할아버지 선생님께**
> 선생님 물어볼 게 무척 많아요. 먼저 책이 2007년에 만들어졌는데 아직 150살이세요? 뭉게구름에 있는 구름은 무엇이었어요? 솜, 양털? 아직 썩은 떡이 그리우세요? 저는 썩은 떡 얼굴을 한번 보고 싶어요. 제가 9살인데 <멋지다, 썩은 떡> 말고 <대단하다 덜렁공주>, <왕반장 똥반장>, <딱 걸렸다 임진수>, <잘한다 오광명> 중에서 읽을 만한 책은 무엇이 좋을까요? (윤서)

쪽지 편지 쓰기 대신에 모둠에서 마음에 드는 장면을 골라 등장인물의 관점에서 함께 그림일기 쓰기를 하는 것도 좋다. 장면을 그리고 일기글을 쓰면서 장면을 고른 이유를 떠올리게 되고 인물의 마음을 짐작하기 위해 서로 묻고 답하기를 이어가게 된다. 2절지나 전지에 크게 써서 전시해두면 아이들이 둘러보기 쉽다. 그림일기에 나타난 마음과 비슷한 마음을 어린이시나 동시에서 찾아 연결할 수도 있다.

한바탕 놀이처럼 신나게 책을 읽어보자!

"공부 좋아하고 슬기로운 부엉이, 달리기 잘하고 몸이 빠른 날다람쥐, 장기자랑 생각나는 (발레)리나, 김씨니까 김밥도 좋아요. 호랑이보다 더 멋진 백호, 아이돌을 꿈꾸는 스마일, 이름이 재밌으니까 신라면, 엄마가 부른대요 늘보보, 동생 잘 재우는 곰탱이, 오솔솔 또르르르 솔방울, 미소가 멋진 긍정맨 통통이, 예쁘고 야무진 복숭아. 아티스트도 잘 어울려 그림이, 깜찍한 귀요미 우리 강아지, 밤톨이 고슴도치 뭐라도 나는야 멋진 호랑이, 보람차다 쭈다람, 성은 주스 한잔할까, 곤충 박사보다 야옹야옹 고냥이가 좋대요, 그림 그리기와 만들기 잘하는 물감이, 축구가 좋아 숫돌이 메시, 메시의 좋은 친구 메시 절친, 예쁘고 멋진 우리 반 신나신나 해피쌤!"

아이들이 만든 우리반 별명이다. 노래 〈구슬비〉 음에 맞춰 수시로 별명 노래를 부른다. 아이들은 이름 대신 서로의 별명을 자연스럽게 부른다. 내가 듣고 싶고 불리고 싶은 별명이니까. 한 아이는 '썩은 떡'으로 불린 슬비처럼, 다시 생각하니 집에서 엄마가 부르는 '곰탱이' 별명이 좋아졌다고 했다. 선생님도 동생을 잘 재우는 곰탱이의 재주에 감탄했다고 말하니, 반 아이들도 맞다고 거들었다. 곰탱이 얼굴빛이 발그스름해졌다. 그렇게 우리는 서로를 알아가는 중이다.

"다른 사람의 감정을 짐작하고 내 감정도 표현하면 어떤 점이 좋을까?" 하고 아이들에게 물으니 요즘 우리 반에서 하고 있는 '좋은 친구 되기'가 더 잘될 것 같다고 대답한 아이들이 있었다. 그 말이 어찌나 고맙던지!

썩은 떡을 떠나보내고 '책거리'를 했다. 학교 담장 건너편 솔밭에서 삼삼오오 모둠별로 돗자리를 깔고 앉아 과자를 나눠 먹으며 왁자지껄 놀이를 했다. '쎄쎄쎄' 놀이, 감자깡 놀이, 고양이와 쥐 놀이, 솔방울 놀이를 하며 우리는 몸과 마음도 함께 자라고 있었다.

■ 함께 읽으면 좋은 책

『잘한다 오광명』, 『춤추는 책가방』, 『황 반장 똥 반장』, 『연애 반장』,
『딱 걸렸다 임진수』, 『대단하다 덜렁공주』('2학년 3반 아이들과 털보 선생님 세트' 전5권, 송언 지음, 문학동네, 2015)
『만복이네 떡집』(김리리 지음, 이승현 그림, 비룡소, 2010)
『목기린 씨 타세요!』(이은정 지음, 윤정주 그림, 창비, 2014)

3장
중학년 한 권 읽기

지구별에서
사람들은
어떻게 살아갈까?

『랑랑별 때때롱』

조은영 대진초등학교 교사

새학년, 새학기가 시작된 뒤 우리 반 아이들의 쉬는 시간을 관찰했다. 남학생은 운동장에서 축구나 움직임이 큰 활동을 하며 땀을 뻘뻘 흘렸다. 여학생은 요즘 유행하는 액체괴물을 만지작거리거나 스티커 모으기 놀이를 했다. 초등 4학년 아이들이 태양처럼 활활 끓어 넘치는 에너지를 발산하는 방식이 대체로 그러했다. 쉬는 시간에 책 읽는 아이는 거의 없었다. 아침 10분 독서 시간에 만화책이나 그림책을 읽는 것이 학교에서 책 읽는 시간의 전부였다. 아이들에게 물어보니 일부러 책을 찾아 읽는 경우는 드물었고, 짧은 동화는 물론이고 긴 동화를 읽어본 경험도 매우 적었다.

내가 아이들에게 직접 책을 읽어주기로 했다. 책 읽기를 좋아하지 않는 아이들이 많아 초기 반응은 시큰둥했다. "재미없어요!" 하며 귀를 막는 아이도 있었다. 그런 행동을 막거나 야단치지 않고, 편하게 들어도 된다고 말하며 3월 한 달간 꾸준히 그림책이나 짧은 동화를 읽어주었다. 그리고 3월 말부터 긴 동화를 한 권 정해 읽어주기 시작했다.

처음에 읽어줄 장편 동화를 고를 때에는 더 깊이 고민했다. 학급 아이들의 성향과 독서력을 바탕으로 '무슨 이야기를 나눌까?'를 생각하며 수많은 장편동화를 검토했다. 그중 권정생 작가의 동화가 눈에 띄었다.

권정생 작가는 생명 사랑과 평화, 이웃과 세상에 대한 따뜻한 이야기를 아이들에게 들려주는 동화와 동시를 썼다. 권정생 작품의 언어는 상당히 진지한 주제조차 웃음이 '빵' 터지게, 또 눈물이 흐르게 한다. 아이들과 함께 읽고 이야기 나눌 거리가 많고 실패할 염려가 적다.

『랑랑별 때때롱』(정승희 그림, 보리, 2008)은 지구별의 미래와 어린이를 걱정하며 권정생 작가가 쓴 마지막 동화다. 등장인물 새달이와 마달이, 때때롱과 매매롱은 딱 우리 반 아이들과 비슷한 또래다. 아이들과 함께 생명을 귀하게 여기고, 지구별에서 조화롭게 살려면 어떻게 살아야 할지 진지하게 이야기를 나누고 싶어서 이 책을 골랐다. 덤으로 함께 곁들여 그림책『숲으로 간 사람들』(안지혜 지음, 김희나 그림, 창비, 2018)을 읽었다. 두 책에서 비슷한 점을 찾아 이야기 나누며 독서 후 활동의 굵은 줄기를 잡았다.

『랑랑별 때때롱』 살펴보기

『랑랑별 때때롱』은 어린이 잡지〈개똥이네 놀이터〉에 연재한 동화다. 권정생 작가는 병세가 하루하루 더 악화되는 와중에도 언젠가 남북한 어린이들이 만나기를 간절히 바라는 마음으로 원고지를 채워 나갔다고 한다. 연재를 마친 후 단행본으로 낼 때 머리말까지 써서 보내 주었지만, 출간된 단

랑랑별 때때롱

숲으로 간 사람들

행본은 받아보지 못하고 2007년 5월에 세상을 떠났다.

이 동화는 랑랑별에 사는 때때롱과 매매롱이 지구에 사는 새달이, 마달이와 우정을 나누는 이야기다. 작가는 흰둥이 개와 누렁이 소, 왕잠자리, 개구리, 딱정벌레, 물고기를 등장시켜 현실과 판타지의 세계가 재미있게 어우러지도록 했다. 때때롱, 매매롱의 초대를 받고 랑랑별로 떠나는 새달이와 마달이의 여정에서 지구별과 생명의 소중함을 느낄 수 있다. 사뭇 무겁고 진지한 주제임에도 익살스러운 인물들의 대화가 웃음을 자아낸다. 모두 15꼭지, 190여 쪽 분량의 동화로 일주일에 3~4회, 한 편씩 읽어주면 다 읽는 데 한 달 정도 걸린다.

『숲으로 간 사람들』은 숲속에서 전기, 수도를 쓰지 않고 쓰레기를 만들지 않으며 동물과 함께 살아가는 사람들의 모습을 그린 그림책이다. 도시에서 냉동식품을 데워 먹고, 하이힐을 신고, 전기를 맘껏 쓰던 사람들이 있었다. 후쿠시마 원전사고 이후 핵발전소의 위험성을 깨닫고 전기 사용을 줄이기 위해 숲으로 간 '이음'과 '늘보'는 불편을 감수하며 자급자족 공동체 생활을 한다. 환경과 생명에 대한 주제가 『랑랑별 때때롱』과 겹치는 부분이 있어 아이들과 함께 읽고 이야기를 나누었다.

『랑랑별 때때롱』 읽기 흐름

배움 주제	책을 읽고 지구별과 생명에 대해 생각해 보기

수업 흐름
(20차시)
	읽기 전(1차시)
	• 우리 반 아이들 독서 출발점 알아보기
	• 책 표지 살펴보고 내용 추측해 보기
	• 책 읽을 준비하기
	
	읽는 중(10차시)
	• 마음대로 그림 그리고, 글쓰기
	• 국어교과 연계활동하기
	  – 이야기 지도 그리기, 내용 간추리기, 사실과 의견 구별하기, 사실에 대한 의견 쓰기
	•「왕잠자리」편 읽고 즉흥극과 핫시팅하기
	•『숲으로 간 사람들』읽고 공통점 찾기
	
	읽은 후(9차시)
	• 걸개그림 그리기 1. 지구별과 랑랑별 그리기
	• 교육연극 하기
	  – 놀이 1. 우리집에 왜 왔니
	  – 놀이 2. 어젯밤 꿈에~
	  – 본활동. 2419년 폐허가 된 지구로 시간여행 하기
	  – 놀이 3. 우주선 타고 2019년 지구별 귀가
	  – 마무리. 시간여행 일기 쓰기
	• 걸개그림 그리기 2. '태양의 아이들' 그리기
	  – 랑랑별과 지구별 그림에 내 모습과 함께 살고 싶은 동·식물 그리기
	• 권정생 동화 더 읽기
	  – 권정생 영상 보고 추모시간 갖기
	  – 권정생 작품 전시회 하기
	  – 짝이랑 책 골라 읽고, 서로 책 소개하고 나누기
	• 활동 소감 나누기

책 표지 살펴보기

책걸상을 둥글게 배치하고 모두 둥글게 모여 앉았다. 책상 위에는 글쓰기 공책이랑 연필을 준비했다. 책을 꺼내 아이들에게 보여주면서 책 표지를 보고 어떤 이야기가 나올 것 같은지 짐작해보자고 했다. 한 아이가 남자아이 둘, 소, 날개가 달린 강아지, 잠자리, 물고기가 서로 붙들고 하늘로 날아오르는 것이 신기하다고 했다. 하늘색 바탕에 등장인물이 검은색 그림자처럼 보여서 왠지 으스스한 느낌이 든다는 아이도 있었다. 책 제목, 글쓴이와 그린이 이름을 칠판에 쓰고 아이들도 공책에 따라 쓰게 했다. 그 아래 처음에 나오는 글 제목 「새달이랑 때때롱이랑」을 쓰고 편안한 마음으로 이야기를 들을 준비를 하라고 말했다. 앞으로 이 책을 읽을 때는 이렇게 이야기를 들을 준비를 하고 편안하게 들으면 된다고 안내했다.

가능한 날마다 꾸준히 읽어주기

함께 책을 읽을 때 아이들에게 "읽어라!"란 명령이 아닌 "읽어줄게"라는 꼬드김으로 시작했다. 3월 28일에 책을 읽어주기 시작해서 4월 30일에 함께 읽기를 마쳤다. 혹 책을 읽어주지 않는 날이면 왜 안 읽어주냐고 항의하는 아이도 있었다. 이야기가 중반 이후로 넘어가 점차 남은 책장이 얼마 되지 않자 끝나가는 것을 아쉬워하는 탄식이 여기저기 들렸다. 이야기 흐름을 끊지 않도록 특별한 행사가 없는 한 주 3~4회, 국어시간마다 글 한 편씩 읽어주었다. 책을 읽어줄 때는 조명을 낮추거나 전등을 끄고, 휴대용 스탠드로 불을 밝혀 책과 읽어주는 이에게 집중할 수 있는 분위기를 만들었다. 아이들은 들려오는 이야기를 향해 귀를 열어두고, 책 속 이야기나 장면을 자유롭게 그리거나 글로 써도 되고, 그냥 듣기만 해도 된다. 10~20분 정도 책을 읽어주고 난 뒤에는 읽은 부분에 대해 이야기를 나누거나 궁금한 내용을 묻는 시간을 가졌다. 교사가 책을 다 읽어준 뒤에는 아이들이 2인 1조로 읽을 수 있도록 학급도서를 마련해 혼자서 다시 읽을 기회를 주었다. 그러면 일정 거리 떨어져서 듣기만 했던 책을 가까이에서 혼자 보면서 그림을 자세히 살펴보고 궁금했던 이야기도 다시 확인할 수가 있다.

　장편동화를 교사가 처음부터 끝까지 다 읽어주는 게 쉬운 일은 아니다. 그럼에도 나는 왜 끝까지 다 읽어주었을까? 우리 아이들에게 두꺼운 책 한 권을 온전히 읽어낸 경험을 주기 위해서였다. 혼자서는 넘기 힘든 산을 선생님, 친구들과 함께 끌어주고 밀어주며 넘어가듯 교실에서 꾸준히 오랜 시간 한 가지 일을 해내는 경험은 아이들에게 자신감을 심어주고 교사를 신뢰하게 만든다. 만화책이나 그림책과 달리 장편동화를 읽으며 알게 되는 '행간의 재미'는 절로 따라오는 선물이다.

등장인물이 되어 연극하고 인터뷰하기

책을 읽어줄 때, 아이들이 공책에 쓰거나 그린 것을 확인하거나 강요하지 않고 가능한 한 마음 가는 대로 쓰고 그리게 했다. 학기 초 귀를 막으며 재미없다고 안 들으려 했던 기정이는 좋아하는 베놈 캐릭터를 그리며 이야기에 빠져들었다. 차시가 쌓이고, 그날 읽은 텍스트와 국어교과 성취기준에 따른 활동을 연결하는 시도를 해 보았다. '이야기 지도를 그리며 이야기의 흐름에 따라 내용 간추리기, 사실과 의견 구별하기, 사실에 대한 의견 쓰기' 등의 교과 활동을 동화 속 텍스트로 대신했다.

「왕잠자리」편을 읽고 직접 등장인물이 되어 보는 활동도 했다. 새달이와 마달이는 엄마 심부름으로 아빠에게 드릴 새참을 들고 가는 길에 왕잠자리를 발견한다. 힘이 하나도 없어 보이는 왕잠자리를 그냥 지나치고 아빠에게 새참을 드리고 돌아오는 길, 왕잠자리는 밭갈이 기계만큼 커다랗게 변해 있었다. 커다란 왕잠자리는 "나쁘다. 나쁘다. 사람들은 나쁘다!"라고 하며 울음을 터뜨린다. 어찌된 영문일까? 그날 새달이와 마달이는 왕잠자리에게 쫓기는 꿈을 꾸게 되고 그다음 날 때때롱에게서 "새달이와 마달이는 목숨이 위태로우니 조심하라"는 내용의 쪽지를 받는다.

무시무시한 쪽지 내용을 듣는 아이들도 긴장과 두려움이 고조되었다. 왕잠자리 이야기를 즉흥극으로 꾸며보자고 했다. 왕잠자리, 새달이, 마달이 역할을 할 사람을 정했다. 두 명은 교실 앞으로 나와 무릎 높이로 줄을 잡고, 역할을 맡은 아이들이 줄을 뛰어넘으면 이야기가 시작되었다. 아이들은 줄을 넘어 즉흥극 속으로 들어갔다. 다음은 아이들이 연기한 대사의 일부다.

즉흥극하기

왕잠자리 : 나쁘다. 나쁘다. 사람들은 나쁘다!

새달이 : 꺅! 넌 대체 누구야?

왕잠자리 : 다 죽었다! 다 죽었다!

마달이 : 죽긴 누가 다 죽었다는 거니? 저리 가.

왕잠자리 : 지구별은 나쁘다. 지구별은 나쁘다. 나쁘다. 나쁘다!
새달이와 마달이 : 으앙~(무서워서 도망간다.)

즉흥극을 하고 난 뒤 정지동작을 했다. 둘레에 둥글게 앉아 있던 아이들이 한 명씩 나와서 질문하고 싶은 인물의 어깨 위에 손을 올리고 질문한다. 왕잠자리, 새달이, 마달이가 동화 속 인물의 입장이 되어 대답하는 방식으로 등장인물 인터뷰(핫시팅)까지 연결했다.

등장인물 인터뷰하기

질문자 1 : (왕잠자리 어깨에 손을 얹으며) 넌 어디서 왔어?
왕잠자리 : 난 원래 랑랑별에 살았는데 지구별이 궁금해서 내려왔어.
질문자 1 : 지구별에 오니 어땠어?
왕잠자리 : 지구별에 사는 동안 너무 힘들었어. 사람들이 농약을 치고 쓰

즉흥극과 핫시팅하기

레기를 함부로 버려 숨쉬기가 힘들고 먹고살기가 힘들었어.

질문자 1 : 지구별에 살기가 왜 힘들다는 거니?

왕잠자리 : 농약 친 땅에서 난 죽지 않겠어? 그리고 우리가 죽으면 식물들도 사람들도 다 죽을 거야.

질문자 2 : 그래도 지구별에 좋은 점을 생각해 본 적이 있어?

왕잠자리 : (웃으며) 그래도 아직은 맛있는 게 많아.

질문자 3 : (새달이 어깨에 손 얹으며) 괴물처럼 큰 왕잠자리가 '이따가 보자, 다 죽었다!' 하고 따라올 때 어떤 기분이 들었어?

새달이 : 왜 하필 우리를 보고 그러는지 엄청 무서웠어. 진짜 다 죽으면 어쩌나 걱정도 되고, 그리고 왕잠자리도 좀 불쌍했어.

비슷한 점 찾기

『랑랑별 때때롱』을 다 읽어주었다. 아이들은 자유롭고 즐거운 책 읽기 시간이 끝나서 많이 아쉬워했다. 『숲으로 간 사람들』을 아이들에게 한 권씩 주고 함께 읽었다. 그림책이라 앉은 자리에서 금방 다 읽었다. 다 읽고 나서 『랑랑별 때때롱』과 『숲으로 간 사람들』 사이에 비슷한 점을 찾아 붙임쪽지에 쓰도록 했다. 아이들이 쓴 쪽지를 칠판에 붙이고 비슷한 내용끼리 모으니 크게 세 가지 방향으로 정리되었다.

1. 등장인물이 별을 본다 – 별이 나온다 – 별을 볼 수 있다
2. 밥을 구할 때 농장에서 기른 것을 먹는다 – 음식을 직접 키워서 만들어 먹는다 – 채소를 먹는다
3. 전기를 쓰지 않는다 – 전기제품을 쓰지 않는다 – 전기를 태양으로 충전한다

아이들이 찾아낸 내용으로 독후활동을 디자인했다. 『랑랑별 때때롱』에서 왕잠자리가 "다 죽는다"라고 경고했듯이 과학문명의 과도한 발전으로 인한 환경파괴와 생명질서 파괴의 문제에 관해서도 아이들과 깊이 있게 생각을 나누고 싶었다. 그저 피상적으로 '환경을 보호해야 한다', '동물과 생명을 소중히 여겨야 한다', '에너지를 아껴 써야 한다'라고 말을 하거나 글 쓰는 것으로 끝내기는 아쉬웠다. 지구별에서 살아가는 생명체로서 위기감을 좀 더 실감 나게 느끼고 생각할 수 있는 방법은 무엇일까? 고민 끝에 신체 활동이 큰 놀이와 상황극을 하며 직접 체험하는 방식의 교육연극으로 독후활동 방향을 잡아 보았다. 전국교사연극모임 선생님을 만나 수업 의도를 이야기하고, 조언도 받았다.

지구별과 랑랑별 걸개그림 그리기

미술 교과와 연계해서 커다란 광목천(110×180센티미터 크기)에 지구별과 랑랑별을 그렸다. 책에 나오는 장면과 인물들도 그렸다. 먹물(검정색), 치자 달인 물(노랑색)로 색을 칠하기, 학교 화단에서 뜯어온 쑥잎으로 문지르기(연두색), 패브릭펜으로 작은 그림 그리기 등 다양한 재료를 준비해서 그림을 그리게 했다. 다양한 재료를 이용하면 특별한 재미를 느낄 수 있어서 좋고, 간편한 크레파스나 유성펜으로 그려도 무방하다.

걸개그림을 만들어두면 즉흥극과 놀이 시간에 무대 배경으로 활용할 수 있으며, 학급 발표회 때도 배경으로 요긴하게 쓸 수 있다.

교육 연극으로 표현하기

마음 열기

놀이 1 | 우리 집에 왜 왔니

> 우리 집에 왜 왔니, 왜 왔니, 왜 왔니?
> 꽃 찾으러 왔단다, 왔단다, 왔단다.
> 무슨 꽃을 찾으러 왔느냐, 왔느냐?
> ○○꽃을 찾으러 왔단다, 왔단다.

1. 먼저 두 편으로 나누어 손을 잡고, 〈우리 집에 왜 왔니〉 노래를 부른다.
2. '○○ 꽃' 이름이 불린 아이는 사진카드를 뽑아 친구들에게 보여준다.
   tip : 환경이 깨끗하고 아름다운 풍경의 산, 바다, 들, 놀이터 등의 사진을 준비한다.
3. 사진을 본 친구들은 사진 속 장소에서 즐길 수 있는 놀이를 동작으로 마음껏 표현한다.
4. 교사가 실로폰을 치면 정지동작을 하고, 잠시 후 다시 놀이를 시작한다. 놀이를 반복하며 다양하게 제시된 환경에서 즐기고 놀 수 있는 것들을 동작으로 표현하며 깨끗한 환경에서 누릴 수 있는 것들을 경험해 본다.

본 활동

#장면 ❶ 2419년 지구별로 떠남

놀이 2 | 어젯밤 꿈에~

> 어젯밤 꿈에~
> 나는 (   )를 했어!

1. 교실 책걸상을 밀어 넓게 공간을 만들고 아이들 모두가 둥글게 원을 만들어 마주 보고 선다.
2. 다 함께 "어젯밤 꿈에"를 외치고 두손을 모아 귀에 갖다 대며 잠자는 동작을 한다.

놀이 1. 우리집에 왜 왔니? 놀이 2. 어젯밤 꿈에

3. 한 사람씩 꿈에 한 일 "나는 ( )를 했어!"라고 외치며 동작을 한다.
   예시 : "나는 자전거를 탔어!" 하고 자전거 타기 동작하기
4. 여러 아이들이 돌아가며 꿈에서 한 일을 다 말하고 나며 선생님 차례가 된다. 선생님이 나와서 이렇게 말한다. "어젯밤 꿈에~지구가 폐허가 됐어!"

#장면 ❷ 시간 여행

폐허가 된 지구의 상황을 알린 선생님이 앞으로 나와서 말을 한다.

> "어젯밤 꿈에~ 지구가 폐허가 됐어! 여러분, 앉아보세요. 지구가 폐허가 되었습니다. 잠시 뒤 어떤 분이 들어오십니다. 궁금한 것을 질문하면 많을 것을 대답해 주실 분입니다. 그분은 어떤 표시를 쓰고 들어옵니다. 그 표시를 벗으면 그분은 사라집니다. 꼭 기억하시기 바랍니다!"

교사도 역할을 맡아 아이들과 함께 가상의 상황에 참여한다. 망토를 둘러 코와 입을 가린 교사가 교실 앞문으로 나갔다가 다시 뒷문으로 들어온다. 그리고 주위를 살피며 몹시 불안한 모습으로 창쪽으로 가서 블라인드를 내리고 최대한 교실 공간의 외부와 차단되게 분위기를 조성한다. 새롭게 펼쳐지는 시간과 공간을 아이들에게 설명한다.

교사 : 여러분 안녕? 망토도 없이 이곳에 오다니…. 지금 여기는 2419년 지구

별입니다. 이곳은 나무 한 그루, 풀 한 포기 없어요. 모든 식물이 사라지고 사막이 되었습니다. 오래 전 지구별에 살았던 강아지, 왕잠자리, 소, 개구리, 고래, 나비 등 동물 친구들도 사라졌습니다. 사람들은 웃음을 잃어버렸습니다. 공기는 그대로 마실 수 없어요. 언제나 특수 망토로 온몸을 가리고 다녀야 살 수 있답니다. 앗, 조심해요. 함부로 만지면 안 돼요. 그 벽에 닿으면 피부색이 파랗게 변해버려요! 자~ 이제 이곳에 대해 궁금한 것이 있으면 무엇이든 물어보세요.

학생 : 당신은 누구예요? 몇 살이에요?
교사 : 난 지구별과 랑랑별 중간쯤 사는 사람이고, 나이는 500살입니다.
학생 : 지구별이 왜 폐허가 됐어요?
교사 : 오래 전 지구인들은 너무나 에너지를 낭비하고, 핵발전소를 수없이 많이 지었습니다. 어느 날 핵발전소에 사고가 나서 폭발하면서 지구별 환경이 파괴되고 폐허가 되었답니다.
학생 : 별을 볼 수 있어요?
교사 : 공기가 오염되어 맨눈으로 별을 볼 수 없습니다.
학생 : 지금 사람들은 얼마나 남았어요? 그리고 어디서 살아요?
교사 : 나를 포함하여 서른일곱 명이 살아남았고, 지하세계에 살고 있어요.
학생 : 식물과 동물 친구들이 사라졌다고 했는데 당신들은 무얼 먹고 살아요?
교사 : 에너지를 내는 알약을 먹는답니다.
학생 일동 : 에이 믿을 수 없어요. 당신은 우리 반 봄비샘을 너무 닮았잖아요.
교사 : 글쎄요. 내가 누구를 닮았나요? 지구별은 기록만 남아 있어요. 지구별의 좋은 점을 내게 말해 줄 수 있나요?
학생 : 숲이 좋아요. 나무 위에 집도 지어 살 수 있고, 먹을 것이 많아요.
학생 : 강이나 바다에서 수영도 하고 놀 수 있어요.
학생 : 동물과 식물 친구들이 함께 즐겁게 살아요.
교사 : 그렇군요. 지구별은 참으로 아름답고 행복한 별이군요. 자, 이제 가야할 시간이에요. 친구들 얼른 지구별로 돌아가요.

질문이 끝나면 교사는 망토를 벗고, 천연덕스럽게 현실의 교사로 돌아온다.

마무리 활동

장면 ❸ 지구별로 돌아가기

놀이 3 | 우주선놀이

우주선을 타고 다 함께 지구별로 돌아온다.
1. 3인 1조 우주선 만들기 : 가운데 사람은 손을 허리에 올리고, 나머지 두 사람은 가운데 사람의 양팔을 잡는다.
2. 자 출발~ 가운데 사람이 양옆의 사람을 이끌고 우주를 향해 달려간다. 시속 100, 1000, 1만, 1백만 킬로미터! 야 2019년 지구별이 보인다!
3. 우주선을 타고 온 교실을 날듯 돌아다니다가 교사가 가리키는 방향을 향해 지구별에 도착한다!

마무리 | 시간여행 일기 쓰기

"얘들아. 아까 너희들 거기서 뭐 했어? 누구를 만났어? 느낌이 어땠어? 어떤 일이 있었는지 궁금한데, 일기로 써서 보여줄래?"

Tip 교육 연극에서 유의할 점
1. 학생들이 설정된 시공간, 이야기 속으로 적극 몰입하고 참여할 수 있도록 미리 당부한다.
2. 역할 내 교사는 가상의 상황(본인의 이름, 나이, 시간과 공간 등)을 가능한 한 명확하게 설정해서 아이들에게 미리 알려준다.
3. 자칫 가상의 세계를 믿지 않고, 의문을 제기하는 아이나 진지하지 않게 참여하는 아이가 있다. 자연스런 현상이므로 유연하게 대응하며 이야기를 재치 있게 전개해 나가도록 미리 예측 상황을 대비한다.

교육 연극이 끝난 뒤 아이들은 다음과 같은 내용으로 시간 여행 일기를 썼다.

2419~2019년 5월 13일 날씨: 약간 흐림

오늘은 시간여행을 갔다. 400년 후 2419년으로 갔다. 어떤 할머니가 있었는데 그 할머니는 망토를 하고 있었다. 그때는 지구가 폐허가 됐다고 했다. 왜냐하면 사람들이 자동차를 많이 타고 전기를 아끼지 않고 쓰레기를 많이 버려서 원자력 발전소 100개를 만들었는데 대지진으로 원자력발전소가 전부 폭파해서 그렇게 되었다고 했다. 망토를 쓰지 않으면 위험하다고 했다. 생존자는 37명밖에 없다고 했다. 공기가 안 좋아서 죽을 것 같았다. 지구별로 돌아오니 자동차를 많이 안 타고 전기도 아껴 쓰고 쓰레기도 쓰레기통에 넣어 미래를 바꾸고 싶다는 생각이 들었다. (민규)

2419~2019년 5월 13일 날씨: 흐림

500살 할머니가 우리 반에 들어왔다. 그 할머니는 망토를 쓰고, 손수건으로 입을 막고 심각한 표정으로 왔다. 그 할머니가 이렇게 말했다.

"지구가 폐허가 됐어."

지구가 아주 위험하다는 말도 했다. 빨리 이곳을 떠나야 된다고도 했다. 근데 지금은 지구가 공기도 맑고 자연도 좋은데 왜 2419년은 지구가 폐허가 된 것인지도 말해주었다. 그 할머니는 반은 사람 반은 로봇이라고도 말해주었다. 그 할머니는 지구별이랑 랑랑별 사이에 있는 별에 산다고 했다. 할머니가 20분 정도는 숨쉬는 게 괜찮은데 점점 시간이 길어지면 숨쉬기가 어렵다고 했다. 그 할머니는 우리반 선생님과 많이 닮았다. 머리카락, 얼굴, 팔 상처 등이 많이 닮았다. 할머니가 계속 말을 하였다. 그리고 하늘나라도 가 봤냐고 물으니 가 보았다고 했다. 그 하늘 나라는 사람들이 고기를 안 먹고, 우리랑 다르게 자연을 파괴하지도 않고 동물을 사랑한다고 했다. 내가 살고 싶은 나라는 자연을 아끼고 동물을 사랑하는 나라이다. (정하)

지구별과 랑랑별 걸개그림에 그린 '태양의 아이들'

지구별과 랑랑별에 '태양의 아이들' 그리기

시간여행 일기를 쓴 후 미리 그렸던 '지구별과 랑랑별' 걸개 그림에 내가 살고 싶은 위치를 정해 내 모습을 그려 넣는 활동을 했다. 일명 '태양의 아이들 그리기' 활동! 내 모습을 그려 넣은 후 함께 살고 싶은 동식물도 그려 넣자고 했다. 휑하던 지구별과 랑랑별이 아이들의 모습과 알록달록한 동물, 식물들로 채워졌다.

권정생 동화 더 읽기

5월 17일, 권정생 작가 12주기를 맞이하여 아이들과 함께 영상 〈지식채널 e-正生〉을 보았다. 영상을 통해 권정생 작가의 생애에 대해 살펴본 후 학교도서관에 있는 권정생 그림책, 동화책, 시집, 평론집을 다양하게 수집해 전시했다.

이렇게 우리만의 권정생 작가를 추모하는 시간을 가진 후 짝과 함께 더 읽고 싶은 권정생 동화를 고르는 활동을 했다. 아이들이 짝과 함께 고른 책은 『용구삼촌』(산하, 2018), 『해룡이』(창비, 2017), 『강냉이』(사계절, 2018), 『곰이와 오푼돌이 아저씨』(보리, 2007), 『똘배가 보고 온 달나라』(창비, 2015), 『깐치야 깐치야』(실천문학사, 2015) 등이었다. 짝과 함께 한 줄씩 서로 돌아가며 읽고, 느낌과 생각을 서로 이야기 나누도록 했다. 그리고 활동지에 짝과 함께 나눈 이야기와 각자의 경험을 바탕으로 소감을 썼다.

> 나랑 예빈이랑 읽은 책은 『똘배가 보고 온 달나라』다. 똘배는 진흙탕에 빠져서 외로웠는데 다행히 요정이 나타나서 위로해주었다. 똘배가 덜 외로웠으면 좋겠다. 그리고 똘배를 던진 아이는 양심이 없나 보다. 물건, 먹을 것을 함부로 시궁창에 던져서이다. 반성을 많이 했으면 좋겠다. 내가 권정생 책을 다는 안 읽었지만 많이 읽고 좋은 이야기를 많이 들었으면 좋겠다. (수희)

『랑랑별 때때롱』으로 시작해 권정생의 작품 세계를 탐구하는 대장정을 마치고 아이들에게 수업 소감을 글로 써보라고 했다. 대체로 책이 재미있고 슬펐다는 내용들이 많았다. 등장인물의 슬픈 마음에 공감할 줄 아는 아이들의 마음이 예뻤다. 특히 책 읽는 소리가 싫다며 귀를 막던 기정이의 소감문은 내게 말로 표현할 수 없는 감동과 뿌듯함을 안겨줬다.

> 그렇게 많이 있던 199쪽의 책을 벌써 다 읽어서 아쉽습니다. 그리고 그 많은 책을 읽어주신 봄비 선생님에게도 감사한 마음이 듭니다. 신기하게

> 다른 책은 읽기 싫어도 권정생 선생님의 책들은 많이 읽고 싶습니다. 권정생 선생님 감사합니다. 그렇게 재미있고 많은 책들 (강아지똥, 사과나무밭 달님, 하느님의 눈물, 몽실 언니, 초가집이 있던 마을, 도토리 예배당 종지기 아저씨, 점득이네, 하느님이 우리 옆집에 살고 있네요, 짱구네 고추밭소동, 오소리네 집 꽃밭, 먹구렁이 기차, 밥데기죽데기, 또야너구리가 바지를 입었어요, 비나리 달이네 집, 랑랑별 때때롱, 빼떼기, 용구삼촌) 이런 많은 책을 만들어주셔서 정말 감사합니다. 저는 권정생 선생님이 너무 자랑스럽습니다.(기정)

권정생 동화는 아이를 자라게 한다

권정생 동화는 일제강점기, 6·25전쟁 등 우리 겨레가 겪은 전쟁과 가난과 아픔을 낱낱이 바라보게 한다. '더 읽기' 활동에서 아이들이 찾아낸 주인공은 외로운 노인, 정신이 없는 엄마, 몸 아픈 사람, 거지, 바보, 장애인, 전쟁고아 등 대부분 힘 없고 소외된 존재였다. 권정생 작가는 생전에 "좋은 글은 읽고 나면 불편한 느낌이 드는 글입니다"라고 했는데, 책을 읽으며 우리 아이들은 웃고 눈물짓고 마음이 아프다고 했다. 행복해서 좋은 이야기가 아닌 슬퍼서 아름다운 이야기를 만나는 시간이었다.

함께 동화를 읽고 지구별을 생각하며 한바탕 놀고 났더니, 아이들의 몸과 마음이 한 뼘 더 자란 느낌이다. 이제 막 사춘기 문턱에 진입한 열한 살 아이들은 자신과 친구, 외부 세계와의 소통에 어려움을 겪으며 진통을 앓기 쉽다. 권정생 동화는 그런 아이들에게 든든한 버팀목이 되어주었다. "다른 책은 읽기 싫어도 권정생 선생님의 책은 많이 읽고 싶습니다."라고 소감을 전해온 기정이처럼 책은 사람을 변화시킨다.

권정생의 언어는 지금을 살아가는 아이들에게 여전히 통통 튀는 재미와 깊은 감동을 준다. 한 권 읽기에 어려움을 느끼는 교사들이 있다면 오랜 시간 그 가치가 변하지 않은 권정생 동화부터 시작해 보라고 권하고 싶다.

■ 함께 읽으면 좋은 권정생 작품

『사과나무밭 달님』(윤미숙 그림, 창비, 2017)
『엄마 까투리』(김세현 그림, 낮은산, 2008)
『빼떼기』(김환영 그림, 창비, 2017)
『길로 길로 가다가』(한병호 그림, 한울림어린이, 2018)
『똑똑한 양반』(김용철 그림, 한겨레출판, 2009)
『먹구렁이 기차』(유승하 그림, 우리교육, 2017)
『짱구네 고추밭 소동』(김병호 그림, 웅진주니어, 2002)
『눈이 내리는 여름』(이기영 엮음, 이소영 그림, 단비, 2017)
『동시 삼베치마』(문학동네, 2011)

살아 있다는 건 이런 거구나!

『살아 있어』

박정윤 회원초등학교 교사

처음에 그림책 『살아 있어』(나카야마 치나츠 지음, 사사메야 유키 그림, 보물상자, 2008)를 봤을 때는 큰 감흥이 없었다. '생명존중교육이나 학교폭력예방 교육에 활용하면 좋겠다' 하는 정도의 느낌이었다. 한데 이 책을 옆에 두고 여러 번 읽다 보니 행간에 숨어 있는 자연의 섭리와 순환을 발견하고 매료되었다. 책을 읽고 난 후부터 지치고 힘든 날에는 '살아 있다는 건 피곤한 거지.'라고 생각했고, 뜻밖의 행운으로 마음이 즐거운 날에는 '살아 있다는 건 설레는 거지.'라고 되뇌곤 했다.

우리 아이들도 그렇지 않을까? 아직 어린 나이이지만 아이들도 살아가며 느끼는 감정과 맞닥뜨리는 일들이 다 다를 것이다. 아침에 형제자매와 다투고 등교할 때는 시무룩한 얼굴로 교실에 들어서고, 방과후학교에서 특별한 이벤트를 하는 날에는 싱글벙글한 얼굴로 하교한다. 이토록 다채로운 감정을 느끼는 아이들의 삶을 엿보고 함께 나누고 싶었다. 그림책을 매개로 삶을 긍정하는 시간을 가지고 싶었다. 여름방학이 끝나도 열기가 가득했던 9월, 우리 반 아이들과 함께 '살아 있음'을 느끼는 시간을 가져 보았다.

『살아 있어』 살펴보기

살아 있어

표지를 보면 해맑게 웃고 있는 사내아이들이 먼저 눈에 들어온다. 흙 냄새, 땀 냄새가 물씬 날 것 같다. 무엇이 이 아이들을 웃게 만들었을지 궁금하다. '살아 있어'라는 책 제목에서는 활기찬 생명의 움직임과 경쾌함이 느껴진다. 면지에는 날치가 바다에서 뛰어올라 날고 있는 모습이 그려져 있다. 이 모습에서도 펄떡거리는 생명력이 느껴진다. 이 책은 '살아 있다는 건 무엇일까?' '누가 살아 있다는 걸까?'라고 계속 질문을 던진다. 평소에는 생각해보지 못한 철학적인 질문들이다. 그리고 질문의 답을 자연의 섭리와 아이들의 삶에서 찾아나간다. 나무가 열매를 맺고, 꽃이 피었다 시들고, 우리가 웃고 우는 것도 살아 있기에 가능한 거라고 말한다. 가볍게 펼쳤다가 묵직한 울림을 느낄 수 있는 그림책이다.

『살아 있어』 읽기 흐름

배움 주제	그림책을 읽고 '살아 있음'의 의미를 알기
수업 흐름 (5차시)	**읽기 전** • 마음날씨로 내 기분 표현하기 • 표지 보고 예상 낱말 OX 빙고하기 • 표지 보고 질문 만들기 **읽는 중** • 만남의 광장에서 책 읽기 **읽은 후** • 황금문장 찾기 • 한 줄 느낌 표현하기 • '살아 있어 빵!' 게임하기 • '살아 있어' 놀이하기 – 정지동작이나 마임으로 '살아 있음'을 표현하기 • 『우리 반은 살아 있어』 8면 책 만들기

마음날씨로 내 기분 표현하기

그림책을 만나기 전에 오늘 나의 기분이나 감정을 마음날씨로 표현해 보았다. 마음날씨 말하기는 수업 시작 전에 마음 열기 활동으로 자주 사용한다. '아이 엠 그라운드' 네 박자 리듬에 맞춰 손동작과 함께 내 마음의 상태를 솔직하게 표현한다. '아이 엠 그라운드 자기 소개하기'를 '3학년 3반 마음날씨 말하기'로 바꾸어 말하고 이름을 말하는 박자 부분에 내 감정이나 기분을 말하면 된다. 자리 배치를 ㄷ 자 형태로 하고 반 전체가 돌아가며 말했다. 마음날씨 표현하기를 통해 아이들마다 감정과 기분의 상태가 다르다는 것을 알 수 있는데 이것은 오늘 함께 읽을 그림책을 통한 배움과 일맥상통하는 부분이 있다. 아이들의 마음날씨가 늘 '즐겁다'나 '기대된다'와 같은 긍정적일 것일 수만은 없다. 피곤하고 지친 마음을 표현할 때도 있고 내 마음을 표현하는 것조차 귀찮아 '그럭저럭'이라고 말하기도 하고, '패스'라는 말로 넘기기도 한다. 이 또한 살아 있기에 느끼는 감정이 아닐까?

책 내용 예측해 보기

예상 낱말 OX 빙고게임을 했다. 그림책에 나오는 낱말 여섯 개와 나오지 않는 낱말 세 개를 아홉 개 칸으로 된 빙고 표에 채워 넣고 아이들에게 나눠준다. 아이들은 책 표지를 단서로 책에 등장하지 않을 것 같은 낱말 세 개에 X 표시를 하면 된다. 그리고 책을 읽을 때 등장하는 낱말에는 동그라미를 치면서 내가 예상했던 낱말이 다 나오는지 확인한다. 이 활동을 하면 아이들은 교사가 책을 읽어줄 때 더 집중해서 듣게 된다.

그림책에 등장하지 않는 세 개의 낱말은 사회시간에 공부했던 내용에

사과	다리	눈물
새	숨소리	버섯
양봉	헤엄	소리

예상 낱말 OX : 책에 등장하지 않을 것 같은 낱말 세 개에 X 표시를 한다. 그리고 책을 읽으며 나오는 낱말에 동그라미를 친다.

서 골라 슬쩍 끼워 넣었다. 그림책을 읽어줄 당시 사회 시간에 자연환경을 이용하는 사람들에 대해 공부를 했었다. 눈치 빠른 한 아이는 "양봉이랑 버섯은 '산을 이용하는 모습' 할 때 배운 거야!"라고 내 속을 훤히 내다보는 듯 말하며 '양봉'과 '버섯'에 ×표시를 했다.

　예상 낱말을 찾아본 후 표지만 보고 궁금한 것들을 이야기 나눴다. 아이들은 대체로 표지 하단에 웃고 있는 사내아이들에게 관심을 보였다. 사내아이들의 가벼운 옷차림과 야자수를 보고 배경은 아프리카 같다고 말하는 아이도 있었다. 책을 읽기 전에 표지 그림만 보고 어떤 내용일지 예상하고 궁금한 것들을 떠올려 보는 활동은 아이들의 문학적 상상력을 키워줄 뿐만 아니라 수업 참여도를 높이는 데에도 큰 역할을 한다. 아이들이 뽑은 질문들은 다음과 같다.

- 왜 사람들이 웃고 있을까?
- 저 세 명은 무슨 사이일까? 뒤에 왜 야자수가 있을까?
- 저 세 명의 아이는 쌍둥이일까?
- 강아지는 웃는 걸까, 으르렁거리는 걸까?

만남의 광장에 모여라

본격적으로 책 읽기에 들어갔다. 아이들에게 내가 직접 소리 내어 읽어줬는데, 그림책을 높이 들고 책장을 넘겨가며 읽어줬다. 교실의 책걸상을 ㄷ자 형태로 배치하면 가운데에 빈 공간이 생긴다. 이 가운데 공간을 '만남의

평소 만남의 광장에서 책을 읽는 모습

광장'이라고 이름 붙였다. 그림책을 읽어줄 때마다 우리 반 아이들은 만남의 광장에 옹기종기 모여 앉아 이야기에 빠져들었다. 스물두 명의 반짝이는 눈망울이 그림책의 그림에 집중하며 선생님의 목소리에 귀 기울였다. 나는 늘 "선생님이 그림책을 읽어주면 글자를 따라 읽으려고 하지 말고 그림과 분위기에 집중하세요."라고 당부한다. 그림책의 글과 그림을 자세히 확인하고 싶은 아이들은 책 읽어주는 시간이 끝나고 칠판 앞에 세워둔 그림책을 다시 볼 수 있다.

궁금한 것은 참지 못하고 하고 싶은 말은 다 해야 하는 3학년 아이들이기에 작은 그림책 두 쪽을 보면서도 이야기는 넘쳐났다. 아이들이 툭툭 던지는 이야기를 모두 들어주지 못하고 선별적으로 수용할 수밖에 없는 상황에 대해 양해를 구했다. 대신 아이들에게 그림책을 다 읽고 난 뒤 혼자 그림책을 살펴볼 수 있는 시간을 준다고 학기 초에 미리 알려주었다.

책을 읽는 시간에는 '예상 낱말 OX'의 답도 확인하고 질문 만들기를 하면서 궁금했던 것도 확인할 수 있다.

살아 있어 살아 있어 살아 있어

살아 있다는 건 어떤 거지?

『살아 있어』에는 '살아 있어'라는 구절이 반복해서 등장한다. 같은 말이 반복되어도 변주되는 흐름으로 밋밋하지 않고 쉽게 다가갈 수도 있지만, 오히려 흥미가 떨어지고 지겨워질 수도 있다. 그래서 반복되는 구절을 읽을 때는 특유의 리듬을 살려 읽어주었다.

책에 대한 감상 나누기

책을 읽고 나서 인상적인 문장을 찾기로 했다. '나만의 황금문장 찾기'는 그림책의 주제나 글쓴이의 의도를 파악하며 문장을 찾는 것이 아니라 직관적으로 내게 가장 와닿았던 구절이나 문장을 찾는 활동이다. 그렇기에 반복되는 구절이 많은 책임에도 아이들이 찾은 문장은 제각각이며 나름대로 다 빛이 났다. "살아 있다는 건 숨을 쉬는 거네"를 찾은 아이는 '사람이든 동물이든 숨을 쉬지 않으면 죽는다'라는 이유를 대며 살아 있는 것은 숨을 쉬는 거라고 강조했다. "살아 있다는 건 먹는 거구나!"를 찾은 아이, "살아 있다는 건 헤엄치는 거네"를 찾은 아이도 있었다. 아이들은 주로 자기가 좋아하는 일, 이를 테면 먹는 것, 물놀이하는 것 등을 떠올리며 황금문장을 뽑았다. 나는 개인적으로 살아 있음의 역설을 드러내면서 생명을 가진 존재의 섭리가 담긴 "살아 있다는 건 시드는 거네"를 황금문장으로 꼽고 싶다.

황금 문장을 찾고 나서는 책을 읽은 느낌을 한 문장으로 써 보게 했다. 글 쓰는 것에 대한 부담을 덜어주기 위해 가볍게 '한 줄'이라고 표현했지만 길게 여러 문장으로 써도 무방하다. 아이들의 경험과 일치하고 생각거리를 많이 던져주는 책일수록 '한 줄 느낌'의 덩어리는 커진다. 읽기 전에 예측했던 내용과 실제 그림책 내용을 비교하며 적은 아이도 있었고, 살아 있다는 것에 대해 철학적으로 성찰하는 아이도 있었다.

> **한 줄 느낌**
> - '살아 있어'라는 말을 반복하니까 재미있다.
> - 살아 있는 것은 더욱 더 많은 이유가 있어, 우리도 숨 쉬고 헤엄치고 눈물 흘리고.
> - 살아 있다는 걸 여러 가지 이유로 나타내니까 실감난다.
> - 표지 속 눈을 잡고 있는 아이가 이마가 부딪혀서 웃고 있는 줄 몰랐다.
> - '살아 있어 살아 있어 살아 있어 살아 있다는 건 다리가 있는 거야'라고 다리가 나올 줄 알았는데 안 나왔다.

한 줄 느낌은 '책 내용 예측해보기' 활동과 이어지는 경우가 많다. 표지 그림을 보고 '왜 남자아이가 이마에 손을 얹고 웃고 있을까?'라고 의문을 가졌던 아이는 책을 읽고 나서 '아, 이마에 부딪히는 바람 때문에 웃었구나!' 하며 궁금증을 해소했다. 예상낱말 OX를 하며 나올 거라고 기대했던 낱말이 나오지 않아 실망하는 경우도 있었다.

'나만의 황금문장 찾기'와 '한 줄 느낌 표현하기'는 책 읽기 공책에 기록했다. 책 읽기 공책 이름은 아이들과 이야기를 주고받으며 '생각이 샘솟는 책 읽기'라고 함께 정했다.

문장을 찾고 느낌을 적으며 책의 분위기에 한껏 젖은 아이들에게 책

아이들이 그린 '살아 있어' 그림 글자

제목 '살아 있어'를 그림 글자로 표현해보자고 말했다. 하얀 도화지 위에 아이들은 사인펜, 색연필 등으로 다채롭게 그림 글자를 그려나갔다. 꽃과 나무, 강아지, 애벌레, 잎사귀, 과일 등으로 이루어진 글자는 생동감이 넘쳤다. 아이들의 에너지가 그대로 느껴지는 글자들이었다.

놀이로 '살아 있음'을 느끼기

'살아 있어 빵!' 놀이는 아이들에게 익숙한 '007빵' 놀이를 변형한 것이다. 아이들은 '만남의 광장'에 둥글게 모여 앉아 서로 손가락으로 지목하며 '살' '아' '있' '어' '빵!'을 외친다. '빵!'에 지목된 아이의 양옆에 앉은 친구들이 살아 있음을 표현하는 말과 행동을 해야 한다. 예를 들어 "엉엉"이라고 말하며 눈물 흘리는 시늉을 할 수도 있고, "하하!"라고 말하며 웃을 수도 있다. 표현을 제대로 하지 못하거나 자신의 차례를 놓친 사람은 벌칙을 받아야 한다. 아이들은 벌칙을 받지 않기 위해 고도의 집중력을 보이며 게임의 열기를 더해갔다. 팽팽하게 긴장된 상황에서 누군가 벌칙에 당첨되면 그제야 함박웃음을 지으며 실수를 한 아이를 놀리고 장난을 쳤다. 개구쟁이 아이들에게 게임과 놀이만큼 즐거운 게 또 있을까!

'정지장면 표현하기'를 활용해 '살아 있어 놀이'도 했다. 책에 자주 반복되는 "살아 있다는 건 어떤 거지?"에 답을 제시하듯 지목된 아이가 내 생활

살아 있다는 건 게임하는 거지!

과 관련지어 살아 있다는 건 무엇인지 몸으로 표현한다. 이때 몸으로 표현하는 아이는 사진을 찍는 것처럼 정지해 있을 수도 있고, 마임처럼 동작으로 나타낼 수도 있다. 다른 친구들은 그 모습을 보고 무엇을 표현했는지 알아맞히면 된다. 모둠을 만들어 돌아가며 표현해 보는 시간을 가진 후 전체 활동으로 진행했다.

 살아 있다는 건 노래하는 것이라고 표현한 아이, 살아 있다는 건 달리기라고 표현한 아이, 살아 있다는 건 숨쉬기라고 표현한 아이 등 신체를 활용한 다채로운 표현이 나왔다. 그 중 무척 인상적인 표현이 있었는데, 한 남자아이가 교실 바닥에 엎드려서 고개만 들고 손가락을 까딱까딱거리는 것이었다. 그러자 남자아이들이 일제히 손을 들고 "저요!"를 외치더니 "살아 있다는 건 게임하는 거지!"라고 답을 말했다. '게임하기'가 남자아이들의 살아 있음에 무척 큰 부분을 차지한다는 걸 다시금 느꼈다.

'우리 반은 살아 있어' 8면 책 만들기

온몸으로 살아 있음을 표현한 후 마무리 활동으로 '우리 반은 살아 있어' 책을 만들었다. 모둠별로 학교생활을 하면서 살아 있음을 알게 하는 것을 토의해서 모둠칠판에 쓰고, 우리들의 학교생활이 잘 드러나는 내용 일곱 가지를 고르게 했다. 고른 내용을 가지고 8면 책을 완성하면 되는 것이다. 아이들은 이미 여러 차례 8면 책을 만든 경험이 있어서인지 수월하게 각자 맡은 부분을 완성해나갔다.

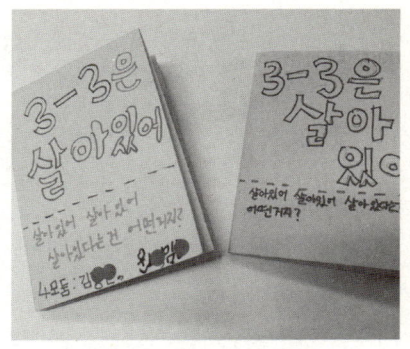

'우리 반은 살아 있어' 8면 책 만들기

8면을 네 명의 아이들이 골고루 채워야 하므로 책에 붙일 붙임종이를 각자 두 장씩 나눠 가졌다. 단 표지는 붙임 종이를 이용하지 않고 8면 책 종이 위에 바로 제목을 쓰게 했다. 모둠원이 각자 두 면씩 내용을 채우고, 내용에 어울리는 간단한 그림도 그려 넣으며 '우리 반은 살아 있어' 8면 책을 완성했다. 아이들이 만든 책에는 학교에서의 아이들 삶이 오롯이 채워져 있었다.

'우리 반은 살아 있어' 8면 책 예시

우리 반은 살아 있어 3학년 3반 4모둠 살아 있어 살아 있어 살아 있어 살아 있다 는건 어떤 거지? 1	살아 있다는 건 책 읽는 거지 2	살아 있다는 건 복도에서 뛰는 거지 3	살아 있다는 건 친구랑 싸우는 거지 4
살아 있다는 건 친구와 장난치는 거지 5	살아 있다는 건 선생님께 혼나는 거지 6	살아 있다는 건 급식을 맛있게 먹는 거지 7	살아 있다는 건 체육시간에 땀 흘리는 거지 8

우리 아이들도 살아 있음을 경험한 시간

내가 뜬금없이 "애들아, 살아 있다는 건 뭘까?"라고 묻는다면 아이들은 아마 '우리 선생님이 왜 저러실까?' '무슨 대답을 원하시는 거지?' '뭘 물어보시는 거지?' 하며 아리송해할 것이다. 그런 아이들에게 그림책 『살아 있어』는 살아가면서 느끼는 모든 감정과 기분, 행동 하나하나가 다 살아 있기에 가능한 것임을 넌지시 알려줬다. 그리고 아이들은 자신의 삶과 연결해 그 대답을 찾아나갔다. 나는 이 책을 통해 당연하다고 생각했던 것들, 특히 자연의 섭리에 대해 경외심을 느꼈고 더불어 모든 것에 감사하는 마음이 일었다. 그래서 더욱 아이들에게 읽어주고 싶었다.

'한 학기 한 권 읽기' 수업이 교과과정에 도입되면서 일선 교사들은 학기당 8차시로 배정된 독서 단원을 어떻게 활용해야 할지 고민이 많을 것이다. '한 권 읽기', '온작품 읽기' 수업에 참고할 수 있는 학년별 추천도서 목록은 쉽게 구할 수 있다. 목록은 구할 수 있지만 반 아이들의 수준과 흥미를 고려해 책을 고르기 위해서는 교사가 먼저 책을 읽어 봐야 한다. 권장도서, 추천도서라고 해서 덥석 골랐는데 지나치게 글밥이 많거나 두께가 두꺼워 아이들이 읽기 힘들어하거나 지루해할 수 있다. 또는 내가 가르치는 아이들의 환경과 너무 동떨어진 이야기가 나와서 아이들이 공감하기 힘든 책일 수도 있다.

아이들의 입장에서도 교과서 외에 한 권의 책으로 공부를 해본 적이 없어서 '한 권 읽기' 수업이 어색하기만 하다. 이때 호흡이 짧되 이야깃거리가 풍부한 그림책으로 먼저 시작해 보면 좋다. 한 차시에 그림책을 한 권씩 읽어주고 느낌을 주고받으며 아이들의 이야기를 끌어낼 수도 있고, 여러 차시에 걸쳐 책을 읽으며 다양한 활동을 할 수도 있다. 그림책은 분량은 적지만 완결성을 가진 책이기에 아이들은 '좋은 그림책 한 권을 온전히 잘 읽었다' 하는 느낌을 오래 간직할 것이다. 이런 경험이 쌓이면 아이들이 책 읽기에 흥미를 느껴 스스로 책을 찾아 읽기도 하고, 그림책을 징검다리 삼아 호흡이 긴 동화책도 찾아 읽게 될 것이다.

■ 함께 읽으면 좋은 책

『무릎딱지』(이경혜 지음, 한울림어린이, 2010)
『콰앙!』(조원희 지음, 시공주니어, 2018)
『7년 동안의 잠』(박완서 지음, 김세현 그림, 어린이작가정신, 2015)
『나, 꽃으로 태어났어』(엠마 줄리아니 지음, 이세진 옮김, 비룡소, 2014)
『민들레는 민들레』(김장성 지음, 오현경 그림, 이야기꽃, 2014)

나쁨 기억이 사라지면 행복해질까?

『한밤중 달빛 식당』

하인숙 대암초등학교 교사

살아가면서 좋은 일만 있으면 좋겠지만 나쁜 일도 생기기 마련이다. 아이들은 어떤 일로 힘들어할까? 요즘 아이들은 자기 표현을 잘한다고 하는데, 아이들과 이야기 나누다 보니 막상 힘든 일이 생겼을 때 그냥 묻어두고 넘어가는 경우도 적지 않다는 것을 알게 됐다. 기쁘고 행복한 일보다 슬프고 힘든 일은 마음속 깊이 뿌리를 내리며 성장을 방해하기도 한다. 아이들과 함께 『한밤중 달빛 식당』(이분희 지음, 윤태규 그림, 비룡소, 2018)에서 주인공 연우가 슬픔을 이겨내는 과정을 보면서 슬프고 힘든 일을 어떻게 받아들이고 견뎌나갈지 생각해보는 기회를 가지고 싶었다.

『한밤중 달빛 식당』 살펴보기

『한밤중 달빛 식당』은 동화이지만 기억과 선택의 문제를 독특한 방식으로 다루며 가족의 소중함을 느끼게 해주는 이야기로 어른이 읽어도 감동적으로 다가오는 작품이다.

한밤중 달빛 식당

낮에는 보이지 않지만, 달이 뜨면 불빛을 반짝이며 마법같이 나타나는 '달빛 식당'에서는 앞치마를 입은 여우가 손님을 맞이한다. 왜 하필 여우일까? 작가가 만났다던 동물원의 어린 여우가 그리워서였을까? 마치 전설이나 옛이야기에서 구미호가 재주를 부리듯 달빛 식당에서 여우는 맛있는 음식으로 마음이 힘든 이를 유혹한다. 음식 값은 '나쁜 기억 말하기'. 엄마의 죽음이라는 큰 슬픔을 지닌 주인공 연우와 아내의 죽음으로 괴로워하는 검은 양복 아저씨. 이들이 음식 값으로 꺼낸 나쁜 기억은 그들의 기억 속에서 사라지고 얼음 조각이 되어 여우의 냉동고에 보관된다. 신비로운 분위기의 동화는 우리에게 '나쁜 기억이 사라지면 행복해질 수 있을까?'라는 묵직한 질문을 던진다.

이 책을 아이들과 함께 읽고 질문 만들기, 등장인물과 대화하기, '나쁜 기억'에 대해 토론하기 등을 하며 생각주머니를 넓히는 활동을 진행했다. 정답 같은 처방을 내려주기보다는 '나쁜 기억을 지울지 말지를 선택하는 것은 사람의 몫'이라고 말하는 여우처럼 아이들도 자유롭게 생각을 나누며 스스로 답을 찾는 힘을 기르게 하고 싶었다.

『한밤중 달빛 식당』 읽기 흐름

배움 주제	주인공의 이야기를 보며 나쁜 기억을 이겨내는 힘 키우기

수업 흐름
(12차시)
	읽기 전(1차시)
	• 표지와 면지 및 책 제목 보고 떠오르는 생각 나누기
	• 책 읽기 계획 안내
	
	읽는 중(2차시)
	• 질문하고 이야기 나누며 읽기
	  – 나의 경험 이야기하기
	• 인상적인 대사나 행동 흉내 내며 읽기
	
	읽은 후(9차시)
	• 교육 연극으로 책을 더 깊이 이해하기
	  – 인상적인 장면을 정지장면으로 표현하기
	  – 소시오그램으로 등장인물과 대화하기
	• 독서 토론으로 생각 나누기
	  – 질문 만들기
	  – 가치 수직선 토론하기
	• 우리 반 구름 카페로 초대합니다
	  – 미술 교과와 연계해 나만의 메뉴판 만들기
	  – 감정카드를 이용해 친구의 나쁜 기억 위로해주기
	• 활동 소감 나누기

표지와 책 제목 보고 떠오르는 생각 나누기

아이들에게 한 권 읽기 수업 책을 각자 구해오자고 했는데, 대부분의 아이들이 책을 사자마자 재미있어서 다 읽었다고 했다. '이 책은 내용을 모르는 것이 상상도 하면서 더 재미있게 시작할 수 있을 것 같은데 흥미를 잃으면 어쩌나?' 고민이 들었지만, 아이들은 흔쾌히 "또 읽어요."라고 했다.

먼저 표지와 제목을 보고 떠오르는 생각을 이야기해 보았다. 표지에 그려진 노란 달과 언덕 위 불빛들 때문에 밤 풍경이 따뜻하게 느껴진다는 이야기들을 많이 했다. 앞 면지 그림을 보면 해가 떠 있는데 '준비 중'이라는 팻말이 있고, 표지는 밤인데 'open'이 보이므로 밤에만 여는 식당이라고 논리적인 추론을 내놓는 아이도 있었다. 속표지에는 저녁놀 질 무렵 철탑 아래 혼자 걸어가는 아이가 그려져 있는데, 무척 쓸쓸해 보인다고 했다. 슬픈 일이 있을 때의 자기 모습 같다는 대답도 나왔다.

표지를 보고 이런저런 상상을 하고 숨은 그림 찾기하듯 이야기를 나누다 보니 이미 읽은 책이지만 새로운 이야기를 접하는 것처럼 책 속으로 빠져들고 있었다.

질문하고 이야기 나누며 읽기

> 집을 나왔어.
> 길은 어둡고 갈 데가 없었지.

책의 첫 문장이다. 주인공 연우가 집을 나온 후 정처 없이 길거리를 떠도는 장면까지 읽은 후 아이들에게 집을 나가고 싶을 때가 있었는지, 집을 나간 경험이 있다면 언제였는지 물어보았다. 엄마가 동생 편만 들거나 나만 혼낼 때, 학원을 여러 군데 다니고 늦게 귀가할 때라고 답을 했다. 실제로 집을 나가본 경험이 있는 아이들의 이야기도 들어보았다.

"집을 나와서 한 시간 동안 계단에서 멍 때리고 있었는데 너무 춥고 배도 고팠어요."

"두세 시간 동안 아파트를 돌아다니다가 큰맘 먹고 다시 집에 들어가려고 하는데 비밀번호가 바뀌어 있었어요. 놀라서 문을 쾅쾅 두들겨서 들어왔어요."

대문 비밀번호가 바뀌어 있었다는 아이의 이야기에 모두가 '빵' 터졌다. 한바탕 웃으면서 아이들은 '다들 나랑 비슷한 경험이 있구나' 하는 동질감을 느꼈다.

33쪽에는 아내를 잃은 아저씨가 흘린 눈물이 얼음으로 변하는 장면이 나온다. 아저씨의 눈물에는 어떤 기억들이 담겨 있을지 상상해보자고 했다. 아내와 신혼여행 갔을 때의 기억, 아기를 낳아 기뻐하는 모습 등이 담겨 있을 것 같단다.

"여러분 부모님의 예쁜 기억에는 어떤 것이 담겨 있을까요?"

"제가 걸음마 하는 모습이요."

"제가 처음으로 '엄마, 아빠'를 불렀을 때요."

아이들은 부모님이 가장 사랑하는 존재가 자기임을 이미 알고 있나 보다. 주로 자신을 중심으로 부모님의 기억을 떠올렸다. 소중한 추억이 기억으로 남는 것을 인식하는 순간이다.

71쪽에는 '나쁜 기억 범벅 쉐이크'를 마시고 주인공이 기억을 되찾는 장면이 나온다.

"나쁜 기억 범벅 쉐이크를 먹었을 때 왜 짜릿하고 아린 느낌이었을까요?"

"슬프고 아픈 기억이 다시 돌아와서요."

이런 느낌을 이해하다니! 아이들 생각의 깊이에 감탄이 나왔다.

인상적인 대사나 행동 흉내 내며 읽기

18쪽에는 연우가 동호의 돈 5만 원을 몰래 주머니에 넣고 교실에서 나오면서 헐레벌떡 뛰어가는 동호를 모르는 척하는 장면이 나온다. 가방을 멘 연우와 동호의 대비되는 표정을 살리면 재미있겠다 싶어서 역할극을 해 보았다. 아이들이 서로 하고 싶다고 손을 들었다. 이런 역할극은 등장인물에 좀 더 감정이입을 하게 만들어 읽는 재미를 더한다.

42쪽의 "이 도둑 새끼! 이러고도 내게 거짓말할 거냐?"라는 대사를 실감 나게 읽어보자고 주문했더니 많은 아이들이 욕이라고 입에 담지도 않으려고 해서 의외였다. "평소 모습과 좀 다른데?"라고 하니 몇몇 아이들이 박진감 넘치게 대사를 낭독해 박장대소가 터졌다.

교육연극으로 책을 더 깊이 있게 이해하기

책을 다 읽고 모둠별로 가장 인상 깊은 장면을 정지 장면으로 표현하고 다른 모둠이 알아 맞혀 보기로 했다. 문방구 주인 앞에서 동호가 연우를 도둑으로 몰아세우는 장면을 표현한 모둠은 가슴 졸이는 연우와 동호의 긴 팔을 잘 포착해 표현했다. 또 어떤 모둠에서는 '연우가 달빛 식당에서 생크림 케이크를 포크로 찍어 먹는 장면'을 한 명은 포크, 한 명은 손이 되어 표현했다. 내가 움직임을 요구하는 신호로 가볍게 어깨를 치니 손으로 포크를 찍는 동작을 했다. 아이들은 '자동 재생'을 외치며 포크와 손의 연속 동작을 흥미롭게 지켜봤다.

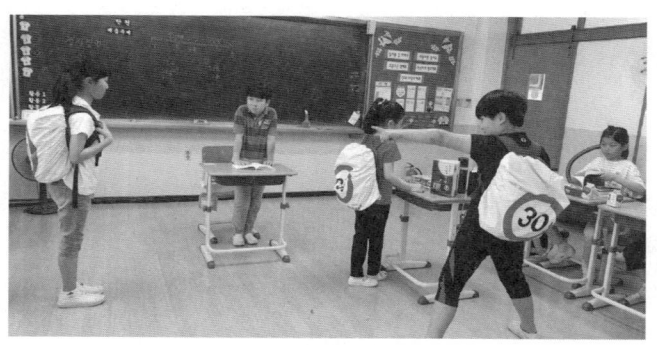
연우를 도둑으로 몰아세우는 긴 팔을 표현하는 아이들

　　교육 연극에서 활용되는 '소시오그램'으로 책 속 인물과 대화하기도 해 보았다. 소시오그램은 중심인물과 주변인물, 사물과의 거리를 파악해 중심인물이 처한 상황을 더 깊이 알아보는 활동이다. 소시오그램을 할 때는 가능하면 아이가 표현하는 말을 다 들어주는 게 좋다. 등장인물이 되어 주변인물과 사물에게 즉흥적으로 하고 싶은 말을 해본 아이는 훨씬 더 깊이 있게 중심인물의 입장을 이해하게 된다. 『한밤중 달빛 식당』의 소시오그램은 다음과 같은 순서로 진행됐다.

> **『한밤중 달빛 식당』 소시오그램 진행방법**
> 1. 중심인물과 기타 인물, 사물 정하기(아빠, 여우, 동호, 엄마, 술병, 아저씨 등)
> 2. 중심인물과 친밀하고 가까운 관계일수록 중심인물에 가까이 서고, 그렇지 않으면 멀리 서서 생각한 동작으로 정지하기
> 3. 교사가 터치하면 자기가 맡은 역할의 입장이 되어 중심인물에게 마음속으로 하고 싶었던 말하기
> 4. 중심인물은 마음의 소리를 듣고 답변해주기

처음에는 아이들이 소시오그램에 대해 잘 이해하지 못하는 것 같았는데, 간단한 설명과 예시를 들어주니 금세 하고 싶은 등장인물과 사물이 되어 정지 동작 상태로 자리를 잡았다. 아이들은 중심인물 역할을 맡았을 때는 진지하게 그 인물의 입장이 되어 마음속으로 하고 싶었던 말을 했고, 사물이 되었을 때는 조금은 장난스럽게 대사를 하며 즐겁게 시간을 보냈다. 소시오그램은 등장인물에게 질문을 하는 '핫시팅'과 경계가 모호해지기도 하는데, 등장인물의 심정을 이해하면서 마음의 소리를 솔직하게 표현하는 것이 중요하다.

중심인물 : 연우

고양이 : 연우야, 안녕? 나는 길냥이야. 네가 동호 돈 훔친 것이 창피하다고 했지. 나는 창피한 일이 더 많아. 네가 뉘우쳤으니 더 창피해하지 않았으면 좋겠어.

연우 : 고마워. 나도 이제 창피해하지 않을게.

동호 친구 : 안녕? 나는 너를 놀렸던 친구야. 그때 내가 놀려서 미안해.

연우 : 고마워. 사실 그때 기분이 엄청 나빴지만, 아빠가 다시 사고 치면 학교에 보내지 않는대서 참았어.

동호 : 연우야, 난 동호야. 네가 내 돈 5만 원을 가져갔을 때는 화가 났는데 학교에도 오지 않고 병원에 입원했다는 말을 듣고는 내가 좀 심했나 하는 생각을 했어.

연우 : 고마워. 나도 네 돈을 가져가서 미안해.

중심인물 : 아빠

연우 : 아빠, 전 연우예요. 아빠가 나를 식당으로 데리고 가서 돼지고기를

구워주었을 때 좋았어요.

아빠 : 미안해. 앞으로 자주 구워줄게.

술 : 안녕하세요? 저는 자주 드시던 소주예요. 죽을 때까지 저랑 같이 있을 건가요?

아빠 : 음, 며칠에 한 번씩은 함께 있을 거야.

계란말이 : (바닥에 동그랗게 몸을 만 채) 저는 계란말이예요. 왜 저를 자꾸 태우시나요?

아빠 : 아직 연우 엄마만큼 계란말이를 잘 만들지 못해서 그래.

중심인물 : 동호

오만 원 : (바닥에 납작하게 돈처럼 누워) 연우가 오만 원을 훔쳐 간 것을 알게 되었을 때 기분이 어땠나요?

동호 : 처음에는 기분이 엄청 나빴는데 나중에는 연우 사정을 알고 친구니까 봐주고 싶은 마음도 생겼습니다.

동호 팔 : 안녕하세요? 저는 당신의 팔입니다. 문방구 장면에서 도대체 팔이 몇 센티미터가 늘어났나요?

동호 : 저도 모릅니다. 그림 작가에게 물어보십시오.

독서토론으로 생각 나누기

 # 질문 나누기

등장인물을 깊이 이해한 후 책 내용에 대해 질문을 만드는 시간을 가졌다. 개인이 먼저 질문을 만들고, 질문을 만든 이유를 모둠 친구들과 자유롭게 이야기 나눈 뒤 모둠 질문을 한 가지 정해 학급 친구들 앞에서 발표했다.

어떤 질문은 학급 전체 아이들과 서로 생각을 주고받기도 했다.

아직 질문 만들기가 익숙하지 않은 아이들에게는 질문을 만드는 방법을 예시를 들어 설명해줬더니 곧잘 만들었다. 아이들은 다음과 같은 질문을 만들어냈다.

개인 질문

- 여우는 왜 돈 대신 나쁜 기억으로 음식 값을 받을까?
- 여우는 좋은 인물일까, 나쁜 인물일까?
- 연우 아빠가 엄마를 잊으려고 술을 먹는 게 옳은 일일까?
- 동호가 연우를 게임쿠폰으로 꾀어 문방구로 데려간 것은 옳은 일까?
- 나의 나쁜 기억을 팔면 행복해질까?
- 연우는 나쁜 기억을 다시 돌려받았을 때 후회하지는 않았을까?

모둠 질문

- 이분희 작가는 왜 중간에 엄마가 죽는 슬픈 이야기를 만들었을까?
- 김기철 아저씨는 슬픈 기억이 얼마나 많을까?
- 연우는 나쁜 기억을 돌려받았는데, 김기철 아저씨는 나쁜 기억을 돌려받을 생각을 했을까?
- 작가는 왜 여우를 요리사로 넣었을까?

모둠 질문 중 "작가는 왜 여우를 요리사로 넣었을까?"에 대해 아이들의 생각을 물어보았다. "책 먹는 여우 이야기도 있으니 음식 만드는 여우 이야기를 만들고 싶어서요." "여우는 사람을 홀리기도 하니까 음식으로 사람을 홀리려고요." 등 다채롭고 기발한 대답이 쏟아졌다. "작가의 말처럼 동물원의 어린 여우를 그 뒤로 볼 수 없어 아쉬워서 작품에라도 넣은 것 같아요."라는 아이의 대답이 참 인상적이었다. 아이들은 책을 읽는 내내 여우에게 애정을 가지고 있었는데, 책 속 여우가 아이들에게 신비하고 친근한 존재로 다가갔던 것 같다.

내친김에 "책 속 여우는 착한 인물일까?"에 대해서도 다 같이 이야기를 나누어 보았다. 아이들이 생각보다 다양한 이유를 들었는데 책 때문에 아이들의 생각주머니가 많이 확장되는 것 같아서 뿌듯했다.

여우는 착한 인물이다	여우는 착한 인물이 아니다
- 여우가 나쁜 기억을 없애주고 음식도 공짜로 주기 때문에 착하다. - 나쁜 기억 범벅 쉐이크로 나쁜 기억을 돌려주었으니 착하다고 생각한다. - 나쁜 기억 수집이 사생활 침해일 수는 있는데 여우 입장에서는 사람들이 행복하라고 그러는 것이고, 선택은 사람이 하는 것이니까 착하다. - 여우가 억지로 기억을 뺏은 것이 아니라 사람이 원해서 내놓은 것이니까 나쁜 것이 아니다.	- 공짜로 음식을 주지만 나쁜 기억으로 뭘 할지 모르니까 착하다고 할 수는 없다. - 뭔가 수상하다. 아침에는 철탑이 있고 저녁에 갑자기 달빛 식당으로 바뀌니까. - 나쁜 기억 범벅 쉐이크를 마시게 해서 착하다고 하기는 그렇다. - 사람의 나쁜 기억을 가져가니까 나쁜 것 같다. - 나쁜 기억에는 사람들의 개인 정보나 사생활이 들어 있으니 수집하는 것은 나쁘다.

가치 수직선 토론

질문을 만들고 생각을 나누는 시간을 가진 후 책의 핵심 주제에 대해 토론해 보았다. 책을 나의 삶과 우리 사회와 연결 짓기 위한 시도였다. 먼저 연우가 동호의 돈을 훔친 기억을 잊은 것과 관련해 아이들에게 "도둑질을 한 경우 나쁜 기억이 사라지면 좋은 것일까?"라고 물었다.

"나쁜 기억이라 하더라도 도둑질한 기억이 사라지면 좋지 않을 것 같습니다. 왜냐하면 나는 잊어도 상대방은 기억을 하고 있으니 싸움이 일어나거나 상황이 더 복잡하게 꼬일 수도 있다고 생각합니다."

"되돌려 주는 것이 책임지는 것인데 기억을 못해 돌려주지 않으면 잃어버린 사람도 당황스러울 것입니다."

아이들은 무척 생각이 깊었다. 어른들은 음주나 정신병력을 핑계로 처벌을 회피하려 하는 경우도 있는데, 아이들은 망각과 관련해 책임론까지 이야기하며 도덕적 기준을 분명히 세우고 판단을 내렸다. 책을 읽고 아이들과 토론해 보니 아이들의 생각은 마치 맑은 거울 같다는 생각이 들었다.

아이들이 말하는 나쁜 기억에는 슬픈 것만이 아닌 창피한 것, 기분 나쁜 것 등 여러 가지가 있었다. 여러 가지 나쁜 기억의 속성을 생각하며 "나쁜 기억이 사라지면 행복할까?"에 대해 가치 수직선 토론을 해 보았다. 가치 수직선 토론 방법은 다음과 같다.

교실 빈 곳을 수직선처럼 길게 확보하고 양 끝을 0점, 10점으로 정한다. 나쁜 기억을 없애는 것이 행복하다고 생각하면 10점에 가까운 곳에 서고, 행복하지 않다고 생각하면 0점, 중간이면 5점 위치에 선 뒤 왜 그곳에 섰는지 이유를 말하면 된다.

> ■ **10점** | 나쁜 기억이 사라지면 행복하다
>
> **찬우** : 만약 사랑하는 사람이 죽으면 너무 슬퍼서 그 기억이 사라지는 게 차라리 나을 것 같아요.

- **5점** | 나쁜 기억이 사라지면 좋지도 않고 나쁘지도 않다

준현 : 나쁜 기억이 사라지면 좋겠지만, 그 기억이 훔친 기억일 수도 있고 내가 잘못한 기억일 수도 있어서 나쁜 점도 있고 좋은 점도 있을 것 같아요.

나연 : 학교 폭력을 당한 것과 같은 나쁜 기억은 다시는 떠올리고 싶지 않을 것 같아서 중간에 섰습니다.

유나 : 준현이 말처럼 나쁜 기억이 사라지면 좋은 점도 있고 나쁜 점도 있는데 저는 7점 정도라고 생각합니다. 그래도 잊는 게 차라리 더 편할 것 같아서요.

- **0점** | 나쁜 기억이 사라진다고 행복해지는 것은 아니다

영미 : 나쁜 기억이 그 당시에는 부끄러울 수 있지만 어른이 되어서는 좋은 추억이 되는 것도 있습니다.

영수 : 나쁜 기억을 잊어버린다고 해도 내 주변의 다른 사람에게는 중요한 기억일 수도 있기 때문에 나만 잊어버린다고 행복해지는 것은 아니라고 생각합니다.

효은 : 나쁜 기억이 만약 도둑질이라고 생각해 보면, 그 기억이 사라지면 자신이 무슨 잘못을 했는지 몰라서 뉘우치지 못하고 잘못된 인생을 살 수도 있습니다.

열띤 토론이 이어진 가운데 쉬는 시간 종이 울렸다. 몇몇 아이들은 자리에 남아 토론을 계속했다. 어느새 토론은 "나쁜 기억이 사라지면 행복한가?"에 대한 찬반토론으로 진행되고 있었다.

나연 : 나쁜 기억이 다 도둑질 같은 범죄인 것도 아니고 잊어도 자기는 편해지고 남에게는 피해를 주지 않는 기억도 있는데 마이너스까지 가는 것은 아니라고 생각해요.

영미 : 저도 같은 생각입니다. 만약 나쁜 기억을 자꾸 생각하다 보면 너무 괴로워서 자살을 시도할 수도 있어요.

민아 : 저는 영미의 생각에 반대합니다. 트라우마가 심해서 자살까지 생각할 수도 있겠지만 이겨내고 열심히 살아가면 그 트라우마가 없어질 수도 있다고 생각합니다.

영수 : 사람은 모두 달라서 어떤 사람은 극복할 수도 있겠지만 그렇지 못한 사람도 있습니다.

쉬는 시간 종이 쳐도 토론에 열을 올리는 모습에 칭찬을 해주며 미국 세인트존스 대학의 이야기를 해주었다. 세계 최고의 지성을 배출한 것으로 유명한 세인트존스에서는 고전을 읽고 토론하고 글쓰는 것을 필수 과정으로 넣고 있으며, 그만큼 책 읽고 생각을 나누는 것은 중요하다고 말해 주었다. 그리고 영화〈생일〉을 보면 세상에는 나쁜 기억이 있더라도 극복하고 살아가는 사람들이 많음을 알 수 있으며 나쁜 기억을 어떻게 극복할지를 생각해 보자고 제안하며 토론을 마무리했다. 아이들의 치열한 토론 과정은 내게 큰 인상을 남겼다. '우리 아이들에게 세계 지성 못지않은 사고의 힘이 숨어 있구나!'

우리 반 구름 카페에 초대합니다

"선생님 우리도 달빛 식당처럼 맛있는 음식 먹으면서 나쁜 기억 이야기하기 해봐요."

　아이들 몇몇이 수업 초기부터 이런 요청을 해왔다. 사적인 이야기를 털어놓는 걸 꺼리진 않을까 고민했는데 고맙게도 아이들이 먼저 제안을 해줘서 우리만의 달빛 식당을 차려보기로 했다. 음식 값으로 나쁜 기억을 지불하는 달빛 식당처럼 나쁜 기억을 친구들에게 이야기하고 털어내 마음이 새털처럼 가벼워진다는 의미에서 '구름 카페'라고 이름 지었다. 미술 과목과 연계해 나만의 메뉴판을 꾸며 보기도 했다. '지치고 마음이 힘들 때 마시는 꽃차', '심심할 때 먹으면 기분 좋은 아이스크림', '화가 풀리는 밀크쉐이크', '이혼하면 다시 반하는 샌드위치', '차가운 마음을 뜨겁게 해주는 호빵', '슬픔을 지우는 스파게티', '나쁜 기억이 파사삭 사라지는 허니브레드' 등 기발한 메뉴판이 잔뜩 만들어졌다. 아이들은 신이 나서 평소보다 훨씬 정성스럽게 그림을 그리고 메뉴판을 꾸몄다.

　과자를 조금씩 나눠주고 찻잔은 아이들이 가져오게 했다. 직접 꾸민 메뉴판을 칠판과 교실 벽면에 붙이고, 함께 앉고 싶은 친구들끼리 책상을 붙여 앉게 했다. 차와 간식을 먹으며 편안한 분위기에서 구름 카페를 시작했다. 마침 곱게 말린 국화차와 목련차가 있어 찻잔에 넣고 미리 끓여 너무 뜨겁지 않게 준비한 물을 부어 주었다.

　감정카드를 모둠별로 나눠주고 구름 카페에서 나쁜 기억을 파는 방법을 설명해줬다. 먼저 친구들에게 털어놓고 싶은 이야기를 한 명씩 돌아가면서 말한다. 나머지 친구들은 이야기를 들은 후 감정카드 중 그 친구에게 해주고 싶은 말이 담긴 카드를 골라 건네주며 그 단어를 넣어 위로해주면 된다.

　어떤 아이는 동생과 싸웠을 때 엄마가 동생 편만 들어서 화가 났다고 말하는 친구에게 '속상하다' 카드를 건네주며 "엄마가 동생 편만 들어 속상했겠다."라고 공감해주었다. 어릴 때 단짝 친구가 전학 갔다고 말하는 친구에게 '슬프다' 카드를 건네주며 "친구가 전학 가서 슬펐겠다."라고 위로해주기도 했다. 오빠랑 싸웠는데 엄마가 자기만 혼냈던 기억을 말하는 아이에게 '억울하다', 어릴 때 달리기하다가 넘어졌던 아이에게는 '아프겠다' 등의 카드를 보여주며 위로의 말을 건넸다. 구름 카페를 하면서 아이들의 표정은 참 밝고 편안해 보였다. 감정을 털어내고 마음이 정말 솜털처럼 가벼워진 것일까? 처음에 고민했던 것이 무색하게 아이들은 구름 카페를 좋아했다.

"친구들에 대해 몰랐던 사실을 알게 되니 더 가까워진 것 같아요."
"감정카드로 그때의 감정을 말해주니 재미있기도 하고 위로받은 것 같았어요."
"나쁜 기억을 친구에게 털어놓으니 마음이 편해졌고, 친구들이 내 마음을 알아줘서 고마웠어요."

각자 나쁜 기억을 어떻게 극복할지에 대해서도 이야기를 나누어 보았다. 친구나 부모님과 이야기하거나 집중할 수 있는 다른 일, 신나는 일, 좋아하는 일을 하겠다는 의견이 많았다. 이제 아이들은 스스로 나쁜 기억을 털어내고 이겨내는 방법을 조금은 터득했을까?

수업을 다 마치고 소감을 물으니 정지장면, 소시오그램, 구름 카페 등 여러 가지 활동을 한 것이 재밌었다고 말했다. 토론이 어렵다는 아이도 있었지만, 재미있고 생각하는 힘과 창의력을 기를 수 있어서 좋았다는 반응들이었다. 아이들의 반응에 내 마음도 뿌듯했다.

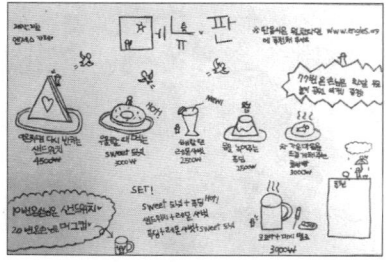

아이들이 직접 그리고 꾸민 구름 카페 메뉴판

구름 카페에서 친구 이야기에 공감해주는 아이들

170

나쁜 기억을 이겨내는 힘을 얻기를

책을 읽고 토론을 해보니 마냥 어리다고 생각했던 아이들이 다양한 생각과 사고의 깊이를 보여주며 나를 놀라게 했다. 아이들의 마음속 이야기를 들으며 한결 친밀해진 느낌이 들었다. 나쁜 기억에 대해 아이들과 나눈 이야기가 기억에 많이 남는다.

"나쁜 기억이 사라지는 게 좋지만은 않은 것 같아요. 2년 전에 할아버지께서 돌아가시고 그 기억을 잊으려고만 했는데, 이제는 굳이 억지로 잊으려 하지 않아도 된다는 것을 알았어요."

"나쁜 기억 안에도 뿌듯하거나 좋은 기억이 남아 있을 수 있잖아요. 나쁜 기억이 꼭 나쁜 것만은 아닌 것 같아요."

한 권 읽기 수업을 하면서 아이들의 마음도 한층 더 성장한 것 같았다. 이제 나쁜 기억이 생겨도 단단해진 마음으로 잘 이겨낼 것만 같다. 책 속 여우는 말했다. 어떤 기억을 간직하고, 잊고 살아갈 것인지는 본인의 선택이라고. 하지만 나쁜 기억 안에도 버리기 아까운 특별한 기억이 숨어 있을 수 있다. 그 기억들을 다 품고 앞으로 나아가면 분명 소중한 추억들이 남을 것이다. 아이들이 앞으로 살아가면서 생기는 관계와 만남 속에서 벌어지는 일들을 소중한 기억으로 가꾸어 나가길 바란다.

■ 함께 읽으면 좋은 책

『청소기에 갇힌 파리 한 마리』(멜라니 와트 지음, 김선희 옮김, 여유당, 2016)
『슬픔을 치료해 주는 비밀 책』(카린 케이츠 지음, 웬디 앤더슨 홀퍼린 그림, 조국현 옮김, 봄봄, 2005)
『동네 한 바퀴』(김순이 지음, 김병하 그림, 한겨레아이들, 2015)
『사랑하는 고양이가 죽은 날』(그뤼 모우르순 지음, 한주연 옮김, 찰리북, 2017)

또래 친구 찬이에게 보내는 공감 편지

『동생을 데리고 미술관에 갔어요』

박정윤 회원초등학교 교사

학교에서는 4월이면 장애이해 교육주간을 가진다. 올해도 어김없이 행사 안내를 받았다. 이 기간에는 장애인식개선 동영상을 시청하고, 관련 퀴즈 응모 등을 받는다. 장애인들이 만든 수공예품 구입 홍보 안내도 받았다. 그들의 사회적 참여를 독려하고 5월 가족의 달을 맞이해 부모님 선물을 구입할 수 있는 기회라는 내용이었다. 이런 행사를 통해 과연 아이들이 장애에 대해 바르게 이해할 수 있을지, 나와 다른 친구에 대해 너그러운 마음을 가지고 그들의 불편함을 이해할 수 있을지 늘 의문이었다.

그다지 변함 없는 행사 안내를 받으며, 우리 반만의 특별한 장애이해 수업을 하고 싶었다. 이왕이면 책을 함께 읽으며 장애에 대해 이야기 나누고 싶었다. 여러 책을 살펴보다가 『동생을 데리고 미술관에 갔어요』(박현경 지음, 이진희 그림, 해와나무, 2016)를 만났다. 장애를 가진 초등학생의 이야기를 담은 이 책은 아이들이 공감하며 읽기 좋을 것 같았다. 후천적으로 장애가 생긴 또래 친구의 마음을 헤아리고 나와 다른 사람에 대해 따뜻한 시선을 보내는 계기가 되길 기대하며 이 책을 아이들에게 읽어주려고 했다.

『동생을 데리고 미술관에 갔어요』를 다시 펼쳤을때 이 책은 소통과 공감, 가족애에 관한 이야기임을 깨달았다. 책 속의 찬이가 속마음을 가족에게 터놓지 못했던 것은 장애에서 비롯된 문제가 아닌 듯했다. 어쩌면 우리 아이들도 가까운 가족에게 상처를 받은 일이 있고, 아직 치유받지 못하고 지내는 건 아닐까 하는 생각이 들었다. 그렇다면 아이들도 찬이의 이야기를 들으며 '나도 그런 적 있어.' 하며 공감하지 않을까? 처음에는 장애와 인권에 대해 이야기하고자 계획한 수업이었지만, 책을 거듭해 읽는 과정에서 고민은 여러 방향으로 뻗어나갔다. 우리 아이들이 마음속에 지니고 있을 상처를 공감하고 위로해주고 싶었다.

『동생을 데리고 미술관에 갔어요』 살펴보기

이 책은 시각장애가 있는 동생과 함께 미술관에 간 은이의 하루를 담은 책이다. 은이는 엄마의 부탁으로 어쩔 수 없이 동생 찬이와 함께 미술관에 가지만 단둘이 나서는 길이 탐탁치 않다. 쏟아지는 사람들의 시선도 불편하고, 입을 닫고 있는 찬이와도 어색하다. 미술관에 들어선 은이는 찬이와 함께 작품을 감상하면서 그동안 하지 못했던 진솔한 이야기를 나누게 된다.

동생을 데리고 미술관에 갔어요

『동생을 데리고 미술관에 갔어요』 읽기 흐름

배움 주제	장애를 가진 또래 친구의 마음을 이해하며 공감 능력 키우기

수업 흐름
(6차시)
	읽기 전
	• 표지 살펴보기
	• 나의 경험 이야기하기
	  – 미술관에 가본 경험 이야기하기
	  – 동생과 심부름해본 경험 이야기하기
	
	읽는 중
	• 교사가 읽어주기
	  – 찬이와 은이의 마음을 알 수 있는 부분에서 멈추고 이야기 나누기
	• 소감 나누기
	• 짝과 함께 읽기
	• 내 마음을 두드린 문장 찾기
	• 찬이의 손끝으로 보는 미술관
	  – 찬이가 감상한 작품 그림 그리기(개인 활동)
	• 찬이의 손끝으로 만지는 미술관
	  – 찬이가 감상한 작품 반입체작품으로 만들기(모둠 활동)
	
	읽은 후
	• 찬이와 은이 인터뷰 하기
	• 찬이와 은이 마음날씨 그래프 그리기
	• 찬이에게 공감 편지 쓰기
	  – 찬이와 비슷한 경험이 있는지 이야기 나누기
	• 혼자 읽기

책표지 보고 이야기 나누기

책을 읽기 전에 먼저 표지를 보고 이야기를 나누는 시간을 가졌다. 이 책의 표지는 짙은 초록빛을 띤 검은색이 대부분의 배경을 차지하고 있다. 그림책의 표지치고는 과감해 보인다. 화려하지 않아서 오히려 더 눈에 띄었다. 표지를 보지 않고 제목만 듣는다면 동생과 함께 미술관에서 명화나 미술작품을 감상한 밝은 내용이라고 짐작할 수도 있을 것 같다.

어두컴컴한 배경은 시력을 잃은 찬이의 답답하고 외로운 마음을 나타낸다. 표지 한가운데에 그려진 초록빛 잎사귀는 미술관에서 본 작품일 수도 있고, 누나와 함께 미술관에 다녀오고 나서 얼어붙었던 찬이의 마음이 서서히 녹아가는 것을 표현한 것일 수도 있다. 표지 아래에는 누나와 찬이의 뒷모습이 그려져 있다.

아이들은 표지를 보고 중앙에 있는 잎사귀 그림이 숲 속 같다고 했다. 찬이가 누나와 시간여행을 떠날 것 같다며, 검은색 어둠의 세계에서 초록 숲의 세계로 시간여행을 가는 것 같다고도 했다. 표지 아래에 나온 뒷모습의 남자아이와 여자아이는 누나와 동생이며 두 사람은 미술작품을 구경하면서 기분 나쁜 일, 아픈 일을 정리한 것 같다고 말했다. 두 사람은 뒷모습만 보여서 표정을 알 수는 없지만 누나가 남동생의 어깨를 감싸안고 있는 모습에서 동생을 보호하고 위로해주는 마음이 느껴진다고 했다. 아이들의 사려 깊고 감성적인 대답을 들으며 마음 한쪽이 뭉클해졌다.

나의 경험 이야기하기

책을 읽기 전에 책과 관련 있는 아이들의 경험이나 배경 지식을 확인하면 이야기에 더 쉽게 몰입할 수 있다.

이 책에서 미술관은 오누이에게 특별하고 고마운 장소다. 은이와 찬이는 미술관에서 작품을 함께 감상하며 서로 마음에 두고 있던 해묵은 이야기를 꺼낼 수 있었다. 찬이가 입을 열게 된 것도 미술작품을 만져보고 누나에게 질문을 하면서였다. 책을 읽기 전에 미술관을 가본 적이 있는지, 미술관에서 인상깊게 남은 작품을 만난 적이 있는지 아이들의 이야기를 듣고 싶었다.

찬이처럼 가족과 함께 미술관을 다녀온 경험이 있는지 물었더니 그런 아이들이 드물었다. 대신 텔레비전이나 학습만화 등에서 미술관이나 전시회 모습을 본 적이 있어서 미술관에서 하는 일이나 분위기 등은 알고 있었다. 얼마 전에 미술작품 전시회에 다녀왔던 아이는 "예전에 엄마랑 미술관에 갔을 때 저는 그냥 낙서 같다고 생각했는데 엄청 유명한 작품이라 그래서 깜짝 놀랐던 적이 있어요."라고 말했다. 미술관에 전시하는 작품은 정교하고 멋있을 것이라고 예상했는데 딱히 무엇을 그렸는지 알 수 없는 낙서 같은 그림이 낯설었다고 했다.

이어서 부모님 없이 동생과 어딘가를 다녀오거나 심부름을 해본 적이 있는지 물었다. "동생이랑 외할머니 댁 앞에 있는 어시장 과일가게에서 과일을 사봤어요." "동생 데리고 마트에서 캐러멜을 사봤어요." 등 마트에서 동생과 과자를 산 경험이나 부모님의 심부름을 했던 일들을 이야기했다. 그때 기분이나 마음이 어땠는지 묻자, "부모님 없이 가서 불안하고 걱정되었어요."라고 말하는 친구가 있는 반면 "마음대로 다닐 수 있어서 신나고 좋았어요."라고 말하는 친구도 있었다. 특히 "엄마 잔소리가 없어서 좋았어요."라고 했던 대답이 기억에 남는다. 집 밖을 나가면 엄마 잔소리에서 벗어날 수 있다는 솔직하고 아이다운 답변은 예상치 못한 것이었다.

함께 책 읽기

본격적으로 책 읽기에 들어가면서 아이들이 이 책을 세 번 읽을 수 있도록 지도했다. 먼저 교사인 내가 읽어주고, 두 번째로 짝과 함께 읽고, 마지막으로 혼자 읽는 단계로 나아가도록 했다.

실물화상기를 이용해 화면으로 책을 보여주면서 글을 읽어줬다. 60쪽 분량의 그림책을 읽어주는 데 걸린 시간은 한 시간이었다. 이야기의 흐름상 여러 차시에 걸쳐 나누어 읽는 것보다는 한숨에 읽어주는 것이 낫다고 생각했다. 흥미 위주의 가벼운 글이 아니기에 책을 읽어주기 전에 아이들이 관심을 가질 수 있도록 분위기를 조성했다.

"여러분과 비슷한 나이의 특별한 친구 찬이를 만나러 책 속으로 들어가 볼까요?"

한 시간가량 쉼 없이 교사가 책을 읽어주면 아무래도 아이들의 집중력이 흐트러지기 마련이다. 책을 읽으며 은이와 찬이의 마음을 엿볼 수 있는 부분에서는 잠시 멈추고 아이들과 이야기를 나눴다.

"누나는 왜 찬이를 데리고 외출하기가 싫었을까요?"

"사람들이 계속 쳐다봐서요."

"누군가 말을 시키는데 찬이가 대답을 잘 하지 않아서요."

아이들은 찬이를 데리고 외출하는 은이의 무거운 마음과 부담감을 잘 알고 있었다. 은이와 찬이를 구경거리인 양 빤히 쳐다보는 사람도 더러 있다는 내용에서는 "예의가 없는 사람들인 것 같아요."라고 나무라기도 했다.

"찬이의 성격은 어떤 것 같아요?"

"밝고 씩씩한 성격이었는데, 시력을 잃고 나서 고집쟁이가 됐어요."

뾰로통하고 속내를 잘 드러내지 않는 찬이가 사실 시력을 잃기 전에 인사성 좋고 밝고 명랑한 아이였음이 누나의 이야기를 통해 드러난다. 아이들은 시력을 잃는 일이 신체적으로 불편을 줄 뿐만 아니라 성격에도 큰 영향을 끼친다는 것을 알게 되었다.

"미술관 가는 길에 누나의 마음은 어떤 것 같아요?"

"찬이랑 같이 가기 싫은 마음이에요. 귀찮고 힘든 것 같아요."

"무슨 일이 벌어지지 않을까 걱정해요. 동생이 다칠까 봐 걱정해요."

"버스와 전동차를 탈 때 동생을 챙기지 못해서 미안한 마음이에요."

은이가 찬이를 데리고 미술관에 가면서 느끼는 감정의 변화를 찬찬히 들려주는 이야기 형식이라 아이들은 은이의 마음을 더 잘 이해하는 것 같았다. 특히 동생이 있는 아이들은 은이의 마음에 많이 공감했다.

"'나는 눈으로 보고 찬이는 손끝으로 보았어요'는 무슨 뜻일까요?"

"찬이가 눈 대신 손으로 작품을 만지면서 느꼈다는 뜻 같아요."

'손끝으로 본다'라는 말의 의미를 아이들은 제대로 이해하고 있었다. 눈으로 볼 수 없지만 손끝의 감각으로, 어쩌면 온몸으로 작품을 느낄 수 있다는 것을.

"찬이가 손끝으로 봤을 것 같은 그림은 어떤 그림일까요?"

"표지 그림처럼 정글이나 숲속 그림일 것 같아요."

"꽁꽁 언 호수, 얼음 호수 같아요. 왜냐하면 그림에서 흰색과 회색이 많이 보이거든요."

"집 그림이요. 집 생각이 났을 것 같아요."

아이들은 저마다 찬이의 입장이 되어 찬이가 머릿속으로 떠올렸을 그림을 상상하며 이야기했다. 찬이의 마음을 짐작해 보며 찬이를 이해하려고 노력했다.

『동생을 데리고 미술관에 갔어요』는 은이가 누군가에게 찬이의 이야기를 들려주는 형식으로 이야기가 전개된다. 아이들은 마지막 페이지에서 은이가 이야기를 들려주는 대상이 화가임을 알게 되며 곧 이 책이 화가에게 부탁하는 내용을 담은 편지글임을 알게 된다.

선생님! 편지가 너무 길어졌지요? 선생님께 부탁할 게 있어서 그래요. 자세히 써야 왜 이런 부탁을 하는지 알 수 있을 테니까요. 만약 선생님이 다음에 또 전시회를 하게 되면 나뭇잎이 춤추는 그림, 잎이 거울처럼 반짝이는 그림을 그려 주세요. 찬이에게 꼭 보여 주고 싶어요. 그때도 내가 찬이를 데리고 미술관에 갈게요. 그때는 훨씬 더 신나는 여행이 될 거예요.

교사가 마지막 페이지를 읽어줄 때 몇몇 아이들은 '아!' 하고 감탄사를 내뱉었다. 그 이유를 물어보니 "누나가 책을 읽는 우리한테 동생 이야기를 해준다고 생각했는데 그게 아니었어요. 미술 작가한테 쓰는 편지였어요!"라고 했다. 아이들은 화가가 누나의 부탁을 들어줬으면 좋겠다고 말했다. 그래서 누나가 찬이를 데리고 다시 미술관에 갔으면 좋겠다고 했다. 아마 책을 읽는 누구나 같은 마음이 들 것이다.

책을 다 읽어주고 아이들에게 어떤 기분이 드는지 물었다. 아이들은

'은이가 착하다', '찬이가 미술관에 가서 다행이다'라는 반응을 보였다. 오누이가 미술관에 가지 않았다면 은이는 찬이가 겪었던 일들을 알지 못했을 것이고 찬이는 계속 말 없이 지냈을 거라고 했다. 또 "그런 미술관이 실제로 있어요?"라며 궁금해하는 아이도 있었다.

짝과 함께 읽기

내가 책을 읽어주고 소감을 나눈 다음 아이들에게 짝과 둘이서 번갈아가며 책을 낭독하게 했다. 왼쪽에 앉은 친구가 왼쪽 페이지를, 오른쪽에 앉은 친구가 오른쪽 페이지를 읽게 했다. 짝이 낭독해주는 소리에 귀를 기울이며 책의 글을 눈으로 잘 쫓아가야 한다고 당부했다. 내가 이미 책을 한 번 읽어준 터라 '같은 책을 또 읽어?'라고 푸념할 법도 했지만 아이들은 그렇게 하지 않았다. 그림책의 그림 하나하나, 은이와 찬이가 주고받은 대화와 행간의 의미를 가까이에서 확인하고 싶어했다. 짝과 함께 책을 읽을 때는 선생님이 읽어줄 때 미처 알아채지 못한 부분을 확인할 수 있고, 그림을 좀 더 가까이에서 자세히 볼 수 있다. 그렇게 아이들은 자신들의 속도로 책을 찬찬히 읽어나갔다. 동시에 여러 명의 아이들이 동시에 소리 내어 읽으니 시끄럽지 않을까 걱정도 됐다. 하지만 내가 책을 읽어줬을 때 책의 분위기를 느꼈던 아이들은 차분하고 조용한 목소리로 책을 읽어나갔다.

짝과 함께 책을 번갈아 읽은 후 가장 인상 깊은 구절을 찾아보기로 했다. 예상했던 대로 많은 아이들이 "나는 눈으로 보고 찬이는 손끝으로 보았어요."를 꼽았다. 왜 이 문장을 뽑았는지 아이들에게 물었는데 구체적인 이유를 말하기 어려워했다. 말 그대로 책을 읽다 보니 찬이와 누나가 했던 말이 마음에 닿았을 것이다. 아이들이 인상적으로 꼽은 문장은 다음과 같다.

짝과 함께 번갈아가며 책 읽기

- 나는 눈으로 보고 찬이는 손끝으로 보았어요.
- 나뭇잎이 춤추는 그림, 잎이 거울처럼 반짝이는 그림을 그려주세요.
- 누나, 나 지금도 빨간 풍선이 나오는 꿈을 꾼다.
- 마음이 꼭 공 같네. 지구 같기도 하고.
- 왜냐하면 내 동생은 좀 특별한 아이니까요.

찬이의 손끝으로 만지는 미술관

누나와 미술관으로 가는 내내 말 한마디 없던 찬이는 미술관에서 〈가을 아침〉이라는 작품을 만지면서 처음으로 입을 연다. "누나, 이거 나무 맞아?" 미술 작품이 소통의 매개가 되고 누나와 찬이는 그동안 미처 하지 못했던 속마음 이야기를 털어놓는다.

책을 읽고 나서 찬이가 마음과 손끝으로 본 작품 〈가을 아침〉과 〈우리

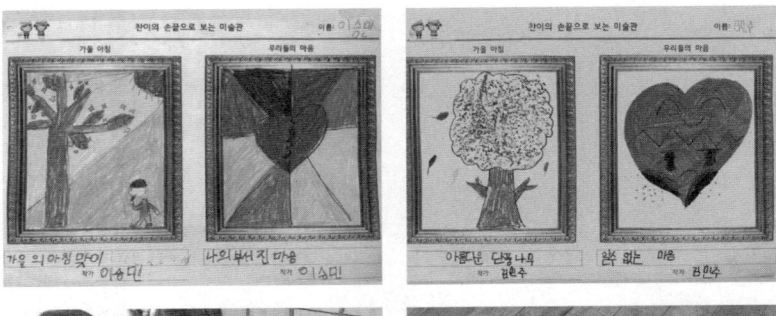

찬이가 손끝으로 본 그림을 상상해서 그려 보고(위) 모둠 친구들과 점토로 만들어 보기(아래)

들의 마음〉을 아이들이 직접 그림으로 표현해보는 활동을 했다. 아이들은 알록달록 예쁘게 채색한 그림에 '가을의 아침맞이', '아름다운 단풍나무' '알 수 없는 마음', '나의 부서진 마음' 등 시적이고 감성적인 제목도 달았다. 아이들의 그림을 칠판에 게시해 감상하는 시간도 가졌는데, 그림을 보며 옹기종기 수다를 떠는 아이들의 모습이 보기 좋았다. 아이들의 그림은 정말 다양했는데, 기발한 표현력에 새삼 감탄이 나왔다. 따뜻하고 밝은 색채로 물든 그림들을 보면서 찬이에게 화사한 색을 선물해주고 싶은 아이들의 마음이 느껴졌다.

각자 그림을 그린 후 모둠을 나누어 찬이가 직접 손으로 만질 수 있는 입체작품을 만들어보기로 했다. 재료는 간단하게 찰흙과 수수깡만 준비했다. 특히 〈우리들의 마음〉을 우산 모양으로 표현한 작품이 인상적이었는데, 혼자 슬퍼했을 찬이에게 비를 막아주는 우산처럼 위로를 건네고 싶은 마음이 느껴져 나도 뭉클했다. 모둠별로 작품을 완성한 후 교실 한가운데에 작품을 둥글게 전시해 함께 감상하는 시간을 가졌다. 아이들은 다른 모둠의 작품과 작품 설명서를 꼼꼼하게 살펴보며 진지하게 평가했다.

"우리 모둠은 〈우리들의 마음〉을 하트 모양 우산과 스마일 얼굴로 만들었는데 다른 모둠은 하트 안에 수수깡으로 글자 LOVE까지 만들어 붙여서 따라하고 싶었어요."

"우리 모둠은 〈우리들의 마음〉을 큰 하트로 만들었는데 다른 모둠은 찬이한테 우산을 씌워주겠다고 만든 걸 보고 상상력이 뛰어나다고 생각했어요."

"1 모둠은 〈가을아침〉의 나무를 세워서 표현했어요. 다른 모둠은 나무가 모둠판 위에 누워 있는데 1 모둠은 나무를 다 만질 수 있게 잘 만들었어요."

찬이와 은이의 마음 들여다보기

'핫시팅'을 활용해 우리 반 아이들이 찬이가 되어 친구들의 질문에 답을 해 보는 시간을 가졌다. 찬이가 된 아이는 교실 한가운데 의자에 앉아 친구들의 질문에 답을 했다. 몇몇 아이들이 번갈아 가며 찬이의 역할을 하고 질문에 답을 하고 난 후에 아이들은 누나 은이의 마음도 궁금하다고 했다. 그래서 은이의 인터뷰 시간도 가졌다.

찬이 인터뷰

질문: 그림을 만졌을 때 어떤 기분이 들었어?

찬이: 부드러운 느낌이 들었어.

질문: 어떤 그림에서 부드러운 느낌이 났어?

찬이: 〈우리들의 마음〉이라는 작품이 그랬어.

질문: 미술관에 들어갈 때 어떤 기분이었어?

찬이: 설레었어.

질문: 오랜만에 외출했는데 오늘 기분이 어땠어?

찬이: 재미있었어. 오랜만에 밖으로 나갔고, 만질 수 있는 작품이 있는 미술관은 처음이라서 신기하고 좋았어.

은이 인터뷰

질문: 왜 찬이랑 외출하기 싫었어?

은이: 찬이는 좀 특별한 아이라서 사람들이 힐끔힐끔 쳐다보는 게 싫었어.

질문: 찬이가 미술관에서 처음으로 말을 했을 때 기분이 어땠어?

은이: 찬이가 말을 걸어줘서 기분이 좋았어.

질문: 찬이가 시력을 잃고 부모님이 찬이에게만 관심을 가졌을 때 기분이 어땠어?

은이: 찬이가 미웠어.

질문: 화가 선생님께 편지를 쓴 이유는 뭐야?

은이: 나뭇잎이 춤추는 그림을 그려달라고 했어. 찬이가 그 그림을 만지고 오늘 처음 내게 말을 걸어줬기 때문이야.

질문: 찬이랑 미술관에 가면서 마음의 변화가 있었어?

은이: 처음에는 불편했는데 찬이가 말을 걸고 이런저런 이야기를 하니까 기분이 좋았어.

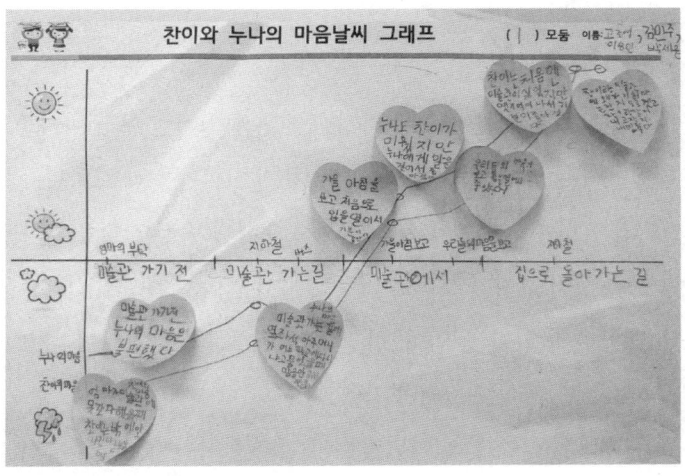

찬이와 은이의 마음날씨 그래프

    찬이와 은이의 인터뷰 반응은 뜨거웠다. 서로 찬이와 은이가 되어 보고 싶어 손을 들기도 했고 질문도 적극적으로 했다. 저마다 '내가 은이라면' 혹은 '내가 찬이라면' 어떻게 대답할지 염두에 두며 인터뷰하는 친구의 대답을 귀담아 들었다.

    인터뷰를 한 뒤에는 은이와 찬이의 마음이 시간의 흐름과 장소에 따라 어떻게 바뀌었는지 그래프를 만들어보는 활동도 했다. 단순히 기분이 '좋다, 나쁘다'로 말하지 않고 마음의 상태를 날씨에 빗대어 표현하는 활동이다. 상하축으로 나눈 그래프 활동지를 모둠별로 나눠주고 햇볕이 가득한 날부터 비바람과 번개가 치는 날까지 마음의 날씨를 표시할 수 있게 하였다. 아이들은 책을 살펴가며 이야기의 흐름에 따른 찬이와 은이의 마음을 정리했다. 아이들이 서로 이야기를 주고받으며 함께 정리를 하니 은이와 찬이의 기분 상태와 그래프 모양이 모둠별로 비슷하게 나왔다.

찬이야 나도 그랬어

마음에 담아둔 이야기를 평소에 하지 못했던 찬이처럼 우리 아이들도 그러진 않았을까? 찬이와 비슷한 경험은 없는지 이야기를 해 보았다.

"찬이가 은하수 공원에 혼자 남겨져서 무서웠을 것 같아요. 저도 엄마 아빠랑 옷을 사러 갔다가 사람이 너무 많아서 엄마 아빠를 놓쳤어요. 엄마 아빠를 찾을 수가 없어서 '엄마' 하고 큰소리로 불렀던 기억이 나요. 그때 엄청 무서웠어요. 찬이도 그랬을 거예요."

"우리 동생은 길을 잘 잃어버리는데 엄마는 나한테 잔소리를 했어요. 왜 민규를 안 챙기느냐면서요. 나도 동생을 잃어버리면 가슴이 쿵쾅쿵쾅 뛰는데 엄마가 나한테 잔소리를 해서 슬펐어요."

"누나가 찬이더러 '바보'라고 말한 장면을 보니 언니랑 싸웠던 기억이 났어요. 나도 화가 났지만 참으면서 언니에게 말을 하고 있는데 언니가 갑자기 화를 내면서 '바보'라고 해서 기분이 나빴던 기억이 나요."

"찬이처럼 말하기 싫어서 말하지 않은 적이 있어요 엄마가 혼내서 일부러 말하지 않았어요. 지하철에서 다른 사람이 말을 걸었을 때 찬이가 일부러 대답하지 않은 것처럼요."

아이들은 찬이의 아픈 마음, 억울한 마음을 이해하며 자기 경험을 털어놓았다. 또 친구들의 이야기를 들으며 "나도!"라고 공감해주고 맞장구를 쳤다. 아이들은 서로의 이야기를 듣고 자기 경험을 말하며 후련해했다.

찬이의 마음에 깊이 공감한 아이들에게 찬이에게 편지를 보내자고 제안했다. 아이들의 편지 속에서 찬이는 장애를 가진 특별한 아이가 아니라 또래 친구로 받아들여지고 있었다.

> **찬이에게**
>
> 나도 너와 비슷한 경험이 있어. 1학년 때 엄마가 태권도 가야 하는 시간이 얼마 안 남아서 밖에 나가 놀지 말라고 했는데 엄마 몰래 놀이터에 갔었어. 근데 지금까지 그 비밀을 말하지 않았어. 너도 은하수공원에 몰래 갔다 온 걸 엄마랑 누나에게 말하지 않았잖아? 우리 많이 비슷하다. (소원)
>
> 너는 어떤 아주머니가 말을 시켰을 때 들었지만 대답을 안 했지? 나도 너처럼 그런 적이 많아. 엄마가 계속 잔소리를 하고 화낼 때 일부러 말을 안 했어. 또 네가 은하수 공원에서 길을 잃었을 때처럼 나도 키자니아에서 엄마를 잃어버렸던 적이 있어. 그때 혼자서 엄마를 한참 찾았었어. (성준)

선생님과 함께 읽고, 짝과 함께 읽기를 한 후 혼자 다시 책 읽는 시간을 가져보았다. 혼자 읽으며 확인하고 싶은 내용은 다시 책장을 앞뒤로 넘기며 확인도 하고, 그림을 찬찬히 보며 그림의 의미를 되새겨 보는 시간이었다. 아이들은 세 번의 읽기를 통해 책을 깊이 이해하고 오랫동안 기억할 수 있을 것이다.

위로와 공감으로 성장한다

우리 아이들은 책장을 여러 번 넘기면서 찬이와 친해진 듯했다. 초반에는 찬이를 장애가 있는 특별한 아이로만 생각하고, 찬이에게 하고 싶은 말을 쪽지에 적으라고 했을 때에도 "눈이 안 보여서 불편하겠다." "꼭 눈을 뜰 수 있을 거야, 힘내!"와 같은 상투적이고 동정심 어린 내용이 대부분이었다. 인물에 충분히 공감 했다고 볼 수 없었다. 혹 의미 없는 활동이 되진 않을까 염려스러웠다. 그러다 문득 '고작 그림책 한 번 읽어줬을 뿐인데 아이들에게 많은 걸 바랐구나.' 하는 반성이 들었다. 찬이를 연민의 대상이 아니라 나와 똑같은 또래 친구로 느끼는 시간을 갖고 싶었다.

친구와 함께 책을 읽고 찬이와 은이의 마음을 짐작해 보는 시간을 가지면서 아이들은 찬이에게 유대감을 느끼는 듯했다. 책을 두 번, 세 번 읽으면서 찬이를 우리와 다를 바 없는 또래 친구라고 생각했고, 누나 은이의 입장까지 헤아리고 공감했다. 아이들이 마지막에 찬이에게 쓴 편지에는 또래 친구 찬이에게 보내는 공감과 지지의 내용이 가득했다.

책을 반복해서 읽으며 찬이와 은이의 감정을 이해하게 된 과정을 우리 아이들이 잊지 않기를 바란다. 더불어 우리 아이들이 친구와 가족, 선생님에게 충분히 위로받고 공감받기를 바란다. 시간이 흘러서도 다른 이의 아픔에 공감하고 위로해줄 수 있는 사람으로 성장한다면 더할 나위 없이 좋겠다.

■ 함께 읽으면 좋은 책

『위를 봐요!』(정진호 지음, 은나팔, 2014)
『보이지 않는다면』(차이자오룬 지음, 심봉희 옮김, 웅진주니어, 2013)
『병하의 고민』(조은수 지음, 한울림스페셜, 2017)
『눈을 감아 보렴!』(빅토리아 페레스 에스크리바 지음, 클라우디아 라누치 그림, 조수진 옮김, 한울림스페셜, 2016)

우리 가족 사랑 두 배로!

『두 배로 카메라』

김미희 웅남초등학교 교사

나는 가족에 대해 누구보다 잘 알고 있을까? 혹시 친구나 동료를 더 잘 알고 있는 것은 아닐까? 또 친구와 동료가 나를 더 잘 알고 있는 것은 아닐까? 어느 날 우리 가족 중 누군가와 똑같이 생긴 사람이 나타나 서로가 진짜라고 주장한다면 그들 중 나는 진짜 가족을 찾을 수 있을까? 가족만이 알 수 있는 소중한 정보를 나는 알고 있을까?

현대인들은 하루 중 대부분의 시간을 밖에서 보내고 집으로 돌아온다. 집에서는 휴식을 취하고 다음 날 준비를 하느라 가족끼리 대화를 나누지 않고 관심도 없다. 오늘날 이러한 가족의 모습에 많은 안타까움을 느꼈다. 우리 아이들도 부모와 소통을 잘하고 있을지 궁금했다.

『두 배로 카메라』(성현정 지음, 이윤희 그림, 비룡소, 2017)는 가족 관계를 돌아보고 가족의 소중함에 대해 이야기를 나눌 수 있는 책이다. 아이들과 이 책을 함께 읽고 가족의 의미를 진지하게 생각해보고 싶었다.

『두 배로 카메라』 살펴보기

두 배로 카메라

초등학생 소년이 주인공으로 나오는 동화다. 주인공은 학교를 마치고 집으로 돌아오는 길에 하얀 바탕에 귀여운 그림이 그려진 수상한 트럭을 발견한다. 아무리 둘러봐도 트럭의 주인은 보이지 않고 주인공은 트럭 안에 있는 카메라를 몰래 숨긴 채 5백 원짜리 동전 하나 던져두고 집으로 가져온다. 이 신기한 카메라로 고양이를 찍으니 고양이가 두 마리가 된다. 카메라로 계속 고양이를 찍으니 두 마리, 네 마리, 나중에는 마흔여덟 마리까지 늘어나는 게 아닌가! 마법의 카메라 때문에 주인공의 아빠는 네 명, 엄마는 두 명으로 늘어나고 이들 중 진짜 가족이 누군지 알 수 없게 된다. 주인공은 진짜 가족을 찾을 수 있을까?

기발하고 독특한 상황 설정이 재미있는 책이다. 이 책을 읽고 나면 가족이 두 배로 늘어났을 때 일어날 수 있는 여러 가지 상황을 상상해보게 되고, 나의 입장뿐 아니라 다른 가족의 입장에 대해서도 생각해보게 된다. 또한 그동안 가족에 대해 얼마나 알고 있었는지 돌아보게 된다. 아이들과 이 책을 함께 읽으며 가족의 의미를 생각하고, 가족 사랑을 '두 배로' 키울 수 있는 여러 가지 활동들을 해 보았다.

『두 배로 카메라』 읽기 흐름

배움 주제	가족 관계를 돌아보고 가족의 소중함 알기

수업 흐름
(14차시)
	읽기 전(1차시)
	• 책 표지 보고 이야기 나누기
	
	읽는 중(6차시)
	• 함께 읽기
	  – 학생이 세 문장씩 번갈아가며 읽기
	  – 교사가 읽어주기
	  – 중요 장면에서 함께 이야기 나누기
	• 탐정이 되어 진짜 엄마, 아빠 찾기
	• 바라는 부모님상에 대해 이야기하기
	
	읽은 후(7차시)
	• 기억에 남는 장면을 연극으로 표현하기
	• 부모님과 소통하기
	  – 자녀에 대해 묻는 퀴즈, 부모님에 대해 묻는 인터뷰 활동지 작성해오기
	  – 부모와 자녀가 짧은 편지 주고 받기
	• '가족 사랑 두 배로' 활동 실천하기
	• 활동소감 나누기

표지 보며 이야기 나누기

표지에는 플래시가 터지는 듯한 배경 위에 똑같이 생긴 여자가 마주보고 있고, 그 아래로 똑같이 생긴 고양이가 크고 작은 모습으로 여덟 마리가 그려져 있다. 아이들에게 제목과 표지 그림을 보고 어떤 이야기일지 예상해 보자고 하니 대부분 "카메라로 찍으면 사람과 고양이가 두 배로 늘어나는 것 같아요."라며 정확하게 예측했다.

"만약에 내게 두 배로 카메라가 생긴다면 무엇을 두 배로 만들고 싶어요?"라고 물으니 아이들은 자신을 두 배로 만들어서 한 명은 학교로 보내고, 다른 한 명은 학원으로 보내겠다고 대답했다. 준영이는 엄마가 누나에게 신경을 쓰느라 자신에게 마음을 못 쓰는 점이 서운했는지 엄마를 두 배로 만들어서 누나와 자신이 다 보살핌을 받고 싶다고 말했다. 동생이나 친구, 강아지나 거북이 등 반려동물을 두 배로 만들어서 재미있게 놀고 싶다는 대답도 많이 나왔다.

번갈아가며 함께 읽기

중학년 학생들은 정적인 활동보다 몸을 직접 움직이는 활동을 좋아하는데, 그중에서도 역할극을 참 좋아한다. 『두 배로 카메라』를 읽고 나서 역할극을 해보면 어떻겠느냐고 물어보니 아이들이 '대찬성'이라며 호응했다. 아이들에게 책을 읽기 전에 연극으로 표현하고 싶은 부분을 생각하면서 읽으라고 안내했다.

책을 읽을 때는 아이들이 앉은 차례 대로 세 문장씩 번갈아가며 소리 내어 읽게 했다. 어떤 아이는 대사를 정말 말하듯이 실감 나게 잘 읽어서 흥미를 돋우기도 했다. 책을 읽다가 함께 이야기하고 싶은 부분이 나오면 읽기를 잠시 중단시키고 이야기를 나누었다. 장면의 성격에 따라 다양한 방식으로 읽기를 시도했는데 내가 읽어줄 때는 속도를 조절하고, 중요한 장면에서는 대화를 나누기가 더 수월하다는 장점이 있었다.

주요 장면에서 질문하고 이야기 나누기

주인공은 수상한 트럭에서 카메라를 발견하고, 트럭 주인이 보이지 않자 5백 원짜리를 트럭에 던져두고 집으로 가져온다. 이 장면을 읽고 나서 어떤 생각이 드는지 질문을 했다. 주인공의 행동에 대해 짚고 넘어갈 부분이 있다고 생각했기 때문이다.

아이들은 나의 예상(?)대로 경찰이 잡아갈 것 같아서 무섭다, 5백 원만 내고 카메라를 가져간 것은 도둑질이나 마찬가지다, '바늘도둑이 소도둑 된다'라는 속담이 생각난다 등의 대답을 했다. 몰래 가져온 카메라 때문에 죄책감을 느끼고 불안해하는 주인공의 감정을 아이들도 같이 느끼고 있었다.

카메라로 고양이를 찍으면 두 배로 늘어난다는 점을 알게 된 주인공은 부모님께 이 신기한 사실을 말하지만 퇴근해서 피곤한 엄마와 아빠는 아들의 이야기를 귀 기울여 들어주지 않는다. 이 대목에서 다시 읽기를 멈추고 비슷한 경험이 있는지 이야기를 나누어 보았다. 아이들은 "저요! 저요!" 하면서 신나게 말문을 열었다. 털어놓고 싶은 이야기가 많은 모양이었다.

"제가 학급회장 됐을 때 엄마한테 전화했는데 '잘했네'라고만 했어요."

"학교에서 억울한 일이 있어서 얘기하는데 엄마 아빠는 휴대전화만 보면서 제 말을 무시했어요."

"아빠는 제가 좋아하는 게임 이름을 몰라요."

등의 대답들이 나왔다.

부모님의 무관심으로 답답했던 주인공은 실수로 아빠를 카메라로 찍게 된다. "지이잉 차락!" 하는 소리와 함께 플래시가 번쩍이고 아빠는 두 명이 되었다. 당황하고 화가 난 주인공은 갑자기 고양이를 찍기 시작한다. 고양이가 기하급수적으로 늘어나는 장면에서는 아이들과 숫자놀이를 하며 책을 낭독했다.

"지이잉 차락! 번쩍! 고양이 세 마리를 찍었어요. 이제 몇 마리가 되었을까?"

"여섯 마리요!"

"지이잉 차락 번쩍! 이제는?"

"열두 마리!"

"지이잉 차락 번쩍!"

"스물네 마리요!"

"지잉 차락 번쩍!"

"마흔여덟 마리!"

신명 나게 장단을 맞추며 아이들과 함께 책을 읽으니 시간이 금방 흘러갔다.

엄마가 둘, 아빠가 넷, 고양이 마흔여덟 마리가 되어버린 주인공 가족은 무척 혼란스럽다. 아이들에게 엄마 아빠가 많으면 어떨지, 좋은 점과 나쁜 점은 무엇일지 이야기해 보자고 했다. 먼저 좋은 점으로는 '돈을 많이 벌 수 있다', '집안일이나 자녀 돌보는 일을 나눠서 할 수 있다', '엄마 아빠가 여러 명이라 같이 노는 시간이 많아진다', '엄마들끼리 백화점 쇼핑을 가고 데이트를 할 수 있다', '용돈을 더 받을 수 있다' 등의 대답이 나왔다.

반대로 나쁜 점은 '감시를 많이 받게 된다', '잔소리가 배로 늘어난다', '내가 보고 싶은 TV 프로그램을 볼 수 없다', '엄마가 두 명이라 헷갈린다', '두 배로 혼난다', '내게 심부름을 많이 시킨다' 등의 의견이 나왔다. 결론적으로는 엄마, 아빠는 한 명씩인 게 좋다고 의견이 모아졌다.

탐정이 되어 진짜 엄마, 아빠 찾아보기

곤란한 상황에 빠지게 된 주인공은 카메라를 발견한 트럭을 찾아 나서고, 트럭 주인 할아버지를 만나게 된다. 할아버지는 카메라로 찍은 가짜를 찌르면 풍선처럼 바람이 빠져서 사라지게 되는 유리 바늘을 준다. 주인공 소년은 과연 진짜와 가짜 가족을 구분할 수 있을까? 우리 아이들은 같은 상황에서 진짜 부모와 가짜 부모를 구분할 수 있을까?

책 읽는 것을 멈추고 지금까지 읽은 부분을 바탕으로 두 명의 엄마 중 누가 진짜이고 가짜인지 추리해 보는 시간을 가졌다. 아이들은 열심히 책장을 넘기며 친구들과 의견을 나누었다.

"주인공이 카메라 이야기를 했을 때 줄무늬 엄마는 '어떻게 물건을 훔칠 수 있니!'라고 말했고, 머리끈 엄마는 '너 정말 나쁜 아이구나!'라고 했잖아요. 저는 아들에게 나쁜 아이라고 말한 머리끈 엄마가 가짜일 것 같아요."

"트럭이 있는지 같이 가 보자는 줄무늬 엄마가 진짜 엄마 같아요."

"'넌 한 번이라도 흘리지 않고 먹는 날이 없구나'라고 말하며 눈을 흘긴 줄무늬 엄마가 진짜 같아요. 엄마들은 원래 잔소리를 잘하잖아요. '천천히 꼭꼭 씹어 먹어야지'라고 예쁘게 말한 머리끈 엄마는 가짜 같아요."

아이들은 너도나도 진짜 엄마를 찾으려고 갖가지 추리를 했다. 그렇다면 진짜 아빠는 어떻게 찾아야 할까? 우선 유리바늘로 가짜를 찌르면 사라지게 된다는 말을 들었을 때 바늘을 강제로 빼앗으려 했던 두 아빠가 가짜임이 쉽게 드러났다. 남은 두 명의 아빠는 서로 자기가 아빠라고 주장하면서 주인공이 좋아하는 게임 이름과 아이스크림 이름을 이야기한다. 아이들은 주인공이 좋아하는 아이스크림 이름이나 게임 이름을 모르는 아빠를 진짜 아빠라고 말했다. 아빠는 자녀에 대해 잘 모르는 게 당연한 것일까? 이 부분에 대해 아이들과 더 이야기를 나누고 싶었다. 몇몇 아이들은 "우리 아빠는 저에 대해 잘 알아요. 제가 다니는 학원 이름도 알고, 친구 이름도 알고, 제가 좋아하는 게임 이름도 잘 알아요!" 하며 자랑스레 말했다. 아무래도 요즘에는 아이들과 친구처럼 다정하게 잘 놀아주는 아빠들이 더 많은 것 같다.

주인공은 두 엄마 중 '나에 대해 더 잘 알고 있는 사람'을 진짜 엄마라고 생각했지만, 사실 진짜 엄마는 가짜 엄마보다 아들에 대해 잘 알지 못하고 있었다. 주인공은 순간 자신이 원하는 대로 해주는 가짜 엄마 대신 진짜 엄마를 찌를까 고민을 하지만 결국에는 가짜 엄마를 찌르고 평화로운 가정을 찾는다.

결론까지 읽고 나서 아이들에게 바라는 부모님상이 있는지 물어보았다. 아이들은 '나와 잘 놀아주는 부모님', '칭찬을 많이 해주는 부모님', '내 이야기를 잘 들어주는 부모님'을 원한다고 했다. 그러나 책에서처럼 화도 안 내고 원하는 것을 다 들어주는 가짜 부모님이 생긴다고 해도 지금처럼 화를 내고 잔소리하는 현재의 부모님이 좋다고 했다.

기억에 남는 장면 연극으로 표현하기

앞서 아이들에게 책을 읽으며 연극으로 표현하고 싶은 장면을 미리 생각해보라고 안내했다. 네다섯 명씩 모둠을 만들어 역할극 대본을 쓸 수 있는 활동지를 나눠주고, 연극으로 표현하고 싶은 장면을 정하고, 역할을 나누어 대본을 쓰라고 했다. 어려워하는 아이들에게 장면을 표현하는 방법이나 대사 등을 알려주었더니 즐겁게 대본을 썼고, 알맞은 소품도 찾아서 준비했다. 없는 소품은 직접 만들었다. 아이들은 '고양이가 두 배로 늘어나는 장면', '진짜

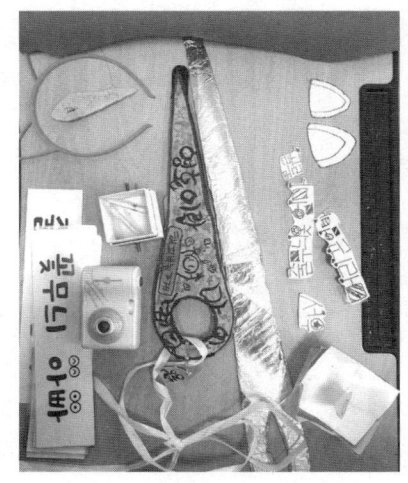

아이들이 직접 만든 연극 소품

엄마와 아빠를 가려내는 장면', '가짜 고양이를 유리 바늘로 찌르는 장면' 등을 골랐다. 대본을 완성하면 모둠 인원수만큼 복사해서 나눠준 후 연습하도록 했다.

아이들은 자신들이 직접 고른 장면을 연극으로 표현하고 연습하는 과정에서 많은 것들을 배웠다. 대사, 소품, 각자의 위치, 동선 등을 정하며 몰입하는 모습을 보였고, 아이들이 직접 만들어온 소품들은 참 기발하고 창의적인 것들이었다. 바늘을 잘 보이도록 조금 크게 만들어보면 어떻겠느냐고 제안하니 상자를 자르고 호일을 감아 은색 바늘을 실감 나게 표현하는가 하면, 어떤 모둠은 의자에 미니 담요를 덮어 그럴 듯한 소파로 만들었다. 장난감 카메라를 가져오고, 부직포로 바지와 옷을 만들기도 했다. 다른 모둠이 소품을 어떻게 연출하고, 장면을 어떤 식으로 표현했는지 보는 것도 좋은 경험이 되었다. 다른 친구들이 표현해낸 기발한 아이디어를 보면 다음 역할극에서도 더 창의적이고 재미있는 연출을 해내리라는 기대감도 생겼다. 다음은 아이들이 쓴 대사의 일부분이다.

역할극 : 고양이가 두 배로 늘어나는 장면
등장인물 : 주인공, 고양이, 엄마, 해설

주인공 : (혼잣말로) 이 카메라로 골룸을 찍어 봐야지.

해설 : 고양이가 두 마리가 된다.

주인공 : 잉? 이게 무슨 일이지? 자세히 봐야겠어. (고양이를 본 후) 똑같네? 어떡하지? (한 마리를 찍으며) 한번 더 찍어 봐야지! (찰칵!)

해설 : 고양이는 세 마리로 늘어난다. 잠시 후 엄마가 온다.

주인공 : 엄마, 이 카메라 이상해요. 골룸을 찍었더니 골룸이 세 마리가 됐어요!

엄마 : (고양이는 보지 않고) 공부는 하고 노는 거니?

주인공 : (답답해하며) 아니, 골룸이 세 마리가 됐다니까요!

엄마 : (화난 목소리로) 엄마한테 혼나기 전에 숙제부터 해! 일요일 밤에 또 난리 치지 말고.

인상적인 장면을 역할극으로 표현하는 아이들

가족과 소통하기

책을 읽으면서 부모님 이야기를 나누었을 때 아이들은 부모님이 자신에 대해 잘 알고 있다고 말했다. 정말일까? 아이들에게 나와 부모님은 서로를 얼마나 잘 알고 있는지 확인해 보자고 했다.

일명 '부모님께 묻는 퀴즈'로 자신에 관한 문항 열 개를 만들어 부모님이 풀고, 아이는 이를 채점하면서 부모님과 대화를 나누는 것이다. 여덟 문항은 교사가 제시하고 두 문항은 아이 스스로 내고 싶은 문제를 내도록 했다. 또 부모님에 대해 묻는 인터뷰 질문을 뽑아 부모님에 대해서도 알아보기로 했다. 인터뷰 질문은 아이들이 함께 의논해 일곱 개를 뽑았고, 두 개는 각자 궁금한 것을 묻도록 했다. 문제를 풀고 인터뷰를 하면서 부모님과 깊이 있는 대화를 나누고 짧은 편지를 주고받아야 한다는 미션도 주었다.

부모님께 나에 대해 묻는 퀴즈
1. 저는 몇 반의 몇 번일까요?
2. 제가 가장 어려워하는(싫어하는) 과목은 무엇일까요?
3. 제가 가장 좋아하는 음식은 무엇일까요?
4. 저의 가장 친한 친구 이름을 쓰세요.
5. 저의 장래희망(꿈)은 무엇인지 쓰세요.
6. 부모님 말씀 중에 제가 가장 듣기 싫어하는 말은 무엇일까요?
7. 제가 언제 부모님을 가장 좋아할까요?
8. 제가 요즘 가장 원하는 일은 무엇일까요?
9. 제가 가장 좋아하는 연예인은 누구인가요? (학생 문항)
10. 제가 가장 받고 싶은 선물은 무엇일까요? (학생 문항)

※ 오늘 저녁 우리 가족 다 함께 좋은 추억 만들어주세요. 저에게 짧은 편지 한 장 부탁드립니다.

부모님에 대해 알아봅시다
1. 지금까지 살아오면서 가장 기뻤던 일은 무엇인가요?
2. 지금까지 살아오면서 가장 힘들거나 속상했던 일은 무엇인가요?
3. 부모님의 어린 시절 이야기를 들려주세요.
4. 어릴 때 좋아했던 과목은 무엇인가요?
5. 부모님의 장래희망은 무엇이었나요?
6. 부모님은 어렸을 때 무슨 놀이를 하며 놀았나요?
7. 엄마와 아빠는 어떻게 결혼하게 되었나요?
8. 부모님이 가장 화날 때는 언제인가요? (개별 문항)
9. 부모님이 가장 좋아하는 음식은 무엇인가요? (개별 문항)

혹시 부모님과 대화를 나누기 쑥스러워서 잘 해오지 않는 것은 아닐까 걱정이 되었지만, 한 명도 빠짐없이 모두 학습지를 채우고 편지도 받아왔다. 그리고 우리 반 부모님들은 열 문제 중 여덟 문제 이상을 맞힌 분들이 꽤 많았다. 아이들에게 활동에 대한 소감을 물으니 다음과 같은 답변을 했다.

"평소에 대화를 많이 나누지 않았는데 부모님 어린 시절 이야기도 알게 되고, 서로 좋아하는 것들도 이야기하면서 즐겁게 대화를 나눴어요."

"부모님이 가장 기뻤던 일이 내가 태어난 일이고, 힘들거나 속상했던 일이 내가 아플 때나 다쳤을 때여서 부모님이 얼마나 나를 사랑하는지 느낄 수 있었어요."

"평소 말하기 어려웠던 내가 원하는 일과 사고 싶은 것에 대해 이야기하게 되었고 부모님께서 나의 부탁을 들어주시고 원하는 물건을 사주셔서 기분이 좋았어요."

가족 사랑 두 배로 키우는 활동 해보기

부모와 자녀가 서로에 대해 관심을 가지고 알아가는 대화도 나누었으니, 가족 사랑을 두 배로 만들기 위해 할 수 있는 활동은 없을까 고민이 되었다. 주변 선생님들에게도 자문을 구하고, 자료도 찾아보며 계획을 세웠다. 아이들에게 가족 사랑을 위해 실천할 수 있는 여러 가지 활동을 제시한 후 그중에 하나를 골라 주말에 실천해오라는 과제를 주었다. 주어진 과제는 다음과 같다.

> **'가족 사랑 두 배로' 활동하기**
> - 우리 가족 약속 정하기
> - 주말 가족 활동 사진 찍고 활동 소감 쓰기
> - 가족에 대한 일기 쓰기
> - 휴대전화 상태메시지에 우리 가족 약속 적어서 선언하기

네 가지 활동 중 한 가지 이상 골라서 주말에 해보자고 하니, 대부분의 아이들이 '우리 가족 약속 정하기'를 선택했다. 아이들은 부모님과 함께 의논해 가족이 지킬 약속을 정했는데, 다양한 가족의 특성과 생활이 묻어나는 약속이기도 했고, 보편적으로 어느 가족이나 실천해도 좋을 내용들도 많았다. '감사하는 말하기', '사랑한다는 말 하루에 한 번씩 하기', '사용한 물건 제자리에 두기', '서로에게 거짓말하지 않기' 등의 내용들이 그러했다. 어떤 학부모는 '하루에 세 가지 감사한 일 생각하기' 등을 카톡 상태메시지에 적기도 하고, 일기로 활동 소감을 써온 아이들도 있었다.

전화로 소감을 전하는 학부모도 있었는데 다음과 같은 내용이었다.

"이번 기회에 가족끼리 회의를 해서 약속을 정하고 저녁에 실천한 내용을 이야기하는 활동을 한 달 정도 꾸준히 진행해봤어요. 아주 작고 사소한 약속이었지만 그 효과는 무척 커서 우리 가족의 생활 전체에 영향을 주었고, 대화를 나누면서 서로의 생활과 생각에 대해 알 수 있었죠."

가족끼리 서로 가까워지고 잘 알았으면 하는 마음에 계획한 활동이 잘 이루어졌음을 알려주는, 무척 감사한 소감이었다. 마음에 뿌듯함이 차올랐다.

한 권 읽기 활동을 마치고 아이들은 다음과 같은 소감을 전해왔다.

"『두 배로 카메라』를 읽고 활동한 것이 재미있었어요. 나도 두 배로 카메라가 있으면 좋을 것 같고, 만약에 정말로 생긴다면 고양이를 찍어서 키우고 싶어요. 하지만 엄마 아빠는 절대 찍지 않을 거예요. 엄마 아빠가 두 배가 되면 제가 힘들어지거든요."

"역할극 할 때 친구들과 의견을 많이 나눌 수 있어서 좋았어요. 다음에도 이런 활동을 하고 싶어요."

"이제부터 부모님에 대해 더 잘 알아야겠어요. 가짜 부모님이 나타나면 진짜 부모님을 찾아야 하잖아요."

가족은 누구보다 가까운 존재다

『두 배로 카메라』를 가지고 한 권 읽기 수업을 할 때 미리 읽은 아이들이 많아서 고민이 되었다. 하지만 막상 아이들에게 내용을 물어보니 정확하게 기억하지 못하는 경우가 많았다. 오히려 책을 한 번 더 읽으면서 여러 가지 활동을 하니 더 재미있게 책을 받아들였다.

책을 한 번 읽은 것으로 그 책을 진정 이해했다고 할 수는 없다. 아이들과 책을 함께 읽고 이야기 나누고 생각을 나누는 활동의 중요성을 다시 한 번 실감했다. 또 책의 내용을 친구들과 의논해 역할극으로 표현하거나, 각자의 입장과 경험에 대입해보는 과정을 통해 아이들의 생각도 변화한다는 것을 확인했다.

이번 한 권 읽기 수업에서 빠질 수 없는 중요한 역할을 한 이들이 바로 아이들의 가족이었다. 가족의 달 5월이면 우리 아이들은 부모님께 드릴 색종이 카네이션을 만들고, 감사카드를 쓰고, 작은 봉사 쿠폰을 만든다. 이 활동과 더불어 한 권 읽기 수업을 통해 부모와 진지하게 대화를 나누고 옛이야기를 들으며 서로에 대해 더 잘 아는 시간을 만들 수 있었다. 우리 아이들은 이번 수업을 계기로 가족을 더 사랑하고 가까이하게 됐으리라 믿는다.

■ 함께 읽으면 좋은 책

『금붕어 2마리와 아빠를 바꾼 날』(닐 게이먼 지음, 데이브 맥킨 그림, 윤진 옮김, 소금창고, 2018)
『엄마가 너에 대해 책을 쓴다면』(스테파니 올렌백 지음, 데니스 홈즈 그림, 이상경 옮김, 청어람아이, 2017)
『언제까지나 너를 사랑해』(로버트 먼치 지음, 안토니 루이스 그림, 김숙 옮김, 북뱅크, 2000)
『당나귀 실베스터와 요술조약돌』(윌리엄 스타이그 지음, 김영진 옮김, 비룡소, 2017)
『마법의 설탕 두 조각』(미하엘 엔데 지음, 유혜자 옮김, 한길사, 2001)

4학년
동화

있는 그대로
나를 사랑하기

『나는 소심해요』

조소영 진동초등학교 교사

4학년 담임을 처음 맡게 됐다. 4학년은 비교적 선생님들이 맡고 싶어 하는 학년이라고 한다. 규칙과 예절을 잘 지키고, 친구와 다툼도 적어서 지도하기 편한 학년이라고 들었다. '아, 나도 드디어 꿈의 학년을 맡았구나!' 설레고 들떴다.

기대가 너무 컸던 것일까. 아이들을 처음 만난 한동안은 언제 어디서 '펑' 하고 터질지 모르는 불꽃놀이 같은 시간이었다. 색깔도 모양도 알 수 없다가 변화무쌍하게 나타나는 불꽃 같은 아이들. 무엇이든 친구와 함께하고 싶어 하다가도 사소한 일에 친구와 의견 충돌이 생기고 다툼이 일어난다. 함께 해결해주려고 다가서면 어느새 마음이 풀렸는지 희희낙락이다. 그러다 조금이라도 신경전이 생기면 예전에 있었던 일까지 꺼내면서 눈물바다가 된다.

도대체 무엇이 문제일까? 천천히 아이들을 관찰했다. 가만히 살펴보니 아이들이 자신의 감정을 주체하지 못하고 어쩔 줄 몰라 하는 것이 보였다. 스스로의 모습을 바르게 바라볼 여유가 없었다. 자신을 이해하고 표현할 수 없으니 친구를 이해하지도, 제대로 소통하지도 못했다. 어쩌면 이것이 바로 열한 살 아이들의 특성 아닐까 하는 생각이 들었다. 갑자기 훌쩍 커버린 몸과 마음의 운전에 서툰 초보자들! 우리 아이들은 초보 운전자들이었다.

아이들이 스스로의 감정과 마음을 제대로 살펴보고 자신을 사랑할 기회를 주고 싶었다. 있는 그대로 자신을 인정하고 사랑하면서 생겨나는 자신감으로 삶을 채워나갔으면 했다. 나와 상대를 이해하며 진심으로 소통하는 방법을 가르쳐주고 싶었다.

『나는 소심해요』 살펴보기

그림책 『나는 소심해요』(엘로디 페로탱 지음, 이마주, 2019)는 소심한 성격의 주인공이 자신을 있는 그대로 받아들이고 사랑하는 과정을 보여준다. 자신의 소심한 성격이 태어나서부터 그랬는지, 어느 날 갑자기 파고든 것인지조차 모르는 주인공은 자신만한 사람들이 부럽기만 하다. 소심함을 떨쳐버리기

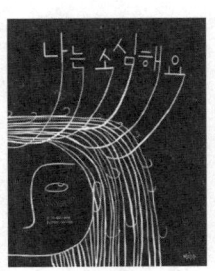

나는 소심해요

위해 노력할수록 다른 사람들의 시선이 두려워지고 남들과 다른 내 모습에 걱정만 쌓여간다. 그러던 어느 날, 누군가 소심함은 상대의 말을 잘 들어주고 깊이 생각할 수 있는 능력이라고 말해준다. 소심하기 때문에 오히려 섬세하게 배려할 수 있다는 장점을 발견한 주인공은 자신을 있는 그대로 사랑하기로 하고 세상 밖으로 한 걸음씩 나아간다.

『나는 소심해요』 읽기 흐름

배움 주제	있는 그대로의 나를 사랑하기

수업 흐름
(6차시)
	읽기 전
	• 표지 살펴보며 이야기 나누기
	  - 앞표지, 뒤표지 비교하며 살펴보기
	• 책 제목 상상해 만들어보기
	
	읽는 중
	• 주인공의 감정에 공감하며 읽기
	• 주인공의 달라진 모습 찾아내기
	
	읽은 후
	• 평소에 생각하는 나의 모습 이야기하기
	• 나를 표현하는 이름표 만들기
	  - 나를 표현하는 색깔과 단어를 찾아 이름표 만들기
	• 친구들과 함께 하는 고민 상담소
	  - 친구의 이야기에 귀 기울여주고 이름표에 댓글 달아주기
	• 나를 표현하는 그림책 표지 그리기
	• 소감 나누기

표지 살펴보며 이야기 나누기

『나는 소심해요』의 표지는 짙은 푸른색 바탕에 하얀색 선으로 주인공의 얼굴이 반쪽만 그려져 있다. 삐죽삐죽 솟은 머리카락 끝에 책 제목이 쓰여 있다. 아이들과 표지를 볼 때 일부러 제목을 가리고 보여줬다. 앞표지만 살펴보고 무슨 생각이 떠오르는지 자유롭게 이야기를 나누었다.

"머리카락이 길어서 소녀인 것 같아요."
"배경이 어두워서 우울해 보여요."
"얼굴에 빨갛게 상처가 난 거 같아요."
"입이 없어서 말을 못하는 사람처럼 보여요."
"눈빛이 외로워 보여요."
"얼굴을 반쪽만 그린 이유가 있을 것 같아요."

『나는 소심해요』 뒷표지

대부분 아이들이 어두운 바탕색 때문에 우울한 분위기인 것 같다고 했고, 얼굴이 반쪽만 그려져서 뒤표지에 반전이 있을 것 같다고 예상했다. 아이들의 예상대로 뒤표지는 하얀 바탕에 주인공의 머리 모양도 표정도 바뀌어 있었다. 아이들은 주인공이 여전히 입도 없고 표정도 변화가 없는데 어쩐지 다른 사람처럼 보인다는 반응을 보였다.

책 제목 상상해 만들어 보기

아이들에게 책 제목을 상상해 보자고 했다. 아이들은 앞뒤 표지의 반전이 인상 깊었는지 대비되는 단어를 많이 사용했다. '두 명의 쌍둥이', '행복과 짜증', '흑과 백', '빛과 어둠', '바뀌는 인생', '극과 극', '이중인격', '여긴 어디? 난 누구?' 등등. 제목을 만들어 보자고 했는데 얼씨구나 줄거리까지 술술 지어냈다. 두 사람이 나올 것 같다는 둥, 처음과 끝에 나오는 주인공이 다를 거라는 둥, 무서운 이야기일 것 같다는 둥 읽지도 않은 책의 줄거리를 이야기하며 신이 나 있다. 평소 책 읽기를 좋아하지 않았던 아이들도 말문이 트인 모습을 보니 반가웠다.

주인공의 감정에 공감하며 책 읽기

"이 책을 읽어주려고 한 건 사실 내 모습 같았기 때문이야."

책을 보여주며 이야기를 꺼냈다. 아이들은 목소리가 엄청 큰 선생님이 소심이라니 믿을 수 없다고 했다. 수업시간에는 큰 소리로 말하는 선생님이지만 걱정 때문에 잠을 못 잘 때도 있는 소심한 사람이라고 푸념을 했다.

"선생님처럼 소심한 친구가 있을 수 있고, 소심하지 않아도 자기 성격이 마음에 안 드는 친구도 있을 거야. 이 책을 보면서 같이 이야기해 보면 좋겠어."

아이들은 호기심을 보이며 하나둘씩 의자를 당겨 앉았다. 책장을 넘길 때마다 아이들은 점점 주인공의 마음이 되어갔다. 주인공이 겪는 상황마다 자기들 경험도 이야기하며 공감했다. 가족들이 주인공을 둘러싸고 쳐다보는 장면, 목소리가 작은 주인공에게 더 크게 말해보라고 다그치는 장면, 소심한 주인공이 누군가에게 고민을 말하러 갔다가 상대방 이야기만 들어주고 있는 장면에서 특히 공감했다.

"사람들이 나만 쳐다보면 엄청 부끄럽지!"

"모르는 친척들이 갑자기 내 엉덩이 때릴 때 짜증나던데."

"더 크게 말하라고 하는 사람 꼭 우리 선생님 같아."

"선생님은 내가 몰라서 손 안 들 때 갑자기 발표하라고 하더라."

"엄마가 계속 말하면 언제 대답을 해야 할지 잘 모르겠어."

주인공의 상황에 몰입한 아이들이 쏟아내는 이야기를 듣고 있으니 나의 어린 시절이 떠올라 절로 고개가 끄덕여졌다. 그러다가 아이들 마음도 몰라주고 내가 무심코 한 행동들을 얘기할 때는 '아차' 싶은 마음에 얼굴이 붉어지기도 했다.

주인공의 달라진 모습 찾아내기

후반부에 주인공은 누군가로부터 소심함은 병이 아니라고, 소심함은 상대의 말을 잘 들어주고 깊이 생각할 수 있는 능력이라며 격려하는 말을 듣게 된다. 위로를 해주는 듯한 이 말을 듣고 주인공은 자신의 모습을 있는 그대로 받아들일 수 있게 된다.

아이들은 이 대목에서 주인공의 달라진 모습을 찾아냈다.
"어? 주인공 앞머리가 이제 위로 뻗쳤다!"
"아까는 입이 없었는데, 이젠 웃고 있네?"
"저 사람도 나중에 선생님 되는 거 아니야?"

아이들은 주인공의 달라진 모습을 숨은 그림 찾기처럼 찾아내며 즐거워했다. 머리카락 한 올에도 자신감이 생기고 밝게 웃는 입 모양을 가지게 된 주인공의 모습을 보며 자기 일처럼 기뻐했다. 소심한 주인공이 대단한 일을 겪지 않고도 스스로를 인정하고 자신감을 가지게 된 것처럼 한 권의 책을 읽고 난 후 아이들의 표정과 목소리도 변하게 하는 것이 책이 가진 힘이라는 생각이 들었다.

평소에 생각하는 나의 모습 이야기하기

아이들은 스스로를 얼마나 알고 있을까. 평소에 생각해왔던 자신의 모습에 대해 이야기해보자고 했다.

"엄마가 제가 아빠 닮아서 예민하대요."

"저는 사춘기가 다른 애들보다 빠르대요."

"나는 맨날 짜증이 많고 화를 잘 낸다고 혼나요."

대부분 아이들이 생각하는 자기 모습은 부모님이나 선생님, 친구들이 평가하는 말들 속에서 찾은 것이었다. 과연 그것이 진짜 '나'일까? 누군가에게 평가받은 내 모습이 아니라 마음 깊숙이 숨겨져 있는 '나'의 진짜 모습을 찾아보고 싶었다.

나를 표현하는 이름표 만들기

아이들에게 스스로 내가 어떤 사람인지 생각해 보라고 하면 너무 막연하고 어렵게 느껴질 것이다. 먼저 아이들에게 나를 색으로 표현해 보고 그 이유도 말해 보라고 했다. 아이들이 선택한 색을 살펴보니 놀랍게도 '빨강'이 절반가량을 차지할 정도로 많았다. '역시 불꽃같은 아이들! 열정이 넘치는구나!'라고 생각했는데, 아이들이 생각하는 빨강의 의미는 '화', '짜증'과 같은 부정적인 것이어서 안타까웠다.

내가 고른 색과 그 이유

빨강
- 빨강이 화를 상징하는 거 같아서
- 친구가 날 화나게 하면 참지 못해서
- 엄마가 나한테 빨간색이 어울린다고 해서
- 흥분을 잘해서
- 자신감이 넘쳐서

검정
- 검은색을 좋아하고 신중하기 때문에
- 나한테 검은색이 잘 어울려서

회색
- 검은색과 흰색이 섞여 있는 것처럼 나도 착한 마음과 나쁜 마음이 섞여 있어서

파랑
- 깨끗한 걸 좋아하고 어렸을 때 결벽증이 있어서

노랑
- 친구에게 다가가는 게 어려워서

하늘
- 왜냐하면 나는 순수하니까

분홍
- 나는 행복하니까

초록
- 밝고 예뻐서

 색을 고른 뒤에 나를 나타내는 단어를 찾아보았다. 색으로 표현한 내 모습에 빨강이 많았던 것처럼 나를 나타내는 단어 표현에도 '화', '짜증'이 다수를 차지했다. 그렇지만 예상보다 다양한 단어들이 나와서 아이들의 마음을 가까이 들여다볼 수 있는 기회가 되었다.

> **나를 나타내는 단어**
> 예민함, 화, 짜증, 흥분, 분노, 스트레스, 왈가닥, 황소, 겁 없는, 웃기는, 이중인격, 걱정, 긍정, 행복, 기쁨, 자신감, 건강, 호기심, 소심, 차분, 노력, 게으름, 피곤, 힘듦…

　나를 표현한 색과 단어의 의미를 떠올리며 각자 이름표를 만들어 보았다. 그때 갑자기 한 아이가 울음을 터뜨렸다. 아이의 이름표에는 "나는 힘들어요."라고 적혀 있었다. 나를 표현하는 단어를 찾고 이유를 생각해 보니 눈물이 나온다고 말했다. 힘든 이유는 말할 수 없지만 생각만 해도 너무 슬프단다. 눈물, 콧물 범벅이 된 아이는 자기가 큰 소리로 울어서 친구들에게 민폐를 끼친 것 같다고 했다. 당연히 울고 싶은 만큼 실컷 울어도 괜찮다고 말해줬다. 다른 아이들에게도 친구가 눈물이 날 정도로 힘들어하니 이유를 묻지 말고 편하게 울게 해주자고 했다. 아이들은 말없이 고개를 끄덕였다. 한 시간 가까이 울고 난 아이에게 선생님에게만 이유를 살짝 말해줄 수 있겠냐고 물었다. 점심시간, 함께 화단을 걸으며 눈물이 났던 이유를 털어놓은 아이는 다음 시간에 활짝 웃고 있었다. 걱정과 고민을 다 해결하지 못해도 이렇게 누군가에게 마음속 이야기를 털어만 놓아도 좋다. 아이들은 이렇게 한 걸음씩 나아가고 성장한다.

친구들과 함께하는 고민상담소

　아이들의 목에 걸린 이름표를 살펴보니 힘든 아이들이 꽤 많았다. 학원 때문에 힘들고, 언니 오빠나 동생 때문에 힘들고, 내 존재를 존중받지 못해

나를 나타내는 이름표

힘들다. 이렇게 힘이 드니 화가 나고 짜증이 날 수밖에 없겠다는 생각이 들었다. 친구들과 함께 마음속 이야기를 나누어 보자고 했다. 수업 시간에 하는 발표는 싫어도 친구와 나누는 이야기는 언제나 즐거운 법. 아이들은 엉덩이를 들썩이기 시작했다. 이름표의 색깔이나 단어가 비슷한 친구들과 모여 내 이야기를 나누는 시간을 가져 보았다. 힘든 일이 있으면 힘든 것을 나누고, 자랑스러운 것은 실컷 자랑도 해보라고 했다. 친구가 하는 이야기를 듣고 나서는 비난하거나 평가하지 말고 "아, 그렇구나!" 하며 공감해주자고 약속했다. 나의 작은 인정과 공감이 상대방에게 어떤 힘이 되는지도 느끼게 해주고 싶었다.

삼삼오오 모여든 아이들은 누가 시키지 않아도 저절로 고민 상담을 펼쳤다. "맞아, 맞아." "나도 그래!" 하며 공감하고 손뼉도 치며 대화에 집중했다. 이제 막 사춘기 문턱에 들어선 우리 아이들에게는 어쩌면 부모님, 선생님보다 친구의 말 한마디가 더 소중하지 않을까? 슬쩍 들어보니 제법 깊은 대화들이 오가고 있었다. 이야기로 흘려보내는 것이 아까워 포스트잇을 나눠주고, 친구 이야기를 듣고 나서 해주고 싶은 이야기가 있으면 댓글로 써서 이름표에 붙여주라고 했다. 친구와 고민 상담을 하고 난 후 내 이름표를 다시 바꾸어보는 작업도 했다.

스스로 '이중인격'이라고 이름표를 단 아이는 친구가 "누구라도 나를 괴롭히면 화가 나는 것이 당연하지."라는 댓글을 받은 후 '예의가 바른'으로 이름표를 바꾸어 달았다. '화가 많은' 아이는 자신을 '열정적인' 사람으로 바꾸어 표현했고, '흥분'이라고 했던 아이들 중 한 명은 '도전적인' 사람, 또 한 명은 '자신감이 넘치는' 사람으로 이름표를 바꾸었다.

나는 발표를 못해서 최대한 '노력해요'.
댓글 : 나는 게으른데 너는 노력파인거 같아. 정말 대단해.

나는 학원에 가기 싫어서 '힘들어요'.
댓글 : 누구나 그러는 것 같은데. 나도 학원 가기 싫어.

나는 매일 '마음이 급해요'. 빨리빨리 하려고 해서 문제를 잘 틀려요.
댓글 : 나도 마음이 급할 때가 있는데 그땐 심호흡을 해. 너도 해 보겠니?

나는 '힘들어요'. 이유는 말 못하지만 좀 슬퍼요.
댓글 : 힘든 일을 속 시원하게 털어놓으면 상대방이 도와줄 수 있어.

나는 '소심해요'. 억울한 일이 생겨도 소심해서 말을 못 해요.
댓글 : 억울할 때는 있는 그대로 말해야 해. 그래야 그 오해를 풀 수 있어.

나를 표현하는 그림책 표지 만들기

아이들에게 어떤 요소가 성격이나 기질을 정한다고 과학적으로 밝혀지진 않았지만, 타고날 수도 있고 환경의 영향으로 만들어질 수도 있다고 설명

나를 나타내는 그림책 표지

했다. 하지만 그 어떤 기질도 좋고 나쁨이 없으니, 앞으로 내 모습을 좋고 나쁨으로 평가하지 말고, 강점과 약점으로 나누어 생각하자고 말했다. 그리고 『나는 소심해요』를 다시 보았다. 특히 주인공이 소심한 성격을 섬세하고 배려 깊은 성격이라고 바꾸어 생각한 대목을 유심히 보았다.

'소심하다'라는 약점에 집중할 때 주인공의 자신 없고 주눅 든 모습과 '섬세하고 배려 깊다'라는 강점에 집중했을 때의 모습은 매우 다르다. 이 부분을 짚은 후 아이들에게 '지금 여기 있는 나'는 어떤 모습인지 나만의 그림책 표지를 만들어 표현해보자고 했다. 앞서 친구와의 상담으로 생각이 바뀌고, 이름표를 바꾸어 단 사람이 있다면 책의 표지처럼 바뀌기 전과 바뀐 후를 모두 그려보자고 했다. 처음에 정한 이름표가 마음에 들거나 생각이 바뀌지 않았다면 한 가지만 그려도 괜찮다고 했다. 아이들이 그린 '나'는 어떤 모습일지 궁금했다.

주인공처럼 자신을 '소심하다'라고 말했던 아이는 왼쪽에는 찡그린 얼굴 표정을 그리고, 오른쪽에는 '나는 이해해요'라고 제목을 붙인 후 활짝 웃는 표정을 그려놓았다. 자신을 '화가 많은' 사람이라고 소개했던 아이는 타오르는 불과 함께 '열정이 많고, 무엇이든 열심히 하는' 모습을 그렸다. '흥분'을 잘해서 차분하지 못하고 실수가 많다고 한 아이는 '자신감'이 넘치는 사람이 되었고, 두 모습이 서로 주먹을 맞대고 대결하는 모습을 그린 아이는 스스로를 처음에는 '공격적'이라고 했지만 친구들과의 상담 후 '도전적'이라고 바꾸었다.

모든 활동을 끝내고 살펴보니 아이들의 얼굴이 제법 밝아져 있었다. 함께 책을 읽고 이야기를 나누며 아이들이 어떤 생각을 하게 되었는지 궁금했다. 수업 소감을 간단하게 적어서 칠판에 붙여 보자고 했다. 책에 관한 생각이나 느낌, 우리가 함께 나눈 이야기, 친구에게 해 주고 싶은 말, 선생님이나 부모님께 하고 싶은 말 등 무엇이든 다 적어도 좋다고 했다. 무엇보다 솔직한 자기 생각을 적어 보자고 했다. 평소 발표 못지않게 글쓰기를 귀찮아하던 아이들이었는데 어쩐지 오늘은 시간이 부족할 정도로 글쓰기에 몰입하는 모습을 보였다.

> **수업을 하고 나서**
> - 평소에 싫어했던 내 모습이 나쁘지 않다는 것을 알게 되었다.
> - 친구와 이야기를 하니 힘이 되는 것 같다.
> - 감정을 나타내는 단어를 많이 알게 되었고 내 감정을 잘 표현할 수 있을 것 같다.
> - 다음에도 또 책을 읽고 놀고 싶다.
> - 나에게도 좋은 점이 많다는 것을 찾을 수 있었다.

있는 그대로의 내 모습을 사랑하자

『나는 소심해요』를 아이들과 함께 읽으며 나도 즐거웠다. 아무리 좋은 책이어도 내가 재미있어야 읽어줄 마음이 드는 건 어쩔 수가 없나 보다. 좋아하는 책을 함께 읽으니 당연히 아이들과 하고 싶은 활동도 많이 떠올랐다. 주인공을 앞세워 평소 아이들에게 해주고 싶었던 이야기도 꺼내고, 이야기 속에 꼭꼭 숨어 있는 아이들의 모습도 찾아냈다. 그동안 표현이 서툴렀을 뿐이지, 제대로 멍석을 깔아놓으니 아이들도 제법 그럴싸한 이야기꾼들이었다. 무엇보다 '내' 이야기를 실컷 할 수 있어서 신이 나 보였다. 친구들과 이야기해 보니 별로라고 여겨지며 싫었던 내 모습도 좀 괜찮아 보인다고들 했다. 나만 유별나게 여겨지고 단점으로 생각했던 것들이 남들에게도 있는 모습이라 생각하니 안심이 되었다고 했다.

"성공이다. 고민 많이 했는데 선생님이 책을 제대로 잘 골랐나보다!"

아이들 앞에서 나에게 스스로 칭찬해줬다.

앞으로도 우리 아이들이 자신에게 다가오는 다양한 감정을 제대로 표현할 수 있었으면 좋겠다. 나와 타인을 이해하며 진심으로 소통할 수 있기를 바란다. 항상 자신을 살피며 스스로를 사랑하기를. 지금 여기, 있는 그대로 자신을 인정하고 사랑하면서 생겨나는 자신감으로 삶을 가득 채워나가길 바란다.

■ 함께 읽으면 좋은 책

『고약한 결점』(안느 가엘 발프 지음, 크실 그림, 이성엽 옮김, 파랑새, 2017)
『나는 갈색이야』(줄리아 쿡 지음, 브리짓 반스 그림, 공경희 옮김, 찰리북, 2014)
『짧은 귀 토끼』(다원시 지음, 탕탕 그림, 심윤섭 옮김, 고래이야기, 2006)
『Zero』(캐드린 오토시 지음, 이향순 옮김, 북뱅크, 2017)

4장

고학년 한 권 읽기

6학년
어린이시

자기 삶을 노래할 줄 아는 아이들

〈올챙이 발가락〉

박경미 풍호초등학교 교사

아이들이 즐겨 읽는 책을 보면 시집을 찾기가 힘들다. 교과서에 실려 있는 시도 대부분 동시이고, 기존의 출판시장에도 어린이시집보다는 동시집이 훨씬 많이 출간되고 있다. 아이들은 어른이 쓴 동시보다 또래 아이들이 쓴 시에 더 많이 웃고, 눈물짓고, 공감한다. 아이들이 자기 이야기가 담긴 다양한 시를 접하며 시를 보는 눈을 키우고, 더불어 자기 이야기를 시로 쓸 수 있으면 좋겠다고 생각했다. 그러기 위해서는 우선 다양한 시를 일상생활 속에서 편하게 접하고 즐길 수 있어야 한다.

시집으로 한 권 읽기 수업을 했다. 시는 한 편도 온전한 작품이기에 시 한 편을 여러 차시에 걸쳐 다양한 각도에서 다뤄볼 수도 있고, 시집 한 권을 읽으며 다양한 작품을 만날 수도 있다. 아이들이 평소에 접하지 못하는 어린이시집을 구하고 싶었는데, 학교도서관에 있는 시집들은 대부분 동시집이라는 점에서 아쉬웠다. 또래 아이들이 쓴 시를 묶은 어린이시집을 도서관과 서점에서 최대한 많이 구했다.

　시집을 잔뜩 들고 교실에 들어가니 아이들은 "저건 뭐지?" "무슨 시집이 저렇게도 많아?" 하는 반응을 보였다. 수업 차시가 쌓일수록 "시집도 괜찮네~" "재미있는 시집도 있어!" 하는 반가운 반응들이 나왔다. 하지만 수업이 끝난 뒤 시집을 스스로 찾아 읽는 아이는 드물었다. 그림책을 읽어주듯 시집도 자주 읽어주고, 아이들의 일상을 시로 담아내는 시간을 많이 가지면 시집도 즐겨 찾게 되겠지? 그날을 기대해본다.

〈올챙이 발가락〉 살펴보기

2018년 봄부터 한국글쓰기교육연구회에서 〈올챙이 발가락〉이라는 어린이시 잡지를 계절마다 엮어서 내고 있다. 2019년 봄호에는 아이들의 세계가 그대로 담긴 시 서른두 편이 실려 있다. 봄호라고 해서 꼭 봄과 관련된 시만 있는 것은 아니다. 어린이시는 다양한 주제를 다루고 있고, 요즘 아이들이 쓴 시와 비교적 예전에 아이들이 쓴 시들도 수록되어 있다.

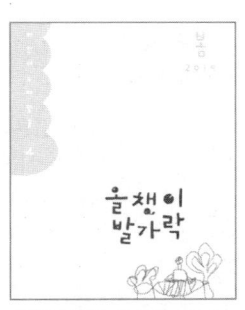

올챙이 발가락: 2019. 봄호

　두께가 얇고 가격이 저렴해 여러 권을 갖추어 아이들과 함께 소리내어 읽고 이야기 나누기 좋은 잡지다. 〈올챙이 발가락〉 2019년 봄호를 주요 도서로 읽고, 〈올챙이 발가락〉 2018년 여름호, 어린이시집 『붕어빵과 엄마』 (최종득 엮음, 상상의힘, 2015)를 참고 도서로 함께 읽었다.

〈올챙이 발가락〉 읽기 흐름

배움 주제	어린이시를 읽고 내 삶을 담은 시 쓰기
수업 흐름 (8차시)	**읽기 전(1차시)** • 제목 살펴보고 제목을 지은 이유 추측하기 – 〈올챙이 발가락〉 2018년 여름호에 나온 이유 함께 읽어 보기 • 책 표지 새롭게 꾸며보기 – 제목에서 떠오르는 이미지를 그림으로 표현해서 표지 만들기 **읽는 중(5차시)** • 아이들이 돌아가며 소리 내어 읽기 – 한 편씩 혹은 한 행씩 돌아가며 읽기 – 마음에 드는 구절 골라 읽기 • 시에 대한 감상 나누기 – '빛나는 말' 찾아서 쓰기 • 경험을 담은 시 쓰기 – 쓰고 싶은 글감의 시 찾아 보고, 낭송해 보고, 옮겨 써 보기 – 나의 경험을 이야기해 보기 – 이야기한 경험을 붙잡아 시로 써 보기 **읽은 후(2차시)** • 지은 시를 시극으로 표현하기 – 즉흥극으로 표현하기 – 희곡을 써서 표현하기 • 활동소감 나누기

표지와 제목 살펴 보고 새롭게 표지 꾸며 보기

책을 본 아이들은 가장 먼저 제목에 관심을 보였다. "올챙이가 발가락이 있었나?" "왜 제목이 올챙이 발가락이지?" 하며 궁금해했다. 왜 제목이 올챙이 발가락일 것 같으냐고 물으니 아이들은 다양한 추측을 내놓았다.

"올챙이랑 어린이는 어리다는 공통점이 있어서 어린이를 올챙이에 비유한 것 같아요."

"올챙이 발가락이 자라는 것처럼 성장하는 아이들 시를 엮은 거라서요."

"올챙이 발가락은 개구리 물갈퀴가 되는 과정에 있어요. 동심을 지닌 아이들의 마음을 '올챙이 발가락'으로 표현한 것 같아요."

"개구리가 되기 전인 올챙이를 어른이 되기 전인 아이들로 생각하고, 발가락으로 쓴 글이나 그림처럼 아직 서툴고 부족해도 잘 봐주기를 바라는 마음으로 이름을 지은 것 같아요."

다 그럴 듯한 추측들이고 생각들이 깊다. 〈올챙이 발가락〉 2018년 여름호에 제목을 그렇게 지은 이유가 나와 있다는 이야기를 전해 듣고 찾아보았다.

> 작은 것도 가까이 다가가 자세히 보고, 낮은 곳에 마음이 가닿아야 시가 된다는 뜻에서 아주 작고 작은 '올챙이 발가락'이 좋겠다고 정했습니다.(50쪽)

아이들에게도 설명해주니 '아, 그렇구나!' 하면서 고개를 끄덕인다. 제목의 뜻이 참 예쁘고 좋다며 시집을 빨리 보고 싶어 했다.

아이들이 새롭게 꾸민 〈올챙이 발가락〉 표지

　잡지 표지에는 제목이 타이포로 단순하게 표현돼 있다. 아이들에게 제목을 보고 떠오르는 이미지를 말해보라고 했다. '올챙이', '개구리', '연잎', '개구리 알' 등이 떠오른다고 했다. 그 이미지들을 담아 제목을 다시 그림 글자로 표현하고 표지를 새롭게 꾸며 보기로 했다. 다른 책의 표지들을 살펴보며 표지에 들어가는 요소에는 무엇이 있는지 알아본 뒤 아이들이 직접 새로운 표지를 꾸몄다. 아이들은 제목과 어울리는 삽화, 지은이, 출판사 등을 넣어서 알록달록하고 예쁜 표지를 만들었다. '올챙이 발가락'이라는 귀여운 제목과 아이들의 그림이 잘 어울려 보였다.

시집 감상하기

　시집을 읽을 때 가장 많이 사용한 방법은 한 사람씩 돌아가며 한 편의 시를 읽는 방법이었다. 계속 같은 방법으로 읽으면 지루하게 느껴질 수 있으므로 다양한 방법을 시도했다.
　시집은 교사와 학생이 한 연 또는 한 행씩 번갈아서 읽을 수도 있고, 남학생과 여학생이, 또는 짝끼리 번갈아 낭독할 수도 있다. 우리 반 아이들이 좋아했던 방법은 마음에 드는 연 또는 행을 고른 다음, 자기가 고른 부분이 나올 때 일어나서 낭독하는 방법이었다. 연이 많은 시는 연 단위로 고르면 되고, 연이 적게 나오는 시는 행 단위로 고르면 된다. 이때 제목과 지은이는 다 같이 일어나서 읽는다. 이렇게 하면 책 읽기도 활동적으로 할 수 있고, 수업에 활기를 불어넣을 수 있다.

시를 소리 내어 읽고 나서 감상을 나누었다. 이때 아이들과 '빛나는 말' 찾기를 했다. '빛나는 말'이란 지은이의 마음이 느껴지는 한 줄을 뜻한다.

내 동생

부산 전포초 2학년 윤지민

내가 책 보고 있는데
동생이 놀아줘 놀아줘 자꾸 그래서
내가 혼날래 하고 겁주니까 뭐라 했는지 알아요?
"그럼 나 혼내고 놀아줘."

윤지민 어린이가 쓴 「내 동생」이라는 시를 읽고 나서 '빛나는 말'을 찾아 보자고 했다. 아이들은 모두 "그럼 나 혼내고 놀아줘."라고 답했다. 혼나도 같이 놀고 싶은 동생의 간절한 마음이 우리 아이들 마음에도 와닿았나 보다. 비슷한 경험이 있냐고 물으니 저마다 자기 얘기를 하기 바빴다.

"형이 게임할 때 축구하자고 하니까 '너 혼자 해라!' 해서 짜증났어요."

"동생이 노는 게 재밌어 보여서 같이 놀자고 했다가 재미없어서 도망친 적이 있어요."

이렇게 아이들이 쏟아낸 말은 그대로 시가 되었다.

내 형아

허지웅

형이 게임하고 있는데
내가 축구하자고 하니까
형이 "니 혼자 해." 한다.
"저게 형이가?"

놀이터

제혜민

동생이랑 오랜만에 집 앞 놀이터에 나갔다.
"누나, 우리 줄넘기 대결하자."
줄넘기 대결 결과, 동생한테 졌다.
괜히 했다.

내 동생

김예은

주말에 할 일이 없어
동생이 인형을 가지고 노는 것을 봤다.
재밌어 보여서 "같이 놀자!" 했지만
봤던 것보다 재미없었다.

슬금슬금 빠져나오다
동생에게 걸려
온 집안을 뛰어다녔다.

"언니야, 놀아준다며!"
동생이 소리치며 뛰어왔다.
미안 더 크면 놀아줄게.

시집에 담긴 시를 다 읽고 감상을 나눈 다음 마음에 드는 시를 한 편씩 골라 보았다. 아이들은 다양한 시를 골랐는데, 그중에서 「우리 오빠」라는 시가 가장 인기가 많았다. 비슷한 경험이 있어서 이 시를 골랐다는 친구, '빛나는 말'이 마음에 들어서 골랐다는 친구 등 다양한 이유로 같은 시를 고르는 것이 참 신기했다.

나의 경험을 담은 시 쓰기

나의 경험을 담은 시를 쓰자고 하면 어려워하는 아이들이 많다. 그럴 땐 자신이 쓰고 싶은 시와 같은 글감의 시를 시집에서 찾아보는 활동을 해보면 좋다. 예를 들어 '가족'에 대한 시를 쓰고 싶다면 학교도서관에 있는 동시집이나 어린이시집 중에서 가족을 글감으로 한 시를 찾아서 옮겨 쓰고 낭송해보는 것이다. 그리고 '빛나는 말'을 골라보거나 시와 관련된 자기 경험을 이야기해 보면 쓸거리를 찾는 데 도움이 된다.

아이들이 「우리 오빠」라는 시를 가장 마음에 들어 한 만큼 '가족'을 주제로 시를 써 보자고 했다. 그리고 가족을 글감으로 한 시를 찾아보는 시간을 가졌다. 같은 글감의 시를 고를 때에는 한 편만 찾아서 바로 옮겨 쓰기보다는 여러 편을 찾은 다음, 그중에서 마음에 드는 시를 골라 쓰도록 지도하는 게 좋다.

아이들에게 단순히 같은 글감의 시를 찾아서 옮겨 적으라고 하면 마음에 드는 시를 찾기보다는 무조건 짧은 시만 고르는 경우가 많다. 시를 여러 편 중에서 한 편 고른 뒤 마음에 드는 이유도 한 문장 정도 짧게 덧붙여 쓰도록 하면 좋겠다. 한 아이는 『붕어빵과 엄마』라는 어린이시집에서 「사고 친 날」이라는 시를 골랐다. 누나와 장난치다가 선풍기를 부순 아이가 엄마한테 혼날까 봐 조마조마한 심정을 솔직하게 담아낸 시이다. 이 시를 고른 아이는 자기가 실수로 유리창을 깬 경험이 생각나서 이 시가 끌렸다고 했다. 같은 시를 고른 다른 아이는 사투리가 재미있어서 골랐다고 했다. 이렇게 나눈 이야기들을 붙잡아서 자기 경험을 시로 써 보자고 했다.

❶ 주먹밥 만들기   김우혁

오늘 처음 하는 요리이다.
친구들과 하니 재미있을 것 같다.
주먹밥을 손으로 푸덕푸덕 섞고
베이컨과 햄을 넣고 또 섞는다.
힘들다.
힘들게 완성했다.
힘들게 요리하는 부모님이 생각난다.
요리가 이렇게 어려운 줄 처음 알았다.
주먹밥 맛은 그럭저럭
그래도 내가 할 수 있는 요리가 생겨
기분이 좋고 부모님을 도와드려야겠다.

❷ 주먹밥 만들기

오늘 처음으로 요리하는 날이다.
친구들과 하니 재미있을 것 같다.

주먹밥을 손으로 푸덕푸덕 섞고
베이컨과 햄을 넣고 또 섞었다.

"힘들다"

더운 여름 아빠가 땀을 흠뻑 흘리며
요리하던 모습이 생각난다.

그런데 막상 아이들이 써온 시를 보면, 줄글인지 시인지 애매한 경우가 있다. 우혁이가 쓴 ①번 글을 보면 줄글 같다. 이때 교사는 아이에게 글을 고쳐보도록 조심스럽게 권할 수 있다. 물론 선생님의 조언을 듣고, 아이는 글을 고칠 수도 있고 안 고칠 수도 있다. 그리고 글을 고치라고 할 때에는 먼저 잘된 점을 칭찬하고 한 번 정도만 고치게 한다. 교사의 욕심이 과해 계속 고쳐오라고 하면, 아이가 글쓰는 것을 힘들어하거나 다음에는 선생님이 원하는 방향에 맞추어서 쓰려고 할 수가 있다.

"우혁아, 이 글에서 선생님은 '푸덕푸덕'이라는 표현이 참 좋아. 그런데 불필요하게 반복되는 말들, 예를 들어 '힘들다, 힘들게 완성했다'는 굳이 없어도 뜻이 통하는 것 같아. 다시 한번 읽어 보면서 없어도 되는 말을 뺐으면 좋겠어. 그리고 네가 요리를 해 보니까 아빠의 어떤 모습이 머릿속에 그려졌어? 네 머릿속에 그려졌던 아빠의 모습을 붙잡아서 글로 쓰면 좋겠다."

이런 내 조언을 듣고 우혁이가 한 번 고쳐 와서 ②번 시가 되었다. 훨씬 간결하면서도 생생함이 살아 있는 시로 완성됐다. 다른 아이들도 생생한 일상이 담긴 시를 써냈다. 형제와 가장 많이 다투면서도 가장 친하게 지내는 아이들은 형제와의 일화를 시로 많이 썼다. 눈앞에 장면이 그려지는 듯한 시들을 보면서 웃음이 나왔다.

동생 이빨이 빠졌다   허재준

오늘 동생 이빨이 빠졌다.
이빨이 빠지니
동생이 멍청해 보였다.
이제 이빨이 다시 나기 전까지
동생은 공부를 못할 것 같다.

우리 언니
박서윤

식탁에 있던 내 과자가 사라졌다.
그렇다.
주범은…언니다.
나는 언니에게 소리쳤다.
"니 왜 내 과자 또 훔쳐먹노!!!"
언니는 말했다.
"니? 언니한테 '니' 라 했나?"
나는 씨익 씨익 숨을 몰아쉬며,
입만 삐죽 내밀었다.

누나
강한이

내가 게임을 하고 있으면
누나가 온다.
"누나, 게임 하지마" 라고 하면
"재미없다, 안 한다" 고 한다.
내가 화장실 갔다 오면
누나가 컴퓨터 앞에 앉아
나보다 더 재미있게 한다.
하하하
"누나 그냥 게임하고 싶다고 해, 시켜줄게."

형 그럴 줄 알았다
강선우

나는 게임을 하고 형은 숙제를 한다.
갑자기 엄마가 방에서 나오라고 했다.

"형, 내가 게임한다고 하면 안 된다"
하지만 결국
"선우 지금 게임하는데" 라고 말했다.
망했다.
형이 그럴 줄 알았다.

우리 오빠   김가영

오빠가 저번에 돈을 빌렸다.
"언제 갚을 건데?"
"내일 갚을게." 하고 도망갔다.

그다음 날이 되면
"내가 언제 빌렸어?" 하고
모른 척 한다.

시극으로 표현하기

아이들이 쓴 시를 가지고 시극으로 표현하는 활동을 했다. 아이들에게 시극을 해보자고 했더니 미리 대본을 쓰지 말자는 반응들이 나왔다. 대본에 맞춰서 연기를 하면 대사가 딱딱하게 나올 것 같다는 것이다. 아이들의 의견을 존중해 즉흥극으로 표현하기로 했다. 시극을 할 때 먼저 희곡을 쓸 것인지, 즉흥극으로 표현할지는 아이들의 성향에 맞추면 된다. 시극을 하는 방법은 다음과 같다.

내가 지은 시를 시극으로 표현하는 방법
1. 각자 자기가 쓴 시에서 시극으로 표현할 만한 시를 한 편 고른다.
2. 고른 시를 모둠 친구들과 돌려가며 읽는다.
3. 자기 모둠에서 시극으로 표현할 시를 함께 고른다.
4. 시를 쓴 친구에게 몇 가지 질문을 하고 답변을 들으며 시 상황을 깊이 있게 이해한다.
5. 학습지 뒷면에 고른 시의 행과 행 사이를 띄워가며 옮겨 쓴다.
6. 시의 행과 행 사이에 대화문을 넣는다. 이 때, 시가 해설이 되고, 대화문이 대사가 된다. 입말이 있는 시는 입말을 그대로 대사로 살린다. 대화문을 잘 살려서 시를 쓴 경우에는 대화문을 더 첨가하지 않아도 된다.

    5분 정도 시간을 주고 상황 파악과 역할 나누기를 한 다음 바로 시극으로 표현해 보았다. 아이들이 시극을 하는 모습을 동영상으로 촬영해 다시 보면서 잘 표현된 부분과 아쉬웠던 부분을 이야기했다. 개인적으로 아쉬웠던 점은 아이들에게 온전히 맡겼더니 시극으로 표현하기 좋은 시를 고르지 못하고 시에서 극으로 살릴 장면을 제대로 표현하지 못했다는 점이다. 시극으로 표현하기 좋은 시의 특징에 대해 먼저 안내를 하고 한 모둠의 시를 예시로 보여줬으면 좋았을 것 같다는 생각이 들었다. 또 고른 시에서 그대로 살릴 부분과 바꿔야 할 부분도 먼저 이야기를 나누고 즉흥극을 했으면 훨씬 잘 표현이 되지 않았을까 싶다.
    즉흥극을 한 다음에는 상황이나 대화문을 옮겨서 희곡으로 써보는 활동도 했다. 해설, 대사, 지문, 막과 장 등 희곡의 요소를 알려주고 모둠별로 희곡을 쓰게 했다. 다음은 지영이가 쓴 「동생과 나」라는 시를 시극으로 표현하고 희곡으로도 바꾸어 쓴 예시이다.

동생과 나
박지영

동생과 과자를 몰래 먹고
엄마가 오면 모른체한다.
평소같으면 티격태격하겠지만
지금은 누구보다 척척 잘 맞는
동생과 나

「동생과 나」 희곡으로 바꿔 쓰기

때 : 주말 오후
곳 : 지영이네 거실
나오는 이들
- **지영** : 평소 동생과 자주 다투는 아이.
- **동생** : 평소 장난기가 많은 아이.
- **엄마** : 평소 눈치가 빠른 편임.

지영이네 집 거실.
지영이와 동생이 거실에서 과자를 먹고 있다.

지영 : (과자를 집어 먹으며) 냠냠 쩝쩝
동생 : (과자를 입에 넣으며) 냠냠 쩝쩝

갑자기 현관문이 열리고 엄마가 집으로 들어온다.
동생과 지영이는 과자를 얼른 감춘다.

동생 : 상상치 못한 전개!

엄마 : 너희들 뭐하니?
동생 : 저희 저…그냥…거실에 과자가 떨어져 있어서 보고 있었어요.
엄마 : (의심스러운 눈초리로 남매를 쳐다보며) 그래?
지영 : 네, 과자 절대 안 먹었어요.

엄마가 고개를 좌우로 흔들며 안방으로 들어가자, 지영이와 동생이 하이파이브를 한다.

시극에서 익살맞은 연기를 펼쳐 보이는 아이들

소감 나누기

시 수업을 마친 후 아이들에게 소감을 물었다. 열한 명의 아이들은 같은 글감의 시를 찾아서 옮겨 쓴 활동이 가장 좋았다고 말했다. 여러 가지 시를 읽어보면서 좋은 시를 발견하게 되었고, 시 쓰는 방법을 자연스럽게 배울 수 있는 점이 좋았단다. 일곱 명의 아이들은 가족을 글감으로 시를 써본 것이 좋았다고 했다. 가족과 생활하면서 좋았던 일, 고민, 불만 등이 있어도 말로 전하기 어려운데 시로 그 마음으로 전할 수 있어서 속이 시원했다고 말했다. 여섯 명의 아이들은 시를 소리 내어 반복해서 읽은 것이 좋았다고 말했다. 눈으로 읽는 것보다 소리 내어 읽었더니 시를 외울 수 있었고, 시가 재미있게 느껴져서 좋았다고 했다. 시극을 해본 소감을 물으니, 친구의 연기를 칭찬하는 친구들이 많았다.

"동욱이가 목에 가시가 걸린 것을 실감 나게 잘 표현했어요."

"한이와 현기가 엄마 몰래 간식 먹는 남매의 모습을 잘 연기했어요."

시를 극으로 표현해본 것이 처음이라 새롭고 재밌었다는 반응들이 많았다. 나의 경험이 담긴 시를 극으로 만들어서 기분이 좋고, 친구의 경험이 시극으로 표현이 되니 공감되었다는 반응들도 나왔다. 시를 극으로 옮기는 것이 어려웠다는 아이들이 있어서 교사로서 아이들의 어려움을 덜어주지 못했다는 아쉬움이 많이 남았다. 교사도 시행착오를 겪으며 더 나아간다. 다음 시극에는 아이들이 어려워하는 지점에 대해 더 도움을 줄 수 있을 것 같다.

자기 삶을 시로 노래할 줄 아는 아이들

평소에 국어교과 지도에 관심이 많았지만 아이들에게 시를 가르치는 일은 쉽지 않았다. 특히 교과서에 있는 시를 읽고 주어진 문제에 대한 답을 찾는 것으로는 시를 제대로 감상하기 어려웠다. 게다가 아이들이 일상에서 시를 찾아 읽고 즐겨 쓰도록 지도하는 일은 더욱 어려운 일이었다.

그러던 어느 날 교사 연수에서 "동시는 소리 내어 읽어야 한다"라는 이야기를 듣고 동시의 매력에 푹 빠지게 됐다. 좋은 동시집을 하나둘 모으기 시작했고, 아이들과 함께 읽어 나갔다. 그리고 어린이시를 접하게 되었다. 아이들은 동시보다 자기 또래가 쓴 어린이시에 훨씬 공감했고 어린이시를 충분히 읽고 즐겼더니 자기 경험을 시로 쓰는 것도 어려워하지 않았다.

요즘은 〈올챙이 발가락〉의 새로운 호가 나올 때마다 아이들 수만큼 준비해놓고 틈틈이 소리 내어 읽으며 이야기를 나눈다. 그렇게 한참 수다를 떨다 보면 아이들은 쓰고 싶은 이야깃거리를 찾아 자연스레 시를 쓴다. 운동회나 수학여행 등 쓸거리가 생길 때에도 시 공책에 시 쓰기를 한다. 우리 아이들은 이제 자기 삶을 시로 노래할 줄 안다. 자기 삶을 예술로 만들 줄 아는 아이들의 감성은 더 풍부해지리라 믿는다.

■ 호랑이가 나오는 그림책

『숙제 다 했니?』(이지호 엮음, 상상의힘, 2015)
『쉬는 시간 언제 오냐』(전국초등국어교과모임 엮음, 휴먼어린이, 2012)
『엄마의 런닝구』(한국글쓰기연구회 엮음, 보리, 1995)
『개구리랑 같이 학교로 갔다』(이승희 엮음, 보리, 2004)
『까만 손』(탁동철 엮음, 보리, 2002)
『내 손은 물방울 놀이터』(이주영 엮음, 우리교육, 2012)
『일하는 아이들』(이오덕 엮음, 양철북, 2018)
『그냥 그렇다는 말이다』(이오덕김수업교육연구소 엮음, 삶말, 2018)
『민들레는 암만 봐도 예뻐』(단디 엮음, 삶말, 2018)
『꼭 하고 싶은 말』(밭한뙈기 엮음, 삶말, 2016)

우리의 속도로 달리는 책 여행

『불량한 자전거 여행』

이은숙 창원한들초등학교 교사

올해 담임을 맡은 5학년 아이들은 작년에도 우리 반이었던 아이들이 많았다. 우리 학교는 크지 않아서 각 학년에 세 개 반 정도가 있다. 그래서 작년 4학년 담임을 맡았을 때 같은 반이었던 아이들 중 3분의 1 정도는 올해 다시 담임을 하게 됐다. 아이들을 연이어 지도하는 일은 부담스럽기도 하지만, 아이들 개개인을 잘 이해하는 데 도움도 된다. 우리 반 아이들은 작년에도 『게임 파티』(최은영 지음, 시공사, 2013), 『여름이 반짝』(김수빈 지음, 문학동네, 2015) 등을 읽으며 한 권 읽기 수업을 했고, 그때 많은 추억을 공유했다. 이미 수업을 해본 경험이 있는 아이들이기 때문에 어떤 책을 고르고, 어떤 수업을 할지 대강 머릿속에 그려졌다.

2월 교육과정 구성 주간에 한 권 읽기 수업을 동학년이 함께 해보자고 선생님들과 협의 했다. 동료 교사들의 피드백이 수업을 훨씬 더 풍성하게 만들어준다는 것을 알기 때문에 먼 길을 같이 걸어갈 든든한 지원군을 만난 느낌이었다.

한 권 읽기 도서를 선정할 때 국어과 성취기준, 5학년 발달단계와 특성, 그리고 재미를 고려했다. 동료 교사들과 함께 읽어본 여러 책들 중 『불량한 자전거 여행』(김남중 지음, 허태준 그림, 창비, 2009)을 한 권 읽기 도서로 선정했다. 남학생들도 함께 공감할 내용이 많다는 점, 아이들이 읽기에 분량과 수준이 적절하다는 점, 그리고 아이들이 흥미를 잃지 않고 끝까지 재미있게 읽을 만한 책이라는 점이 선정 이유였다.

아이들의 특성과 성취기준을 고려해 다양한 체험활동과 독후활동을 계획했다. 아이들은 기나긴 책 읽기 여정을 지치지 않고 잘 따라와줬다.

『불량한 자전거 여행』 살펴보기

불량한 자전거 여행

초등학교 6학년 남자아이 호진이는 어느 날 부모님으로부터 충격적인 이혼 통보를 듣는다. 자신과 상의도 없이 이혼을 결정한 부모님에게 화가 난 호진이는 무작정 가출을 한다. 번듯한 직장도 없고 결혼도 하지 않은 삼촌이 있는 광주로 향한다. 삼촌을 만난 호진이는 삼촌이 이끄는 자전거 여행에 동참하게 되고, 여행길에서 여러 경험을 하면서 진정한 가족의 의미를 깨닫게 된다.

재미있는 이야기에 문장이 간결하며 힘 있는 메시지를 담은 작품이다. 이 책을 아이들과 함께 읽고 가족과 성장을 주제로 이야기 나누고 다양한 활동을 했다.

『불량한 자전거 여행』 읽기 흐름

배움 주제	주인공의 마음을 느끼고 내 삶의 주인되기
수업 흐름 (39차시)	**읽기 전(3차시)** • 여행의 의미에 대해 이야기 나누기 　- '여행은 ○○이다' 유추하기 놀이하기 • 제목, 표지, 작가 소개 살펴보기 • 작가에게 궁금한 점 적어두기 **읽는 중(28차시)** • 다양한 방법으로 책 읽기 • 가정에서의 역할 분담에 대한 의견 나누기 　- 내 삶의 주인이 되어 스스로 할 일 하기 • 주인공의 마음 느끼는 활동하기 　- 교실을 새벽 4시 기차역으로 꾸미고 라면 먹기 　- 공원에서 낮잠 자기 　- 국화차 마시며 진실게임하기 • 비경쟁 독서토론하기 　- 인상깊은 구절 찾기 　- 질문 만들기 　- 모둠별로 토론하기 **읽은 후(8차시)** • 작가와의 만남 준비하기 　- 주인공 목각인형 만들기 　- 책 속 배경 건물 만들기 　- 인상 깊은 구절과 질문을 뽑아 복도에 게시하기 • 작가와의 만남 가지기 • 활동소감 나누기

'여행은 무엇일까?' 이야기 나누고 놀이하기

책을 읽기 전에 '여행'의 의미에 대해 아이들과 이야기를 나누어 보았다. 주인공 호진이가 자전거 여행을 하면서 성장해가는 것처럼 우리 아이들도 여행을 하고 여러 가지 경험을 하면서 성장한다고 생각했기 때문이다. "여행은 무엇일까?"라고 물으니 아이들은 자신의 경험치만큼 다양한 대답을 쏟아냈다. "재미있는 거요." "가족과 함께 아름다운 추억을 만드는 거예요." "집이 좋은 걸 알게 돼요." "새로운 걸 볼 수 있어요." 등등 여행에 대해 좋은 말들이 가득하다. 여행을 그림문자로 표현하고 알아맞히는 놀이를 해 보았다. 놀이의 방법은 다음과 같다.

'여행 문장 유추하기' 놀이

1. 색도화지 6장을 16등분으로 자른 후 색깔을 골고루 섞어 모둠별로 16장씩 나눠준다.
2. 모둠별로 의논하여 "여행은 ○○이다"를 20자 내외로 정리한다.
3. 정리된 내용을 색도화지 조각 한 장에 그림 또는 글자, 한자, 숫자, 기호 등으로 그린 후 8절 도화지에 덧붙여 "여행은 ○○이다" 그림글자판을 만든다.
4. 완성된 그림글자를 칠판에 제시하고 모둠별 대표 1명이 나와 문장을 알아맞힌다.
5. 발표자는 정답을 먼저 외친 모둠에 기회를 주고 머뭇거릴 경우 5초 카운트를 한다. 기회는 맞힐 때까지 계속 주어지지만 모두가 어려워할 경우 힌트를 준다.

'여행은 ○○이다' 문장을 모두 그림으로 표현하면 문제가 너무 어려워지고, 글자 힌트가 너무 많으면 문제가 쉬워진다. 문제가 너무 어렵거나 너무 쉬워도 재미가 없으므로 글자로 적을 수 있는 수는 2~3개로 미리 제한하는 것이 좋다. 그림글자가 아닌 한글은 도화지에 바로 쓰는 것이 문장을 읽기에 좋으며 색도화지 조각을 한 장씩 붙일 때 띄어쓰기를 잘 지켜주어야 한다.

여행의 의미에 대해 이야기를 나누고 문장 유추 놀이를 했더니 책에 대한 기대감이 더 올라갔다. 아이들은 친구와 함께 여행 가방을 꾸린 느낌이라고 말했다. 이제 책의 이야기 속으로 여행을 떠날 차례다.

책 표지와 작가 소개 살펴보기

책 표지와 목차도 살펴보았다. 제일 먼저 '불량한'이라는 수식어가 눈에 띈다. 아이들은 주인공이 불량한 아이일 것 같다, 자전거를 타고 가다가 나쁜 짓을 하게 될 것이다, 불량한 장소에서 불량한 사람들을 만날 것이다 등등 다양한 추측을 내놓았다. 책을 다 읽고 나서 아이들은 이 수식어에 대해 어떻게 해석할지 궁금했다.

표지 속 자전거를 타고 있는 주인공 호진이는 힘들어 보이기도 하고 화가 난 것 같기도 한 표정이다. 어떤 사연이 있을까?

"소변이 마려운데 화장실을 못 찾고 있어요."

"가기 싫은데 아빠가 억지로 여행에 끌고 간 것 같아요."

"힘든 일이 있는데, 힘겹게 그 일과 싸우고 있는 것 같아요."

처음엔 그저 장난스럽고 가벼운 대답만 이어지다가 나중에 한 아이가 꺼낸 진지한 대답에 생각의 물꼬가 트이면서 다양하고 진지한 대답들이 나왔다.

　헬멧을 쓰고 자전거 손잡이를 잡고 있는 작가의 프로필 사진과 소개글도 함께 보았다. 작가는 어떤 사람일지, 어떤 책을 썼는지 짐작해 보고 살펴보았다.

　"자전거 타기를 좋아하시나 봐요."
　"웃고 있어서 인상이 참 좋아요. 성격이 좋을 것 같아요."
　"『싸움의 달인』책, 우리 반 책꽂이에 있잖아요?"

　다들 한마디씩 던진다. 온라인서점에서 작가 이름을 검색해 작가의 다른 작품들도 함께 살펴보았다. 시큰둥해하던 아이들도 표지를 본 책이 있거나 읽은 책이 있으면 반가운 누군가를 만난 것처럼 호들갑을 떤다. "저 책 도서관에서 봤어요!" "자존심 책 읽어봤어요." 하며 목소리가 커진다. 책 표지만 보고 "저 책 왠지 재밌을 것 같아요. 도서관에 가서 찾아보고 읽어볼래요." 하며 호기심을 보이는 아이도 있다. 작가에 대한 호기심이 슬슬 커지고 있을 때 넌지시 작가를 직접 만나고 싶지 않느냐고 물으니 작가에 대한 질문을 쏟아낸다.

　"작가님 만나고 싶어요!"
　"작가님은 어디 사세요?"
　"여기 오실 때도 자전거 타고 오실까요?"
　"작가님 만나면 책 이야기가 진짜 있었던 일인지 물어볼래요."

　아이들의 궁금증을 잘 메모해 두었다가 작가를 만나면 직접 물어보기로 했다.

책을 읽고 나의 경험 이야기 나누기

한 권 읽기를 세 학급이 함께 진행했지만 아이들의 요구와 교사의 의도에 따라 책을 읽는 방법은 다양했다. 우리 반은 처음 시작하는 부분과 이야기의 절정 부분 또는 중요한 활동이 있는 부분은 교사가 읽어주고 나머지 부분은 전체 아이들이 돌아가며 읽기를 했다. 한 쪽씩 돌아가며 읽었더니 자신이 읽지 못해 아쉬워하는 아이들이 많아 한 줄씩 돌아가며 읽기를 자주 했다. 한 줄씩 읽을 경우 누군가 집중하지 못하여 이야기의 흐름이 끊기면 탄식과 원망이 쏟아진다. 그래서 모두가 '초집중'하여 이야기 속으로 빠져들지 않을 수 없다. 읽기를 마치고 나면 왠지 모두가 하나의 마음이 된 것 같다. 내용에 따라 짝 읽기를 하고 이야기를 나누기도 했다. 모둠별이나 짝과 이야기를 나눈 경우 반 전체가 함께 공유하는 시간을 가진 후에 다음 내용을 읽었다.

> "네 그릇 치워. 내가 설거지 기계인 줄 알아? 나도 일하고 들어와서 피곤해."(12쪽)

퇴근하고 늦게 들어온 엄마가 호진이 라면을 끓여 먹고 남겨놓은 설거지거리를 보고 하는 말이다. 아이들은 이 대목을 읽을 때 각자 처한 입장에서 생각하며 읽었다. 실과 1단원 '가족 구성원으로서 가사를 분담하기' 내용과 이 장면을 연계해 활동을 계획해 보았다.

먼저 가정에서 해야 할 일이 무엇이 있는지 찾아보고 빙고게임을 했다. 게임을 한다는 이야기에 아이들은 집안일을 번개처럼 찾아냈다. 신나게 빙고게임을 한 후에 빙고판에 채운 집안일들을 각자의 집에서는 어떻게 역할 분담하고 있는지 적어 보았다. 아이들은 대부분의 집안일을 엄마 일로 생각하고 있었다. 20여 가지가 넘는 집안일에 '엄마'라는 이름이 적힌 것을 보더니 엄마의 일이 너무 많고 가족들이 상의해서 역할 분담을 해야겠다는 필요성도 느끼는 것 같았다. 자연스레 내 일은 스스로 해야겠다는 다짐들도 나왔다.

8절 도화지를 나눠주고 '내 삶의 주인되기'라는 제목을 쓰고 자기가 해야 할 일을 번호를 매기며 적어 보게 했다. 스스로 해야 할 일을 적은 도화지를 집에 가지고 가서 방문 앞에 붙여두고 인증 사진을 찍어 학급 홈페이지에 올리라고 했다. 그리고 일주일 후에 가족들의 소감을 듣고 이야기 나누는 시간을 가지기로 했다. 아이들의 뿌듯한 목소리, 부모님의 감탄 섞인 소감들이 전해졌다.

"내 일은 스스로 하는 게 당연한데 가족이라고 편하게 생각하고 엄마한테 미룬 것 같아요. 내 일을 스스로 하니까 뿌듯하고 좀 철이 든 느낌이에요."

"원래 작심삼일이잖아요. 그런데 방문에 할 일을 붙여놓으니까 가족들이 지켜봐서 더 열심히 할 수밖에 없었어요. 힘들었지만 그래도 칭찬을 많이 받아서 기분이 좋았어요."

"아이가 아무리 방문에 할 일을 붙여놔도 잘 못 지킬 줄 알았는데 자주 들여다보고 스스로 할 일을 찾아서 하는 걸 보니 기특했어요. 이런 공부를 해 주셔서 감사합니다."(어머니 소감)

"아이가 먼저 다가와 가족의 역할에 대해 공부한 이야기를 하면서 엄마에게 미안하고 고맙다는 말을 해주었어요. 그래서 가족 역할 분담에 대해 가족 회의도 열고 대화도 나누었지요. 그동안 가족을 위해 하는 일이 힘들다고 생각한 적은 없었는데 이렇게 가족들이 알아주고 함께하자고 하니 너무 행복하네요."(어머니 소감)

아이들은 가정에서도 스스로 해야 할 몫을 찾아 하고, 어머니의 고충도 알게 되었다. 금요일 하교 시간, 실내화 주머니를 들고 집으로 가는 아이들에게 물었다.

"실내화를 누가 빨고 있나요? 누가 빨아야 할까요?"

"제가 스스로요!"

하나같이 우렁찬 목소리로 답하는 아이들. 실내화를 직접 빠는 사진도 찍어서 학급 홈페이지에 올리자고 했다. 학급 홈페이지는 학부모와 공유하기 때문에 인증사진이 올라오면 실내화 빨기를 하지 않은 아이들의 경우 부모님의 은근한 압력을 받아 실천하지 않을 수 없게 된다. 무엇보다 이 활동을 계기로 아이들은 엄마와 이야기를 많이 나누어서 좋았다고 했다. 쉽게 생각했던 집안일들이 엄마의 정성스런 수고 덕분이었음을 느끼고 미안해하고 고마워하며 서로의 사랑을 확인할 수 있었다.

가사 분담 빙고게임

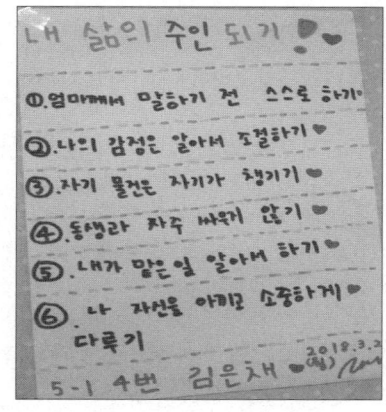

내 삶의 주인이 되어 스스로 할 일 하기

주인공의 마음 느끼기

 # 새벽 4시 기차역에서

주인공 호진이는 부모님이 자기 의견은 묻지도 않고 이혼을 하려하자 가출하여 마지막 기차를 타고 광주로 간다. 기차에서 광주역에 내린 시각은 새벽 4시! 삼촌은 마중을 나오지 않았고 아침 7시까지 삼촌이 있는 곳으로 찾아가야 한다. 7시까지 남은 시간은 3시간. 호진이는 모든 게 꿈이면 좋겠다는 생각과 집으로 다시 돌아갈까를 고민하며 심란해한다. (1~2장 줄거리)

이 장면을 재연해 호진이의 마음을 느껴보는 활동을 해 보았다. 실감 나는 상황 재연을 위해 교실 창문은 커튼을 치고, 조명은 은은하게 밝혀 교실을 새벽녘 기차역으로 꾸몄다. 아이들 각자 라면을 가져오게 하고 책상을 창 밖으로 향하게 해 편의점 느낌도 내보았다.

아이들은 무거운 가방을 메고 축 처진 어깨로 터덜터덜 걸으며 새벽 4시 광주역에 도착한 호진이가 되었다. 조용히 라면 물을 받고 창 밖을 보고 서서 라면을 먹었다. '아이들이 라면에 더 관심이 있는 것은 아닐까? 그저 재미만 있고 의미는 없는 활동이 되진 않을까?' 의문이 생기기도 했지만 노파심이었다. 아이들은 킥킥거리며 장난스럽게 라면을 먹다가도 새벽녘 가출한 소년의 심정에 대해 이야기를 나눌 땐 마치 자신의 이야기처럼 절절한 감상을 쏟아냈다.

"아무도 자신을 챙겨주는 사람이 없어서 많이 외로웠을 것 같아요."
"돌아가고 싶은 마음도 있고, 화가 난 마음도 있고, 괴로웠어요."

"춥고, 배고프고, 거지가 된 느낌이 들었어요."

공원에서 낮잠 자기

밥을 먹고 나자 한 시간 동안 낮잠을 잔다고 했다. (52쪽)

호진이는 삼촌을 따라 자전거 여행을 떠난다. 다양한 사람들이 모인 '여자친구'(여행하는 자전거 친구)와 함께 국토순례를 시작한 첫날, 광주에서 78킬로미터를 자전거로 달려 곡성에 도착한다. 점심식사 후 여자친구 일행은 체력 보충을 위해 학교에서 낮잠을 자는 장면에는 삽화가 함께 나온다.

동학년 선생님들과 함께 이 장면을 연출해 보기로 했다. 실제로 자전거를 타고 땀을 흘리는 활동을 해 보고 싶었지만 자전거 구비나 시간 확보 등 여러 가지로 어려움이 따랐고, 특히 안전 문제가 걱정이 되었다. 그래서 자전거를 타는 대신 공원을 걷기로 했다. 학교 뒤편에는 넓은 공원이 운동하기 좋게 조성되어 있었다. 이 공원에서 산책을 하고 낮잠을 자는 활동을 하기로 했다.

점심 먹고 공원 산책을 나가니 아이들은 마냥 좋아했다. 공원 한 곳에 모여 책을 읽어주고 활동을 안내했다. 아이들은 자전거를 타는 대신 1킬로미터 정도 되는 공원을 크게 두 바퀴 뛰어서 돌고 난 후 원하는 장소를 찾아 널브러져 낮잠을 잤다. 대부분 낮잠을 자진 못했지만 배부르고 고단했는지 실제 잠을 자는 아이들도 있었다. 바깥 활동 시간을 충분히 확보하지 못해 교실에 와서 소감을 나누었다.

"낮잠 자는 시간이 너무 짧았어요. 다음에는 도시락 싸서 하루 종일 운동하고 밥 먹고 낮잠 자고 싶어요."

친구들과 함께 공원을 산책하고 낮잠을 자는 아이들

"이번에는 걸었으니까 다음에는 진짜로 자전거를 타고 달려보고 싶어요."

"잠이 오지는 않았는데 뭔가 편안하고 따뜻한 기분이 들어서 정말 좋았어요."

"호진이는 자전거를 타고 몇십 킬로미터를 달렸으니 점심 먹고 낮잠 잤을 때 진짜 잠이 잘 왔을 것 같아요."

우리 아이들은 뜀박질이 느린 친구와 어깨동무를 하며 걷기도 하고, 숨이 차오르는 친구와 함께 쉬기도 하며 열심히 걸었다. 그 모습이 참 아름다워 보였다. 잠깐이었지만 우리 아이들은 따뜻한 햇살을 이불 삼아 노곤함을 달래는 시간을 보냈다.

국화차 마시기

여름밤인데도 따뜻한 국화차가 맛있었다. (158쪽)

자전거 순례가 끝나기 사흘 전날 밤, 여자친구 일행은 모닥불을 피우고 국화차를 마신다. 국화차를 홀짝이며 만석 형이 자기의 꿈 이야기를 한다.

이어서 일행들은 자기의 솔직한 이야기들을 꺼내기 시작한다. 학교에서 따돌림을 당해 그만두고 대안학교에 다니는 친구, 사업에 실패한 아저씨, 세계일주를 하는 커플, 중병에 걸려 큰 수술을 앞두고 있는 환자 등 다양한 사연들이 오간다. 호진이는 솔직한 자기의 속마음을 이야기하진 못했지만 그때부터 가족 생각이 간절해진다.

"왜 국화차를 마셨을까요?"

"국화차가 피로를 풀어주나 봐요."

"국화차가 맛있을 것 같아서 골랐어요."

"마트에 갔는데 국화차밖에 없어서요."

왜 국화차를 마셨는지 정확한 이유는 알 수 없었다. 작가를 만나면 물어 보기로 하고 메모해두었다.

우리 반 아이들은 친한 친구들끼리 무리를 지어 지내는 경향이 있고, 몇 달이 지났지만 서로 대화 한 번 나누지 않은 친구들, 소외감을 느끼는 친구들도 있다. 아이들과 진실게임을 하며 서로 더 친밀해지는 계기를 만들고 싶었다.

학생 수만큼 국화꽃을 띄운 국화차를 종이컵에 준비해두었다. 교실 블라인드를 내리고 불을 끄고 모닥불 대신 촛불을 밝혀 은은한 분위기를 만들었다. 아이들은 설레는 듯 소곤거렸다. 진실게임의 규칙은 이렇다. 질문하고 싶은 친구에게 국화차를 건네 질문을 한다. 질문을 받은 친구는 되도록 대답을 해 주어야 하고, 대답하기 곤란한 질문은 그냥 넘어가도 된다. 먼저 내가 국화차 한 잔을 들고 평소 친구 관계로 상담을 많이 요청해왔던 남자아이에게 다가갔다.

"선생님과 상담을 한 것이 너의 행동을 변화시키는 데 도움이 되었니?"

"네, 저도 화를 참으려고 하는데 잘 안 되거든요. 상담하는 게 싫을 때

다 함께 국화차를 마시며 진실게임 하기

도 있지만 선생님과 대화하고 나면 행동이 좀 달라지는 것 같아요."

내 질문을 받은 아이는 상담에 대해 긍정적으로 대답하고 여학생에게 다가갔다. 그런데 뭔가 이상하다. 국화차를 건네는 아이와 받는 아이 간에 묘한 기류가 흐른다.

"혹시 우리 반에 좋아하는 남학생 있어?"

"글쎄… 음… 말 못하겠어."

교사의 의도는 친구간의 안 좋았던 감정이나 갈등을 풀고 친해지는 계기를 만들고자 실시한 진실게임이었는데, 아이들은 평소에 자기가 좋아했던 친구의 마음을 떠보는 기회로 이용했다. 교사의 의도와 다른 방향으로 나아가긴 했지만, 한창 이성에 관심 많을 나이인 아이들의 관심사를 엿볼 수 있었다.

비경쟁 독서토론하기

인상 깊은 구절을 뽑고 이야기 나누는 시간을 가졌다. 동학년이 같은 방식의 토론수업을 진행하려고 했지만, 교사에 따라 토론 내용이 달라지기도 했다. 찬반토론 수업을 한 반도 있고, 우리 반은 자유롭게 생각을 나누기 위해 비경쟁 독서토론으로 진행했다.

인상 깊은 구절에 대해 이야기 나누기

토론을 하기 전에 혼자 다시 책을 읽으며 함께 읽을 때 놓쳤던 것들을 살펴보고 내용을 음미해보는 시간을 가졌다. 혼자 책을 읽는 시간을 충분히 가진 후 모둠별로 인상 깊은 구절이나 장면에 대해 이야기를 나누었다. 모둠별로 공감을 많이 얻은 장면, 함께 나눈 이야기를 전체 아이들에게 소개하는 시간도 가졌다. 아이들이 인상적으로 뽑은 구절과 이유는 다음과 같다.

> "땀은 고민을 없애주고 자전거는 즐겁게 땀을 흘리게 하지. 난 그 기회를 영규한테도 주고 싶어. 내가 남에게 줄 수 있는 건 이것밖에 없어." (174쪽)
>
> - 이유 : 삼촌이 트럭을 훔친 영규 아저씨를 미워하지도 않고 생각해주는 마음이 인상 깊다.
> - 이유 : 나도 가끔 고민이 있을 때 운동을 하면 고민이 없어질 때가 있다. 운동을 계속 하다 보면 힘들어서 쓸데없는 생각도 사라지는 것 같다. 그리고 나는 남에게 줄 게 무엇인지 생각해 보지 않았는데 남에게 줄 게 이것밖에 없다고 생각하는 부분이 인상적이었다.

> "시간이 마법을 부렸다. 십분 전만 해도 죽을 것 같았는데, 지금은 천국에 와 있다."(131쪽)
>
> - 이유 : 나도 자전거를 타고 오르막길을 오를 때는 힘이 들지만 내리막길을 갈 때는 천국 같은 기분을 느낀 적이 있다. 고생을 해도 나중에는 보람을 느낄 수 있는 것 같다.

질문 만들기

인상 깊은 장면에 대해 감상을 나눈 뒤 질문을 만들기를 했다. 그 전에 질문하기의 중요성에 대해 이야기를 해주었다. 질문을 던져야 자기 주도적인 삶을 살 수 있으며, 질문을 하지 않으면 남의 의견을 맹목적으로 따라가는 삶을 살게 된다고 말해주었다. 다양한 종류의 질문을 담은 예시 자료도 보여주며 질문 만들기에 도움을 주었다. 아이들은 질문을 만들고 그 질문을 만든 이유, 그리고 자기 나름대로의 추측과 의견을 함께 정리했다.

> 질문 : 작가는 왜 오진이가 부모님한테 구박받는 내용으로 이야기를 시작했을까?
>
> - 질문을 만든 이유 : 뺨을 때리는 것까지는 너무 심하게 느껴졌는데, 그렇게 심하게 구박받는 장면은 안 넣어도 될 것 같아서.
> - 의견 : 가족과의 갈등 상황을 만들어 가출을 해야 삼촌에게 갈 수 있어서, 아동 학대를 하면 아이가 얼마나 상처받는지 알려주기 위해서.

> 질문 : 오진이 아빠는 왜 회사에서 잘렸을까?
>
> - 질문을 만든 이유 : 가족과 함께할 시간도 없을 정도로 일찍 나가서 늦게 마치고 열심히 일하시는데 왜 잘렸는지 궁금해서
> - 의견 : 술을 많이 마셔서 일을 잘 못할 것 같다, 성격이 소심해서 사람들과 잘 어울리지 못하는 것 같다, 나이가 많아서 잘린 것 같다, 가정에서 엄마랑 사이가 좋지 않아 회사에 가서 짜증을 많이 냈을 것 같다, 회사가 갑이라서 일은 많이 부려먹고 마음대로 자르는 것 같다.

토론하기

질문하기 단계에서 책과 관련된 내용을 충분히 이야기 나누었으므로 토론하기 단계에서는 자기 삶과 연계한 이야기를 나눌 수 있도록 지도했다. 토론을 한 순서는 다음과 같다.

> **모둠별 토론하기 방법**
>
> 1. 모둠에서 개인 토론 주제를 이야기하고 의견을 나누어 모둠 토론 주제를 정한다.
> 2. 각 모둠에서 정한 토론 주제를 4절지의 이젤 패드에 써서 게시한다.
> 3. 모둠 지기만 남고 나머지 모둠원들은 자기가 원하는 토론 주제가 있는 모둠으로 이동한다.
> 4. 새로운 모둠이 정해지고 모둠지기는 토론 주제가 선정된 과정에 대해 설명을 해준다.
> 5. 토론 주제에 대해 자유롭게 의견을 나눈다.

아이들이 뽑은 토론 주제는 다음과 같다.

- 부모님이 싸우시면 나는 어떻게 해야 할까?
- 공부를 하기 싫은데 부모님이 나에게 계속 공부를 강요하면 나는 어떻게 해야 할까?
- 나의 부모님이 이혼하면 나는 어떻게 해야 할까?
- 삼촌처럼 하고 싶은 것만 하고 살 수 있나?
- 무언가 잘못을 했으면 꼭 벌을 받아야 할까?
- 부모 허락 없이 초등학생이 가출해도 되는가?

아이들은 자신이 원하는 토론 주제로 토론을 하니 더 진지하게 몰입하며 경청했다. 토론에서 토론 주제를 잘 뽑는 것이 매우 중요한데, 이것을 어려워하는 아이들이 많다. 이번 수업에서는 책을 읽고 자기 경험과 연결해 보고, 주인공의 마음을 느끼는 시간을 충분히 가져서인지 자기 삶과 연결되는 주제를 잘 뽑고 토론도 활발히 했다.

토론 주제 : 삼촌처럼 하고 싶은 일만 하고 살 수 있을까?

민재 : 나는 삼촌처럼 살고 싶어. 왜냐하면 한 번뿐인 인생인데 자기 맘대로 하고 살아야 한다고 생각해.

정화 : 부모님이 걱정하실 텐데 부모님이 반대해도 그럴 수 있을까?

민재 : 처음에는 부모님을 설득해 보고 안 되면 집을 나가야지.

성현 : 가출하는 게 쉬운 일은 아니잖아. 당장 어디에서 먹고 자고 할 건데? 하고 싶은 일을 하려면 부모님을 설득하는 게 우선이 되어야 한다고 생각해.

희진 : 우리 부모님은 내가 하고 싶은 걸 하라고 하셔. 그런데 내가 아직 뭘 하고 싶은지 잘 모르겠어.

민재 : 나도 꿈이 지금까지 세 번 바뀌었어. 소방관, 축구선수, 프로게이머. 앞으로도 또 바뀔 것 같아. 그때까지는 학교 열심히 다녀야지.

성현 : 난 삼촌처럼 못 할 것 같아. 삼촌은 불량해 보여서 사람들이 무시하고 그랬잖아. 나는 사람들이 나를 그렇게 대하면 너무 속상할 것 같아.

희진 : 삼촌도 처음에는 백수로 살다가 시간이 지나면 돈이 없어서 뭐라도 하려다 보니까 자전거 여행을 하게 된 것 같아. 저렇게 되기까지 많이 힘들었을 거야. 그래도 지금은 멋있어 보여. 나도 다양한 경험을 해 보고 싶어.

정화 : 나는 호진이 아빠처럼 살아도 괜찮을 것 같아. 회사 잘리는 건 안 하고 싶지만, 좋은 회사에 들어가서 승진도 하고 평범하게 사는 것도 나쁘지는 않잖아.

민재 : 그런데 우리나라는 공부를 너무 많이 시키니까 너무 힘든 것 같아. 미래에는 직업도 많이 없어진다고 하고….

희진 : 미래에는 사람들이 다양한 직업을 가질 거야. 내가 뭘 좋아하는지 뭘 잘하는지를 생각해보고 이왕이면 자기가 좋아하는 일을 하는 게 행복할 것 같아.

작가와의 만남 준비하기

작가와 만나는 날이 정해졌다. 아이들과 동학년 선생님들, 아이들과 함께 무엇을 준비하면 좋을지 이야기를 나누었다. 작가와의 만남을 준비하는 시간은 선생도 아이도 무척 설레는 시간이었다. 목각인형으로 주인공을 만들고, 책 속 배경 건물의 조형물도 만들고, 북커버를 꾸미고, 질문 내용을 모아 질문판도 만들었다. 인상 깊은 구절을 전시해 작가가 입장하는 길을 꾸미기도 했다. 아이들은 작품마다 정성을 듬뿍 담으며 작가가 오는 날을 손꼽아 기다렸다.

목각인형은 책 속 등장인물 중 만들고 싶은 인물을 정한 다음 목각관절인형에 밑그림을 그리고 털실 등으로 머리카락을 꾸민 것이다. 아이들은 점토로 헬멧, 자전거 등의 소품도 만들며 자신의 창의력을 한껏 발휘했다. 자기가 창조한 등장인물과 대화를 나누기도 하고, 친구들과 인형극을 벌이며 왁자지껄 신나게 인형을 만들었다.

수학 시간에 배운 직육면체 그리기를 응용해 책 속에 나오는 건물도 만들었다. 마분지에 전개도를 그려 직육면체를 만들고 색을 입히며 건물을 꾸몄다. 호진이가 거지꼴로 당당하게 들어갔던 찜질방, 삼촌 몰래 숨어서 먹은 아이스크림을 팔았던 슈퍼마켓, 자전거 여행의 또 다른 시작을 알려줬던 광수짬뽕집 등이 세워졌다. 목각인형을 건물 위나 앞에 전시했더니 책 속의 장면이 그대로 눈앞에 나타난 느낌이었다.

작가와 만나 이야기 나누기

이제 기다리고 기다리던 작가와의 만남 시간! 그동안 메모해두었던 질문들을 모아 작가에게 직접 물어 보기도 하고, 개별적으로 궁금한 점을 자유롭게 묻고 답변을 듣기도 했다.

학생 1: 이 책 속에는 행복이라는 말이 많이 나와요. 작가님이 생각하시는 행복은 무엇인가요?

김남중: 포기하지 않고 하나하나 산을 넘는 과정에서 주체적인 삶을 살고 자기가 행복할 때를 아는 것이 중요하다고 생각합니다.

학생 2: 우리 학교에 와보니까 느낌이 어때요?

김남중: 새 건물이라 깨끗하고 아이들이 밝고 건강해 보여요.

학생 3: 『불량한 자전거 여행』을 쓰게 된 계기는 무엇인가요?

김남중: 독자들이 재미있게 부담 없이 읽을 수 있는 책이길 바랐고, 가볍게 시작하지만 묵직하게 끝나는 이야기를 쓰고 싶었습니다. 자전거 여행을 다니면서 만난 여러 아이들의 모습에서 '호진'이라는 인물이 떠올랐습니다.

학생 4: 자전거는 왜 좋아하게 됐어요?

김남중: 처음으로 자전거를 사고 자전거 타기를 성공했을 때, 자전거와 함께 나는 듯한 그 느낌을 잊을 수가 없었어요. 그다음부터 자전거를 계속 좋아하게 됐지요.

학생 5: 자전거와 책 쓰기 말고 다른 취미활동은 없으신가요?

김남중: 아들과 같이 잘 놀아요. 시간이 날 때마다 아이들과 노는 것이 취미활동인 것 같아요.

학생 6 : 자전거는 작가님께 어떤 의미예요?

김남중 : 작가가 되기 전 몇 가지 직업을 거쳤는데 자전거를 타고 출퇴근을 했어요. 그때 속도가 달라지면 보이는 풍경도 달라진다는 것을 깨달았습니다. 자전거는 강물과 불빛, 사람들을 관찰할 수 있게 해주었고 숨통을 트이게 해줬어요.

학생 7 : 『불량한 자전거 여행』 뒷이야기는 어떻게 되나요?

김남중 : 많은 독자들이 뒷이야기를 묻거나 책으로 써달라고 요청을 해왔어요. 독자들의 성원에 힘입어 2권을 썼습니다. 호진이가 엄마 아빠와 다시 만난 반가움도 잠시, 세 가족의 분위기는 여전히 냉랭합니다. 하지만 호진이는 포기하지 않고 엄마 아빠와 부산에서 서울까지 자전거 여행을 계속하며 문제를 해결해가는 이야기입니다.

학생 8 : 어떻게 해서 작가의 꿈을 이뤘나요?

김남중 : 어릴 적 아름다운 동화를 읽을 때마다 나도 이런 글을 써보고 싶다는 소망을 가졌어요. 하지만 꿈을 위해 나와 내 가족의 인생을 걸 만큼 이상적이지는 않았기에 회사를 다녔고 열심히 일을 하면서 내 몫의 책임을 다했지요. 직장을 다니면서 조금씩 글을 썼는데 선택이 필요한 순간이 왔어요. 누군가 등 떠밀어서 허우적대기보다 스스로 박차고 나올 때 더 중심을 잡을 수 있겠다고 판단해 직장을 그만두고 작가의 꿈을 이뤘지요.

김남중 작가는 아이들 질문에 일일이 정성스레 대답을 해주었다. 강의 시간이 한 시간도 넘게 초과됐지만 아이들은 질문이 있다며 계속 손을 들었다. 겨우 마지막 질문을 받겠다고 할 무렵, 평소에 질문을 하지 않았던 아이가 손을 들었다. 그 아이는 조심스레 입을 열어 질문을 했다. "얼마 벌

1. 작가님과 힘차게 팔씨름 한 판! 2. 목각인형으로 만든 주인공들 3. 인상깊은 구절 전시하기
4. 책 속 배경건물과 목각인형

어요?" 예상 외의 질문에 교사도 아이들도 많이 당황했다. 초등학생답지 않은 질문에 몇몇 아이들은 부끄러워하기도 했고, 나 역시 민망함을 감출 수 없었다. 그러나 작가는 차분하고 친절한 목소리로 자신의 삶을 이야기해줬다.

"회사를 그만두고 동화작가가 되었을 때는 돈을 많이 못 벌어서 힘든 시절도 있었어요. 지금은 그래도 벌이가 좀 나아졌지만, 돈을 많이 못 벌어도 꿈을 이뤄서 행복한 마음이 더 큽니다. 지금은 돈을 많이 벌어서 부자가 아니라 하고 싶은 일을 하면서 여유롭게 사는 시간 부자가 되었지요."

작가의 정성스런 답변을 들으며 세상에 좋은 질문, 나쁜 질문이 있다는 편견이 깨졌다. 아이들의 모든 생각을 존중하는 작가의 태도에 감동을 느꼈다. 김 작가는 마지막으로 "동화 작가는 책 속 삼촌처럼 아이들의 삶을 더욱 재미있고 풍요롭게 만들어주는 역할을 하는 사람"이라고 말하며 앞으로 더 많은 이야기를 들려주고 싶다고 했다. 작가가 실제로 경험한 자전거 여행 사진을 보여주며 이야기를 들려주니 아이들은 자기도 동참하고 싶다고 난리가 났다. 멋진 어른을 만나 궁금한 것을 직접 묻고 들으며 대화를 나누는 행복한 시간이었다.

소감 나누기

우리의 속도로 달려온 책 여행이 끝났다. 달려오는 중간 중간에도 많은 이야기를 나누었지만 책과 아쉬운 작별을 하는 순간 지나온 날들을 되돌아보며 소감들을 나누었다.

"다양하고 재미있는 활동을 많이 해서 재미도 있고 주인공의 마음도 잘 느낄 수 있었어요. 혼자 읽었다면 이렇게 재미있게 읽진 못했을 거예요.

함께 읽으니까 더 감동적으로 느껴졌어요. 이 책은 오랫동안 간직할 것 같아요."

"수업 내내 딱딱한 공부가 아니라 즐거운 공부를 한 것 같아요. 국어 시간에 항상 이렇게만 공부하면 좋겠어요. 저는 책 읽기도 싫어하고 글쓰기도 싫어하는데 책 읽기가 좋아졌어요."

"작가님을 직접 만나보는 게 처음이었는데 너무 신기하고 좋았어요. 이 책은 재미도 있고 감동도 있어서 좋아요. 2권이 나온다고 하는데 뒷이야기가 너무 궁금하고 책이 나오면 꼭 살 거예요."

"작가님이 사인해줄 때 스무 살에 만나자고 하셨는데 스무 살이 되면 꼭 작가님과 자전거 여행을 떠나고 싶어요."

책 여행을 떠나며 개성 있는 다양한 사람을 만났고, 나와 같거나 다른 생각을 자유롭게 이야기했다. 아이들은 어느새 가족을 생각하고 다른 사람을 이해하는 마음의 크기도 커져 훌쩍 성장한 모습이다. 자전거 여행을 하며 성숙해진 호진이처럼 우리도 책 읽기 여행을 하며 함께 성장했다.

감동으로 가득했던 한 권 읽기 수업

동학년 선생님들과 함께 책을 읽으며 자료도 찾고 준비했던 과정이 많이 기억에 남는다. 아이들도 즐겁게 활동에 임해서 재미와 감동이 넘치는 시간들이었다. 오래 기억에 남을 행복한 추억들은 덤이다.

우리 아이들은 고학년이지만 아직 정적인 수업보다는 몸을 움직이는 활동적인 수업, 놀이처럼 즐기는 재미있는 수업을 할 때 눈을 반짝이고 열성적으로 참여한다. 그러니 한 권 읽기 수업을 고민하는 교사들에게도 놀이처럼 즐기는 수업을 꾸려 보라고 권하는 바다. 너무 천천히 책을 읽으면 샛

길로 새거나 내용에 대한 몰입도와 감동이 떨어질까 봐 걱정이 되기도 했다. 하지만 다양한 놀이와 함께 책을 읽으니 아이들도 책에 흠뻑 빠져 여운을 즐겼다.

책을 읽고 자유롭게 이야기를 나누고 토론을 하면 생각의 깊이도 깊어진다. 재미와 함께 깊이도 챙겨갈 수 있으니 일석이조 아닐까? 물론 아이들이 충분히 공감하고 재미를 느낄 만한 책을 고르는 것이 가장 중요하다.

활동 소감을 들어보면 한 권 읽기를 하는 이유가 아이들의 입에서 자연스레 나온다. 정도의 차이는 있지만 한 권 읽기를 하고 나면 책을 소중히 여기고, 책 읽기를 좋아하게 된다. 한 권 읽기의 경우 단체로 책을 구입할 수 있으면 좋지만 각자가 책을 구입하는 것도 의미가 있다. 아이들은 자신의 책에 밑줄을 긋고 느낌을 꼼꼼히 기록하며 자기만의 소중한 보물을 만든다.

이번 수업은 함께 읽기를 경험하고, 개별 독자가 되며, 다른 사람과 좋은 관계를 맺고 풍요로운 삶을 위한 기초를 다진 시간들이었다.

■ 함께 읽으면 좋은 책

『불량한 자전거 여행 2』(김남중 지음, 문인혜 그림, 창비, 2019)
『걸어서 할머니 집』(강경숙 지음, 이나래 그림, 웅진주니어, 2018)
『오늘부터 공부 파업』(토미 그린월드 지음, 허현경 그림, 정성민 옮김, 책읽는곰, 2017)
『켄즈케 왕국』(마이클 모퍼고 지음, 김난령 옮김, 풀빛, 2001)

5학년 고전소설

흥부전, 아이들의 심술보를 터뜨리다!

『흥부전, 부를 탐하다』

하인숙 대암초등학교 교사

애니메이션 〈알라딘〉은 미국에서 제작되었지만 아랍을 대표하는 고전 『천일야화』에서 이야기를 가져온 작품이다. 오랜 세월 그 가치를 인정받은 고전이나 옛이야기는 오늘날 새롭게 변주되고 재탄생하면서 문화의 원천이자 뿌리 역할을 톡톡히 하고 있다.

마침 교사 독서 모임에서 고전 읽기를 수업에 적용해 보자는 이야기가 나온 터라 아이들에게 우리 고전을 제대로 읽어보게 하면 어떨까 하는 생각이 들었다. 누구에게나 잘 알려진 유명한 고전이라 해도 아이들이 책으로 접해본 경우가 드물었다. 한 권 읽기 수업을 하기 전에 『홍길동전』, 『춘향전』, 『흥부전』 등의 고전을 살펴보았다. 『흥부전』은 5학년이 이해하기에 어렵지 않은 내용이고, 너무나 유명해 잘 알고 있는 듯하지만 막상 원전에 가까운 책을 읽어보지 못한 아이들이 많았다. 단순히 권선징악의 주제뿐만 아니라 다양한 상징과 시대상을 담고 있어서 수업하기 좋은 고전이라는 생각이 들었다. 우리 아이들이 초등학교를 졸업하기 전에 『흥부전』만이라도 제대로 알고 있으면 좋겠다는 생각도 들었다.

『흥부전, 부를 탐하다』 살펴보기

흥부전, 부를 탐하다

흥부전

『흥부전, 부를 탐하다』(최문예 지음, 최지경 그림, 휴이넘, 2011)는 열두 살 초등학생이 읽기에 글밥이 적당하고 어려운 한자어는 쉽게 풀어냈으며, 리듬감이 살아 있어 낭송하기에도 좋았다. 『흥부전』을 당대의 역사적, 사회적 상황에 맞게 새로운 시각으로 해석하려는 점이 돋보였다. 임진왜란과 병자호란 이후 조선 후기 사회의 경제적 문제, 흔들리는 신분사회, 상속 제도의 변화 등의 정보도 제시해 당시 시대상 이해에 많은 도움을 준다. 흥부가 성품은 착하지만 경제적으로는 무능하다고 비판하는가 하면, 욕심 많고 이기적인 놀부는 경제활동에 있어서 성실하고 끈기 있는 모습을 보여줬다는 식의 새로운 해석이 흥미로웠다.

　이 책과 함께 '국어시간에 고전읽기' 시리즈의 『흥부전』(신동훈 지음, 김혜란 그림, 휴머니스트, 2013)에서 리듬이 살아 있는 대목을 랩이나 판소리처럼 따라하며 고전과 판소리의 흥겨움을 맛보는 수업을 시도했다.

『흥부전』 읽기 흐름

배움 주제	'흥부전'을 읽으며 우리 조상들의 풍자와 해학 정신 맛보기

수업 흐름
(18차시)
	읽기 전(1차시)
	• 흥부전 마당극 동영상 보기
	  – 수업시간에 짧게 볼 수 있는 분량의 동영상으로 준비하기
	• 책 표지 살펴보고 내용 예측하기
	• 책 읽기 계획 안내하기
	
	읽는 중(11차시)
	• 교사와 학생이 판소리 운율을 살리며 책 낭송하기
	• 흥부네 자식들 이름 지어주기
	• 판소리 감상하고 따라해 보기
	  – 박동진 명창의 〈흥보가〉, 조상현 명창의 〈화초장 타령〉 동영상 보기
	• 읽으면서 질문하고 생각 나누기
	  – 독서록, 포스트잇을 활용해 읽으면서 든 생각이나 느낌 수시로 기록하기
	
	읽은 후(6차시)
	• 흥부전 최고의 장면 뽑기
	  – 최고의 장면 그림으로 그려 보기
	• 작가가 되어 놀부 골탕 먹이기
	• 이야기 바꿔 쓰기
	• 인물이 추구하는 삶 이야기 나누기
	  – '내가 만약 흥부 혹은 놀부였다면?' 어떤 선택을 할지 생각해 보기
	• 활동 마무리 및 소감 나누기

마당극 동영상을 보며 흥부전 맛보기

책을 본격적으로 읽기 전에 아이들의 흥미와 수준에 맞는 판소리 동영상을 골라 수업 시간에 짧게 보여주었다. 한국민속촌에서 진행한 퓨전마당극 〈놀부네 박 터졌네〉 동영상이 분량도 적당해서 함께 보기에 좋았다. 관객과 호흡하며 익살스럽게 꾸민 마당극을 보면서 아이들도 흥겨워했다.

표지 살펴보고 내용 예측하기

책 표지를 보며 등장인물이 주는 느낌을 말해보게 했다. "놀부는 황금색 좋은 옷을 입고 배불리 먹는 것 같아 부자인 것 같지만 심술궂어 보여요." "흥부는 가난하지만 표정이 행복해 보여요." "흥부가 박을 타면서 엽전이 쏟아져 나오는 그림이 있어서 부자가 될 것같아요." 등의 의견을 말했다.

『흥부전』은 신분질서가 흔들리고 사회 전반에 큰 변화가 나타난 조선 후기에 쓰인 작품으로 추측된다. 아이들에게 이러한 시대적 배경을 설명해주면서 2학기에 배우는 역사 과목과도 관련이 있으니 좀 더 주의깊게 읽어보자고 하자 사뭇 진지한 태도를 보였다.

책을 펼치면 앞부분에 인물 소개가 나온다. 이 부분은 내용을 읽기 전에 편견을 심어줄 수 있어서 건너뛰고 책을 다 읽고 나서 아이들이 인물의 삶에 대해 스스로 판단을 내려 보도록 안내하고자 했다.

판소리 운율을 살리며 낭송하기

이야기의 시작 부분은 '국어시간에 고전읽기' 시리즈의 『흥부전』을 소리 내어 읽어주었다. 청소년용 책이라 어휘 설명이 필요하지만, 판소리 운율을 잘 살리고 있어 놀부가 심술부리는 대목을 리듬감 있게 읽어주기 좋았다. 익살스러운 장면이 계속되자 아이들은 눈을 빛내며 이야기에 금세 몰입했다.

> 똥 누는 놈 주저앉히고 곱사등이는 뒤집어 놓고 / 앉은뱅이 택견하고, 엎어진 놈 뒤통수 치고 / 비단가게에 물총 쏘고, 고추밭에서 말 달리기 / 가문 논에 물 빼내기, 장마 논에 물 대기 / 애호박에다 말뚝 박고, 이삭 팬 벼 포기 째 뽑기 / 된장 그릇에 똥 싸기, 간장 그릇에 오줌 싸기
>
> ―『흥부전』, 14쪽

놀부가 심술부리는 대목을 적나라하게 읽어주기는 힘들고 내용을 적당히 걸러 읽어 주었다. 놀부의 심술이 상상 초월이라 아이들은 눈살을 찌푸리기도 하고 조금 충격을 받기도 했다. 하지만 자극적이고 익살 넘치는 장면에서 아이들은 박장대소를 하며 흥미를 보였다. 교사의 융통성 있는 지도가 필요한 대목이라 할 수 있다.

다섯 번째 박을 타는 놀부에게 한 일꾼이 '박'이라는 말을 이용해 은근히 꾸짖는 대목이 있는데, 이 대목도 『흥부전』에서 가져왔다. 나와 아이들이 한 구절씩 서로 메기고 받고, "어여류 톱질이야~"는 모두 함께 낭송하며 재미

있게 읽었다. 북채로 리듬을 치면서 '박' 자를 강조하면 그 맛이 제대로 살아난다. 교사와 학생이 함께 주거니 받거니 하면서 낭송하는 이 대목은 파워포인트로 만들어 화면에 띄워 함께 보면서 낭송하면 읽기가 훨씬 편하다.

> 남의 말을 대고 타박, 형제간에 몹시 구박 / 어여류 톱질이야.
> 흥부 씨의 심은 박은 제비 은혜 받는 박이요. / 어여류 톱질이야.
> 놀부 놈의 심은 박은 제비 원수 받는 박이라. / 어여류 톱질이야.
> 걸인 나와서 아주 협박, 놀부 처지가 하도 민박 / 어여류 톱질이야.
> 악박하게 모은 재물, 부서지기가 촉박이라 / 어여류 톱질이야.
>
> — 『흥부전』, 140쪽

흥부네 자식들 이름 지어주기

"선생님, 어떻게 아이를 스물아홉 명이나 낳을 수 있어요? 흥부 아내는 도대체 몇 년이나 아이를 뱃속에 가지고 있었던 거예요?"

흥부는 자식이 너무 많아 이름도 제대로 붙여줄 수가 없었다. 그나마 처음에는 '갑실이, 을실이, 병실이' 등으로 부르다가 나중에는 부를 이름이 없어 '껌둥이, 발발이, 살살이' 같은 강아지 이름으로 불렀다.

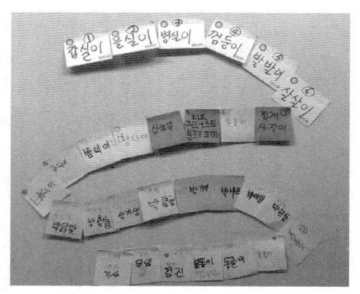

흥부 자식들 이름 지어주기

이 장면에서 읽기를 멈추고, 흥부네 아이들 이름 붙여주기 활동을 해 보았다. 모둠을 나누어 붙임 쪽지를 나눠주고 함께 의논해 이름을 지어 보자고 했다. 이름 붙여주기를 해 보니 자식이 참으로 많다는 것을 실감할 수 있었다. 어느 모둠은 '덕이' 돌림자를 사용해 '방덕이, 감덕이, 배덕이' 등으로 이름을 붙였고, 어떤 모둠은 한글 시리즈로 '박기역, 박니은, 박디귿' 등으로 이름을 붙였다. 어떤 모둠은 '치즈 크러스트 불고기 피자'로 붙이기도 했다. 이름을 붙인 이유가 아이가 태어날 때 흥부가 '치즈 크러스트 피자'를 먹고 싶어서라고 설명을 하니 불쑥 다른 아이가 외쳤다. "야, 그때 피자가 어디 있노!" 모두들 한바탕 웃음을 터뜨리며 재미있게 이름 붙이기를 마무리했다.

판소리 감상하고 따라 해보기

책만 읽으면 지루할 수도 있어서 책을 읽는 중간에 판소리 동영상을 다시 보기도 했다. 박동진 명창의 〈흥보가〉와 조상현 명창의 〈화초장 타령〉 동영상을 보았다. 조상현 명창의 〈화초장 타령〉은 가사가 재미있고 창의적이며 랩처럼 현란해 요즘 아이들의 정서와도 잘 맞았다. 아이들은 박장대소를 하고 판소리 가사를 따라 하며 재미있게 동영상을 시청했다.

〈화초장 타령〉은 부자가 된 흥부의 사연을 들은 놀부가 흥부 집에 쫓아가 화초장을 빼앗아 돌아가는 장면을 묘사한 가사다. 화초장 이름을 까먹지 않으려고 계속해서 되뇌는 놀부의 모습이 웃음을 자아낸다.

판소리 명창들은 나이 든 분들이 많았는데 아이들은 나이가 들어도 멋드러지게 소리를 하는 모습에 감탄하며 우리 판소리의 매력을 제대로 만끽했다.

"화초장, 화초장, 화초장, 화초장. 화초장을 얻었네. ~ 화초장, 화초장, 화초장, 화초장."

그러다 개울가를 건너다가 이름이 헷갈리기 시작했다.

"초장화? 아니지. 장화초? 아이구머니, 이름을 잊어버렸네! 이것이 무엇이냐? 초화장? 장초화? 화장초? 그것도 아닌 것 같고. 천장? 방장? 구들장? 아니지, 아니야. 된장? 간장? 고추장? 허허, 이것도 아닌데. 고추장? 고추장, 고추장. 아니지. 비슷한데 이것도 아니야. 집에 가서 마누라한테 물어보는 수밖에."

— 『흥부전, 부를 탐하다』, 113~114쪽

몇몇 아이들은 쉬는 시간에도 〈화초장 타령〉을 흥얼거리기도 했다. 중독성 있는 가사가 아이들 입에 계속 맴도는 모양이었다. 또 평소 흥이 많은 지훈이는 판소리 동영상을 보며 "얼~쑤!" 추임새를 멋들어지게 넣더니, 학기말에 열린 학예회에서 민요창을 부르기도 했다. 마치 판소리 신동처럼 유창하게 노래한 지훈이는 학부모와 친구들에게 박수갈채를 받았다.

학예회에서 민요창을 멋들어지게 부르는 모습

읽으면서 질문하고 생각 나누기

『흥부전, 부를 탐하다』에서 흥부네 아이들이 긴 멍석 천에 구멍을 내어 얼굴만 내밀고 있는 장면이 나온다. 배가 고픈 자식들이 각자 먹고 싶은 것을 어머니에게 말하는데, 큰아들은 대뜸 장가나 보내달라고 능청을 떤다. 이 대목에서 아이들은 폭소를 터뜨렸다. 찢어지게 가난한 흥부네 가족들이 오순도순 사는 모습은 슬프지만 웃음을 자아내기도 한다. 요즘 아이들에게도 재미있게 다가왔는지 아이들은 이 장면을 가장 재미있는 장면으로 뽑았다. 한 아이는 이 장면을 보고 질문을 했다.

"선생님, 흥부 큰아들은 수염이 듬성듬성 났다고 하는데 몇 살쯤에 수염이 납니까?"

"보통 고등학생이나 대학생쯤에 수염을 밀어야 할 정도로 자라지."

"아 그럼 저도 수염이 나려면 한참 멀었네요."

가족을 먹여 살리기 위해 매품팔이를 하는 장면에서도 다양한 질문과 의견이 나왔다. "죄를 지은 사람은 따로 있는데 왜 다른 사람이 대신 매를 맞아줘요?" 하는 질문부터 "아무리 집이 가난하지만 매품팔이까지 하는 흥부가 불쌍해요."와 같은 반응, "왜 흥부는 놀부에게 반항하지 않을까요?" "흥부가 돈을 벌 수 있는 적절한 방법을 없을까?" 등의 대안 모색까지 아이들의 생각은 참 다양한 방향으로 뻗어갔다.

책을 읽을 때의 순간적인 감동이나 생각, 질문을 잘 포착하기 위해 다양한 메모를 활용하면 좋다. 아이들은 책을 읽으면서 독서록, 붙임쪽지(포스트잇) 등을 활용해 순간순간의 느낌이나 생각, 질문 등을 기록해나갔다. 이런 기록들은 책을 다 읽은 후에 내용을 되돌아보거나 토론 주제를 찾을 때에 활용하기 좋다.

최고의 장면을 그림으로 표현하기

흥부전 최고의 장면 뽑기

책을 다 읽고 나서 붙임쪽지를 활용해 인상 깊은 장면을 뽑았다. 아이들이 가장 인상적으로 뽑은 장면 1위는 '놀부가 심술 부리는 장면', 2위는 '밥 주걱으로 흥부가 뺨을 맞는 장면', 3위는 '흥부네 자식들이 멍석 옷에 구멍을 내어 얼굴만 내밀고 있는 장면'과 '놀부가 화초장 메고 가는 장면'을 뽑았다.

아이들 각자가 생각하는 인상적인 장면을 미술교과와 연계해 그림으로 표현하는 활동을 해 보았다. 아이들은 높은 집중력으로 장면을 그리는 데 열성을 보였다. 주로 놀부 심술 장면을 많이 표현했고, 흥부의 남루한 모습을 표현한 아이도 있었다. 아이들이 그린 그림에는 작품의 익살스러움이 고스란히 묻어나 웃음을 자아냈다.

작가가 되어 놀부 골탕 먹이기, 이야기 바꿔 써 보기

"사실 놀부보다 더 심술보가 대단한 사람이 있어. 누구일까?"

"……."

"그 사람은 바로 지은이야."

"와, 맞아요!"

"놀부 뺨치게 놀부를 골탕 먹이는 지은이처럼 여러분들이 만약 지은이라면 놀부를 어떻게 골탕 먹이고 싶은지 같이 생각해 볼까?"

책을 다 읽고 나서 아이들이 직접 작가가 되어 놀부를 골탕 먹이는 방법을 생각해보자고 했다. 아이들은 그야말로 기발하고 다양한 '놀부 골탕 먹이기' 방법을 내놓았다. 흥부전인지 놀부전인지 감이 안 잡힐 정도로 놀부에게 몰두했다. 아이들이 고안한 '놀부 골탕 먹이기' 방법은 다음과 같다.

> **놀부 골탕 먹이는 방법**
> - 놀부가 박을 타면 또 박이 나오고, 그 박을 타면 또 박이 나오고, 그 박을 타면 또 박이 나오고…
> - 박을 탈 때 물폭탄이 터져서 물 폭포 세례 맞기
> - 박을 탔는데 놀부가 '옹고집전'처럼 여러 명이 나와서 모두 자기 재산이라고 우기며 놀부 재산을 빼앗아 가버림
> - 놀부에게 당한 사람들이 모두 박에서 나와서 자기가 당한 그대로 돌려주기 (오박에 말뚝 박기, 불알 까서 실 묶어 당기기, 똥 누고 있을 때 주저앉히기, 뛸 때 발 걸기 등)
> - 박을 탔는데 아무것도 없고 방망이로 누가 뒤에서 머리통을 한 대 툭 치기에 뒤돌아보니 아무도 없고, 다시 돌아서면 뒤통수 때리고 뒤돌면 아무도 안 보이고…

아이들이 신이 난 분위기를 타 이야기 바꾸기 활동도 해 보았다. '등장인물 성격 바꾸기, 이야기의 시대배경 바꾸기, 결말이나 사건 바꾸기, 이야

기에 나오는 인물이나 물건 바꾸기' 등의 방법에 대해 설명해줬다.

한 아이는 현대로 시공간을 옮겨 이야기를 꾸몄다. 21세기의 흥부 부부는 돈 버느라 많은 자식들을 일일이 돌봐줄 수 없었다. 그 틈을 타서 어린 자식이 학원을 땡땡이 치고 오락실에 가 있는데 큰 형이 동생을 찾아내 혼을 내고 학교에 보낸다는 내용이었다. 또 한 아이는 흥부네 자식이 사실은 스물아홉 명이 아니라 서른 명이라며 거기에 얽힌 이야기를 지어냈다.

몇백 년 전에 지어진 이야기가 오늘날 우리 반 교실에서 살아 꿈틀대고 있었다. 작가가 되어 이야기를 바꾸고 꾸미며 써 본 아이들은 다음과 같은 질문을 해왔다.

"선생님, 도대체 흥부전은 누가 썼어요? 진짜 대단해요!"

"흥부전은 작자 미상이야. 처음에 누가 썼는지 알 수 없고 또 작가가 여러 명이라고도 할 수 있지. 처음에 누군지 알 수 없는 이가 지은 이야기가 재미있어서 사람들의 입에서 입으로 전해지고, 이야기꾼이 사람들을 모아서 들려주었을 거야. 또 소리꾼이 그걸 판소리로 불러서 사람들을 울고 웃기며 살이 보태지고 다시 판소리 소설로 탄생한 것이지. 여러분이 지금 재미나게 지은 이야기는 21세기판 흥부전이라고 할 수 있지 않을까? 그러면 여러분도 흥부전의 작가가 되는 셈이야. 멋지지 않아?"

흥부와 놀부, 그들이 살아가는 방식

국어교과서에 학습 주제로 '인물이 추구하는 삶 알아보기'가 나온다. 하지만 아이들에게 '인물이 추구하는 삶'을 알아보자고 하면 이해를 하지 못한다. 너무 추상적이기 때문이다. 아이들이 이해하기 쉽게 질문을 해 보았다.

"얘들아, 너희들이 만약 흥부라고 해 보자. 어느 날 갑자기 같이 살던

형이 돈 한 푼 안주고 집에서 내쫓는다면 어떻게 할 것 같아?"

"안 되지요. 황당해요. 형이라고 그러는 법이 어디 있어요?"

"그러면 놀부의 입장에서 돈도 열심히 모으지 않고 자식들 줄줄이 낳고 얹혀사는 동생 부부를 계속 보살펴줘야 할까?"

"그건 아닌 것 같아요."

"선생님, 놀부는 부모님 유산을 받았을 건데 흥부는 유산을 받지 않았나요?"

"흥부가 상속받은 재산을 놀부가 다 가로챈 거 아닌가요?"

이런 질문들이 나와 자연스럽게 당시 사회와 오늘날의 상속 문제도 자료를 찾아보며 이야기 나누기도 했다.

"흥부전이 쓰여진 조선 후기에는 주로 조상에게 제사를 지내는 장남에게 재산을 많이 물려 주었단다."

"놀부가 부모님의 유산을 받았다면 흥부를 보살펴 주어야 한다고 생각합니다."

"아무리 놀부가 유산을 많이 받아도 흥부처럼 저렇게 자식 많이 낳으면 도저히 먹여 살릴 수가 없을 것 같아요. 제가 놀부라도 흥부 가족을 보살펴주긴 힘들었을 거예요."

"그래도 동생을 돈 한 푼도 안 주고 갑자기 쫓아내는 것은 나빠요."

"부모에게 차별받으며 자라고 재물을 열심히 모으려고 알뜰하게 사는 놀부의 행동을 꼭 탓할 수는 없을 것 같아요."

"흥부는 자식은 많이 낳으면서 제대로 먹여 살리려고 노력을 하진 않는 것 같아요."

아이들은 흥부와 놀부의 행동을 선과 악으로 규정짓지 않고 지금의 관점에서 여러 가지 의문을 제기했다. 또 그렇게 괴롭히던 놀부가 쫄딱 망해 찾아왔을 때 흥부는 왜 용서해주었는지 의아해하며 역시 흥부의 심성이 착하다는 결론을 내렸다.

친구들과 한바탕 수다를 떨듯이 이야기를 나누다 보면 인물의 삶에 대해 더 가까이 다가가게 되고, 인물이 처한 환경에 대해서도 생각해보게 된다. 인물이 추구하는 삶의 태도를 학습지에 정리해 보게 했다. 처음에는 현실적이고 조금은 세속적인 관점에서 흥부를 평가했지만, 나중에 흥부에 대해 '가난하고 생명을 존중하고 형제를 챙길 줄 아는 따뜻한 사람이며, 욕심이 없고 먹고 살 수 있는 만큼만 가지면 된다고 생각하는 사람'이라고 결론을 내렸다. 놀부에 대해서는 '돈을 많이 모으려 노력하고 부자가 최고라고 생각하며, 심술이 많고 자기 욕심만 채우느라 남을 배려하지 않는 이기주의자'라고 정의했다.

마지막으로 "나는 부자이지만 심술궂은 놀부와 가난하지만 착한 흥부의 삶 중 누구를 선택할 것인가?"에 대해 물었다. 아이들의 반응은 예상 외의 것이었다. 옛날에 태어났다면 흥부보다 놀부의 삶을 선택할 것이며, 현대에 산다면 흥부의 삶을 선택해도 괜찮겠다고 대답을 했다. 그만큼 가난하고 고달픈 삶에 대한 아이들의 두려움이 컸나 보다.

잘 알고 있는 고전도 이렇게 재미있구나!

흥부전을 읽고 나서…
- 놀부 심술 대목이 대박이었다. 만약 요즘 시대에 살았다면 놀부는 법으로 처벌받아 감옥에 가지 않았을까?
- 집에 있던 간단한 흥부전을 읽을 때는 몰랐는데 이렇게 긴 책으로

> 선생님과 함께 읽으면서 이야기도 나누니 훨씬 더 재미있었다.
> - 흥부 자식들이 멍석 옷을 입고 대화 나누는 부분이 참 재미있었고 친구들이 바꾼 이야기가 재미있었다.
> - 흥부처럼 착하게 살아야 복을 받는다는 것을 알았다. 나에게도 박씨 같은 것이 생기면 좋겠다.

긴 시간 『흥부전, 부를 탐하다』를 읽고 마무리하면서 아이들이 적은 소감이다. 아이들은 대체로 고전과 판소리가 주는 재미에 푹 빠진 듯했다. 바쁘게 달려오다 보니 『흥부전』의 작품 주제인 '권선징악'과 관련해 더 이야기를 나누었더라면 하는 아쉬움이 남는다. 또 가난하게 살고 싶지 않다는 요즘 아이들의 욕망도 엿볼 수 있었다. 그러나 착한 일을 해야 복을 받는다는 보편적인 가치가 아이들 마음속에 뿌리 내렸으리라 생각한다.

『흥부전』에는 가난하고 힘든 상황 속에서도 웃음을 잃지 않으려 하는 민중들의 긍정성과 유쾌함이 깃들어 있다. 아이들과 함께 읽으며 여러 가지 활동을 해 보니, 『흥부전』은 참으로 작가의 상상력이 뛰어나고 흥미진진한 고전이며, 아이들에게 상상력과 창의력을 심어주는 탁월한 교재라는 생각이 들었다. 놀부의 심술 장면이나 제비 몰이 장면, 박타령 장면 등 책의 곳곳에 독창적이고 기발한 이야기가 숨겨져 있어서 아이들의 호기심과 상상력을 자극했다.

왜 우리 고전들이 오랜 시간 살아남아 사람들에게 읽히고 새롭게 해석되며 여러 문화 형태로 재탄생했는지 어렴풋이 느낄 수 있었다. 앞으로 아이들과 함께 고전의 재미를 느끼며 상상력을 키우는 탐험의 시간을 더 누려보고 싶다.

■ 함께 읽으면 좋은 우리 고전

『홍길동전』(정종목 지음, 이광익 그림, 창비, 2003)
『홍길동전』(김남중 지음, 윤정주 그림, 웅진주니어, 2013)
『홍길동전, 세상을 뒤집다』(이영민 지음, 김순영 그림, 아이세움, 2011)
『홍길동전』(허균 지음, 박윤규 엮음, 네버엔딩스토리, 2011)
『암행어사 박문수전』(박현숙 지음, 윤정주 그림, 한겨레아이들, 2009)
『박문수전』(정종목 지음, 이철민 그림, 창비, 2007)
『박문수전』(박효미 지음, 최미란 그림, 웅진주니어, 2017)
『전우치전, 세상을 비웃다』(이은서 지음, 임미란 그림, 휴이넘, 2013)
『전우치전』(김남일 지음, 윤보원 그림, 창비, 2006)

자기 이야기로
수다꽃 피우는
독서수업

『돌 씹어 먹는 아이』

박경미 풍호초등학교 교사

올해 6학년 아이들은 독서 단원을 처음 접한다. 그래서 1학기 한 권 읽기 도서로 호흡이 긴 장편 동화보다는 단편 동화로 가볍게 시작했다. 온라인 서점에 '단편 동화' 또는 '동화집'이라고 검색하면 목록이 잘 나오지 않는다. 그러나 잘 찾아보면 동화집이 의외로 많다.

동화집은 다양한 주제를 다룬 짧은 이야기가 여러 편 실려 있다는 점에서 매력이 있다. 마음에 드는 동화집을 찾으려면 직접 읽어보는 수밖에 없다. 교사들마다 작품 고르는 기준이 다르겠지만, 난 다음 몇 가지에 주목한다. '우리 반 아이들이 공감할 만한 이야기인가?' '우리 반 남학생과 여학생 모두가 흥미 있어 할 만한가?' '평소 책을 즐겨 읽지 않는 아이들도 관심 있어 할 만한가?'가 바로 그것이다.

아이들은 책 속 이야기가 자기 삶과 맞닿아 있어야 공감한다. 아이들이 공감하기 힘든 이야기는 함께 읽고 이야기를 나누기가 어렵다. 심리를 깊이 있게 다룬 이야기는 남학생들이 이해하기 어려워했고, 역사, 판타지, 추리 장르는 아이들마다 선호도 차이가 컸다.

평소에 책을 싫어하는 아이들도 포섭할 수 있는 이야기가 단순히 읽기 쉽고 재미를 추구하는 이야기여야 하는 것은 아니다. 함께 읽고 이야기를 나눌 책은 아이들의 평균 독서 수준보다 높아도 괜찮다. 궁금한 것은 선생님에게 묻고, 이야기를 나누면서 혼자 읽을 때는 잘 몰랐던 것들을 하나씩 알아가는 재미가 쏠쏠하기 때문이다. 그래서 포기하지 않고 읽을 수 있는 이야기라 함은 책을 읽고 싶은 마음이 계속 머무는 매력을 지닌 책이라고 할 수 있다. 한 권 읽기 도서를 교사가 꼭 읽어 보고 골라야 하는 이유가 바로 여기에 있다. 반 아이들에게 맞는 책을 찾기 위해 교사가 아동문학 작품을 찾아 읽다 보면 작품을 보는 눈도 자연스레 생길 것이다.

여러 단편 동화집을 읽어본 가운데 『돌 씹어 먹는 아이』(송미경 글, 안경미 그림, 문학동네, 2014)가 눈에 띄었다. 특유의 기묘하고 기괴한 분위기가 흔히 알고 있는 동화와는 많이 달랐다. 처음에는 낯설었지만 책을 덮고 나서도 계속 생각이 날 정도로 강렬함과 통쾌함이 있었다. 매력적인 이 책을 아이들과 함께 읽으며 독서의 즐거움을 제대로 느끼게 해주고 싶었다.

책 살펴보기

『돌 씹어 먹는 아이』의 여러 이야기 중에서 「혀를 사 왔지」가 무척 강렬했다. 하고 싶은 말을 제대로 못 하고 끙끙 앓는 시원이를 보면서 평소에 선생님이나 부모님 말씀을 거스르지 못하는 우리 반 아이들이 떠올랐다. 우리 아이들이 시원이의 이야기를 읽으면서 할 말은 할 줄 아는 용기와 배포를 지닌 사람이 되었으면 하는 마음으로 이야기를 함께 읽었다.

「혀를 사 왔지」는 시원이가 일 년에 딱 사흘만 열리는 '무엇이든 시장'에서 혀를 사오면서 벌어지는 기묘한 사건을 다룬 이야기이다. 주인공 시점으로 서술되는 이야기를 읽다 보면 나도 모르게 시원이가 되고 시원이를 응원하게 된다.

돌 씹어 먹는 아이

『돌 씹어 먹는 아이』 읽기 흐름

학습주제	인물의 삶을 탐구하며 교육연극으로 표현하기
수업 과정 (8차시)	**읽기 전**(1차시) • 일주일 전에 책 나눠주기 • 제목과 표지 살펴보기 • 작가 소개, 목차 알아보기 　– 목차에서 마음에 드는 이야기 고르기 **읽는 중**(4차시) • 소리 내어 책 읽기 • 주인공의 삶과 마음이 드러난 대목 찾기 • 등장인물의 이름과 성격 연결해 보기 • 인상 깊은 장면 고르고 나의 경험 이야기해 보기 　– 주인공의 행동에 대한 나의 의견 이야기하기 **읽은 후**(3차시) • 황금 문장 찾기 • 인상 깊은 장면을 정지장면으로 나타내기 • 인상 깊은 장면을 즉흥극으로 표현하기 • 책의 뒷이야기 희곡으로 써 보기

제목과 표지 살펴보기

1학기 독서단원 책으로 『돌 씹어 먹는 아이』를 골랐다고 하니 아이들이 제목에 관심을 보였다. "돌을 씹어 먹는다고? 왜?" 학교에서 책을 준비하는 동안 미리 책을 사서 읽은 아이들도 있었다. 수업 시작하기 일주일 전에 아이들에게 책을 나눠 주었다. 책에 호기심을 보였던 아이들 대부분 수업 시작하기 전에 책을 다 읽은 상태였다. 그래서 '돌 씹어 먹는 아이'라는 제목이 책에 실린 단편의 제목임을 알고 있었다. 표지 그림을 살펴보자고 했다. 표지 그림만으로도 이미 아이들은 '무엇이든 시장' 한복판에 서 있는 기분이었나 보다.

"싱싱한 꼬리 사세요."

"키가 커지는 뼈 팝니다. 손가락이 짧으신가요? 그럼 이 뼈를 사세요. 손가락이 길~어질 수 있습니다."

"호랑이 눈썹! 짱구 눈썹도 있어요!"

동물 상인들의 대사를 그럴싸하게 흉내 내며 자기들끼리 수다판을 벌였다. 한바탕 수다가 끝난 뒤 아이들에게 표지 그림을 보고 떠오르는 느낌이나 낱말을 말해 보라고 했다. 검고 어두운 이미지에 군데군데 파란색이 칠해진 그림에서 대부분 아이들은 파란색에 주목했다.

"파란색 파라솔이 시원한 느낌을 줘요."

"파란색이 신비로워 보여요."

"파란색이 스산한 느낌이 들어요."

"어두운 색으로 그려져 있어서 무서워요."

뒤표지 문구는 가리고 그림만 보여줬더니 몇몇 아이들이 내 의도를 눈치 채고 "스포일러!"라고 말했다. 뒤표지에 실린 카피와 인상 깊은 구절들은 책을 고르는 이들에게는 요긴한 정보가 될 수 있겠지만 아이들이 미리 보면 흥미가 떨어질 듯해 책을 다 보고 나서 이야기를 나누려고 아껴 두었다. 뒤표지 구석에 있는 그림을 보고 이야기를 이미 읽어본 아이들은 "어? 코를 파는 늑대도 있었나?" 하며 의아해하거나, "늑대는 코를 파는 거야, 아니면 거북이 등껍질을 파는 거야?" "악어는 거북이 등껍질을 샀나 봐."라며 자기들끼리 이야기를 만들어내고 수다를 떨었다.

미리 책을 읽게 한 이유

한 권 읽기 선정 도서를 미리 읽지 못하게 하는 경우도 있지만, 나는 수업 전에 미리 책을 읽음으로써 얻는 효과가 더 크다고 생각한다. 아이들이 선정 도서를 도서관에 가서 찾아보거나 사서 읽는 경우는 그만큼 독서 수업에 대한 기대감이 높다는 뜻이다. 그리고 아이들은 알고 있는 이야기에 흥미를 잃기보다는 오히려 안정감을 느끼고 수업에 적극적으로 임한다. 또 혼자 읽을 때는 묵독으로 읽고, 수업 시간에는 소리 내어 읽기 때문에 혼자 읽을 때 파악하지 못한 행간의 깊은 뜻을 새롭게 발견하면서 아이들은 즐거움을 느낀다.

그래서 보통 독서 수업을 할 때 여러 번 읽은 아이, 한 번 읽은 아이, 아직 읽지 않은 아이를 파악한다. 아직 읽지 않은 아이들에게는 새로운 이야기를 만나는 것이 즐거울 거라고 말하고, 이미 읽은 친구들에게는 다른 친구들이 어려워할 때 도움을 주었으면 좋겠다고 당부한다. 실제로 여러 번 읽은 친구들은 다른 친구들이 궁금해하는 부분에 실마리를 제공하거나 선생님을 대신해 책을 읽어주는 등 수업에 큰 도움을 준다.

표지를 살펴본 후 책날개에 적힌 작가 소개도 읽어 보고, 작가의 다른 작품도 검색해 보았다. 송미경 작가의 작품을 살펴본 아이들은 제목에 '아이', '먹는'이 들어간 책이 있다며 다른 작품들도 궁금해했다.

목차를 보면서 아이들에게 마음에 드는 이야기에 손을 들어보라고 했다. 「혀를 사 왔지」가 가장 인상 깊었다고 했고, 그다음으로 「돌 씹어 먹는 아이」에 손을 많이 들었다. 나의 예상과 같았다.

소리 내어 책 읽기

책을 소리 내어 읽을 때는 교사가 직접 읽어주거나, 학급 아이들 전체가 번갈아가며 읽는 방법, 모둠별로 읽는 방법 등 다양하게 읽을 수 있다. 「혀를 사 왔지」는 평소에 아이들이 읽었던 동화와는 다른 분위기라 도입, 절정, 결말 부분은 내가 읽어주었다. 아이들은 이미 알고 있는 이야기였지만 선생님이 읽어주는 목소리에 숨죽이며 집중해서 들었다. 혀를 사 온 시원이가 여러 인물들을 차례로 만나면서 사건이 벌어지는 대목은 내용이 반복되는 느낌이 있어서 교사가 계속 읽어주기보다는 아이들이 짝을 지어 번갈아 읽도록 했다. 일명 '두 마음 읽기' 방법으로 두 명씩 짝을 지어 한 명이 한 쪽을 먼저 읽고, 나머지 한 명은 짝이 읽어주는 내용을 잘 들은 뒤 떠오르는 생각이나 느낌, 궁금한 것을 말하는 방법이다. 느낌을 말해야 하기 때문에 짝이 책을 읽어줄 때 집중해서 들어야 한다는 장점이 있다. 하지만 이 방법은 시간이 많이 걸리기 때문에 독서 시간을 충분히 확보해두는 것이 좋다.

인물 탐구하기

「혀를 사 왔지」에는 다양한 인물이 등장한다. 등장하는 인물에 집중하며 장면별로 소리 내어 읽고 인물에 대한 이야기를 나누었다. 책에는 시원이가 '무엇이든 시장'에서 혀를 사오기 전에 어떻게 살았을지 짐작할 수 있는 부분이 글 중간 중간에 녹아 있다. 아이들에게 주인공의 삶이 드러난 부분을 찾으면서 도시원이라는 인물에 대해 이해해 보자고 했다. 아이들은 내가 생각하지 못한 부분도 잘 찾아냈다.

> 우리 엄마 아빠는 쉬지 않고 내게 말을 해. 나는 쉬지 않고 들어야 하지. 우리 부모님은 내가 해야 할 일이 무엇인지 알려 주는 것을 아주 즐거워하거든. 내가 앞으로 어떤 사람이 되어야 하는지에 관해서도 매일 얘기해. 나는 당장 오늘 하루를 어떻게 살아야 할지도 생각할 틈이 없는데 말이야. (10쪽)

이 대목에서 아이들은 모두 시원이가 되었다. "부모님이 하는 말들이 다 잔소리로 들려서 짜증날 것 같아요." "듣기 싫은데 계속 들어서 힘들 거 같아요." "시원이가 너무 답답하겠어요." "저는 부모님 잔소리를 듣고 있으면 막 아니라고 반박하고 싶어져요." 등의 이야기를 했다. 평소 부모님께 잔소리를 들은 경험을 떠올리며 아이들은 시원이의 입장을 대변했다.

> 우리 엄마 아빠는 내가 말하기도 전에 모든 것을 다 해 주었어. 어릴 때는 웃거나 울기만 해도 원하는 대로 할 수 있었지. 나이가 들어서는 인상

을 쓰거나 고개를 끄덕이는 것으로 모든 게 가능했고, 글을 일찍 읽고 쓸 줄 알았기 때문에도 혀는 굳이 필요하지 않았지. 또 아빠처럼 잔소리할 때나 쓸 거라면 차라리 내겐 혀가 없는 게 낫다고 생각했어. (17쪽)

이 부분을 찾은 아이들은 시원이 부모님의 행동에 대한 자기 생각을 말했다. 부모가 모든 것을 다 해주면 스스로 할 수 있는 게 없어서 성취감을 못 느낀다는 아이가 있는가 하면, 자기 부모님은 무슨 일이든 알아서 하라고 하셔서 시원이 부모님처럼 다 해주면 편할 것 같다는 아이도 있었다.

아이들은 효성이가 아무 말도 못하는 시원이에게 시비를 걸고 괴롭히는 대목을 읽을 때 충격을 받고, 그동안 시원이가 너무 힘들었을 것 같다고 가슴 아파했다. 또 은성이가 시원이를 괴롭히면서 "뭐야 이거? 안 울어?"라고 거칠게 말하는 대목에서는 틈만 나면 은성이가 시원이를 괴롭혔고, 그때마다 시원이는 눈물을 흘렸다는 것을 짐작했다.

뒷부분에 가서 시원이가 은성이에게 그동안 하지 못했던 말을 쏟아내는 장면에서 아이들은 내가 기분이 다 좋다, 속이 시원하다, 스트레스가 해소된다고 하면서 기뻐했다. 시원이가 되어서 감정이입을 하고 자기 일처럼 슬퍼하고 화도 내는 아이들의 모습에 나도 개운한 기분이 들었다. 평소 시원이처럼 웃어른의 말을 거스르지 못하고 고분고분한 우리 아이들에게 이 책은 기존의 생각과 다른 관점에서 생각해볼 수 있는 계기를 만들어주었다.

등장인물 이름과 성격이 어울리는 생각해 보기

등장인물의 이름과 성격을 연결 지어 생각해 보는 활동을 했다. 등장인물

중 이름이 나오는 사람은 주인공 시원이와 시원이를 괴롭히는 효성이와 은성이 세 명이다. 작가는 인물의 이름을 왜 이렇게 지었을지, 이름과 이들의 성격이 서로 어울리는지 생각해 보았다.

"효성 하니까 어떤 낱말이 떠오르나요? 효성이의 성격과 이름이 잘 어울리나요?"

"효성이라는 이름은 '효도', '효자'가 생각나는데, 효성이는 집에서는 착한 아들인 척 행동하고 밖에서는 친구를 괴롭히는 행동을 하고 있어서 절대 효자라고 할 수 없어요."

"은성이라고 하면 '은밀하다', '비밀' 같은 말들이 떠올라요. 실제로 은성이에게는 몇 가지 비밀이 있잖아요. 학원 선생님 앞에서는 꼼짝도 못하면서 시원이를 툭 하면 괴롭히는 것이랑 은성이에게 진정한 친구가 한 명도 없다는 것이요. 은성이라는 이름은 숨겨진 비밀을 찾아보라고 하는 것 같아요."

"시원이는 혀를 사기 전에는 친구가 괴롭혀도 아무 대답도 못 해서 시원이가 아니라 답답이였는데, 혀를 사고 나서는 자기 이름처럼 속 시원하게 하고 싶은 말을 했어요. 작가가 시원이라는 이름을 인물에 어울리게 잘 지었어요."

작가에게 등장인물 이름을 지은 이유를 직접 물어보지 않는 한은 정확하게 알 수 없다. 아이들은 이야기의 효과를 극대화하기 위해 실제 행동과 반대되는 뜻의 이름을 지었을 거라고 짐작했다. 아이들에게 '역설'이나 '반어'와 같은 어려운 말을 덧붙여서 설명하진 않았다. 작가의 입장에서 왜 이렇게 이름을 지었을까 아이들 나름대로 유추해 보는 것만으로도 충분했다. 앞으로 아이들은 영화나 드라마, 소설을 볼 때 '주인공 이름은 왜 이렇게 지었을까?' 하고 생각해볼 것이다. 사소한 것도 궁금해 하고 질문을 던지는 습관을 가지면 생각의 폭은 훨씬 넓어질 것이다.

내 삶과 연결 짓기

아이들이 「혀를 사 왔지」에서 가장 인상 깊은 부분으로 뽑았던 장면 중 하나가 바로 '무엇이든 시장'이 나오는 장면이었다. '무엇이든 시장'은 일 년에 한 번, 딱 사흘 동안만 열린다. 게다가 자신이 태어난 해에 나온 동전으로만 물건을 살 수 있는 판타지 공간이다. '무엇이든 시장'에 나온 다양한 물건 중 우리 반 아이들은 어떤 물건을 가장 사고 싶어 할까?

학급에서 키가 작은 편에 속하는 남학생 세 명은 '계속 자라는 뼈'가 갖고 싶다고 했다. 다른 아이들이 까닭을 말하지 않아도 알겠다는 듯이 웃으며 고개를 끄덕였다. 선생님도 키가 작아서 이게 제일 탐난다고 했더니 모두들 웃음을 터뜨렸다.

축구를 좋아하는 남학생들은 '온종일 달릴 수 있는 연골'을 골랐다. 축구를 할 때 지치지 않고 계속 뛸 수 있을 것 같아서 연골을 골랐다고 했다. 평소에 달리기에 자신이 없었던 여학생도 오래달리기에서 1등을 하고 싶다며 연골을 골랐다.

다른 사람들의 귓속말이 듣고 싶어서 '귓속말도 들을 수 있는 귀'를 고른 친구들도 있었는데, 이 말을 듣고 있던 다른 아이는 친구들이 나에 대해 안 좋게 말하는 것까지 듣는 건 싫다고 했다.

'정수리에 심는 씨앗'은 무슨 일이 일어날지 궁금해서 사고 싶다는 아이, '호리병에 담긴 눈물'을 사서 얄미운 친구 눈에 넣어주고 싶다는 아이 등 참 다채로운 대답이 나왔다. 아이들이 사고 싶어 하는 물건에서 아이들의 마음을 엿볼 수 있었다.

책에서 '씹던 껌'은 어떤 능력이 있는지 나오지 않았다. 상상력이 뛰어난 여학생이 아마 다시 씹으면 그 껌을 씹었던 시간으로 돌아갈 수 있는 타임머신일 것 같다고 했더니 다른 친구들이 "오~" 하면서 감탄했다. 친구의 멋진 발표를 못 들은 남학생은 "뭐라고? 이래서 귀가 필요하다니까!"라고 말해서 교실은 또 한바탕 웃음보가 터졌다.

시원이는 빵집 주인아저씨와 대화를 나누면서 "혀가 있어도 쓰고 싶지 않을 때가 있다는 것을 알았지"라고 말했다. 아이들에게 시원이처럼 혀가 있어도 말하고 싶지 않은 순간이 있었냐고 물으니, 주로 엄마한테 꾸중을 들었는데 엄마가 다른 일로 말 걸 때, 엄마가 다 혼내고 나서 "할 말 있어?"라고 물을 때 혀를 쓰고 싶지 않다고 말했다.

"부모님께 혼났을 때, 할 말이 있어도 하지 못한다고 말한 친구들이 많네요. 그럼 그때 억울한 것이 있는데도 왜 말을 하고 싶지 않았던 거죠?"

"말하면 더 혼나니까요. 얼른 그 상황을 끝내고 싶거든요."

"맞아요. 맞아."

미래를 위해 지금의 행복은 미뤄야 할까?

시원이가 혀를 사와서 하고 싶은 말을 하는 대목에서 아이들은 시원이와 한편이 되어 통쾌해했다. 평소에 시원이를 괴롭히던 효성이와 은성이에게 하고 싶은 말을 할 때 특히 그랬다. 그런데 시원이가 엄마와 대화를 나누는 장면에서는 예상과 달리 아이들은 엄마 편에 섰다. 자기를 힘들게 낳아주시고 키워준 엄마에게 너무 무례하게 말해서 잘못했다는 의견들이었다. 또 부모님이 시원이에게 한 행동도 시원이를 괴롭히려는 게 아니라 시원이를 위해서 한 행동이라고들 했다.

"정말 엄마가 골고루 먹어야 성적이 오른다며 밥을 억지로 먹게 한 것이나, 얼른 밥 먹고 들어가서 문제집 풀라고 한 얘기들이 시원이를 위해서 한 말일까요?"

아이들에게 다시 물으니 시원이의 미래를 위해서 한 말이라는 입장과 엄마 자신을 위한 말이라는 입장이 팽팽하게 맞섰다. 시원이를 위한 말이라고 하는 아이들은 시원이가 공부를 잘해서 좋은 대학에 가고 좋은 직장 다니면 편하게 살 수 있기 때문에 시원이를 걱정해서 하는 말이란다. 엄마를 위한 말이라고 한 아이들은 시원이가 잘돼야 다른 사람들에게 자식을 자랑할 수 있기 때문에 잔소리를 하는 것이라는 입장이었다. 아직 어린 아이들이 어른들의 논리와 생각을 그대로 받아들이는 듯해 조금 씁쓸했다. 생각의 방향을 조금 틀어보고 싶었다.

"시원이는 지금 부모님의 잔소리로 힘든 상황이에요. 시원이는 지금처럼 계속 부모님의 잔소리를 견뎌야 할까요? 시원이의 행복은 미래를 위해 미뤄도 될까요?"

"조금 미뤄도 된다고 생각해요. 지금 당장은 힘들지만 참고 공부하면 편안한 미래가 오잖아요."

"참지 말아야 할 것 같아요. 공부보다는 지금 행복이 더 중요해요."

"참으면 안 돼요. 행복이 없으면 사는 의미도 없어요."

아이들의 태도는 사뭇 진지했다. 행복이란 무엇인지에 대해서도 고민하는 모습이었다. 이번에도 부모님의 잔소리를 참고 견뎌야 한다는 입장과 참지 말아야 한다는 입장이 비등하게 나왔다. 미래에 행복하기 위해서 지금은 조금 참아야 한다는 아이들의 입장도 나름대로 설득력이 있었다. 행복이 없으면 삶의 의미가 없다는 수준 높은 대답에는 감탄이 나왔다. 시원이의 행복에 대해 고민하며 아이들이 자신의 행복에 대해서도 진지하게 고민하고 주관을 가지고 살아가길 바라본다.

황금 문장 찾기

'황금 문장'이란 책에서 가장 인상 깊은 문장, 마음에 쏙 드는 문장을 말한다. 황금 문장 찾기 활동은 간단하지만 책의 감동을 되살리기에 효과적인 방법이다. 저학년부터 고학년까지 모든 아이들이 부담 없이 할 수 있다. 아이들이 찾아서 적은 문장을 보면 책의 주제가 잘 드러나는 문장을 고를 때가 많아 놀라곤 한다. 독후활동에 고민이 많은 교사에게 '황금 문장 찾아서 쓰기'부터 먼저 해 보라고 권하고 싶다.

우리 아이들은 "넌 이러고 사는 게 좋냐? 한심한 자식아."를 황금 문장으로 가장 많이 뽑았다. 혀를 사 온 시원이가 효성이에게 그동안 못 했던 말을 내뱉으며 시원하게 가하는 일침이다. 그다음으로 많이 뽑은 문장은 "이제 나는 혀가 필요 없으니 말이야."이다. 책의 마지막 문장으로 아이들의 마음에도 긴 여운을 남긴 듯했다. 이 문장은 여러 가지 뜻으로 해석될 수 있어서 아이들에게 어떤 뜻인 것 같으냐고 물어보았다. 시원이가 하고 싶은 말을 다 해서 혀가 필요 없다는 뜻이라는 의견, 혀가 없어도 말하는 법을 배웠다는 뜻이라는 의견이 나왔다. 몇몇 아이들이 시원이가 다시 말을 못 할 것 같다고 하니 다른 아이들이 33쪽 그림을 보라며 시장에 혀를 팔려고 내놓은 시원이가 큰 목소리로 외치고 있지 않느냐고 반박했다. 시원이가 뭐라고 외치는 것 같으냐고 물으니 아이들은 재치 있는 말을 쏟아냈다.

"혀 할인 판매합니다. 혀 구매하면 학용품 증정합니다."

"쓸모없는 학용품과 재미있는 혀 사세요. 동전 두 개! 싸게 파는 겁니다."

"오늘의 이벤트! 동전 하나에 어린아이들의 필수품 팝니다. 사장님이 미쳤어요!"

"혀 한 개 사면 한 개 더 주는 행사 중입니다."

"혀 맛있습니다."

인상 깊은 장면을 정지장면으로 나타내기

책의 인상 깊은 장면을 정지장면으로 표현해 보았다. 정지장면으로 나타낼 때에는 먼저 역할을 정한다. 역할은 사람이 될 수도 있고, 사물이나 배경이 될 수도 있다. 그리고 아이들은 자기가 맡은 역할에 맞는 동작을 취하면 된다. 처음에는 정지장면만 보고 무슨 장면인지 다른 모둠에서 알아맞히기를 했는데, 맞히는 모둠이 안 나올 때는 배경 역할을 하고 있는 친구들부터 내가 손을 갖다 대었다. 교사의 터치를 받은 친구는 움직이는 동작을 하거나 역할에 맞는 대사를 한마디 하면 된다. 꼭 책에 나오는 대사와 똑같이 할 필요는 없다고 미리 안내했다.

아이들은 혀를 파는 장면을 표현한 모둠의 정지장면을 가장 맞히기 어려워했다. 이 장면을 표현한 모둠은 동전 세 개를 화장지를 뭉쳐서 표현했는데 그 크기가 너무 작아서 눈에 잘 띄지 않았고, 배경으로 나무와 파라솔 역할을 한 친구들을 보고 아이들은 '정수리 씨앗'을 파는 가게라고 오해했다. 당나귀 역할을 한 친구가 "혀를 팝니다"라고 말한 후에야 아이들은 정답을 맞혔다.

여섯 모둠 가운데 세 모둠이 시원이가 혀를 사서 집에 돌아가는 길에

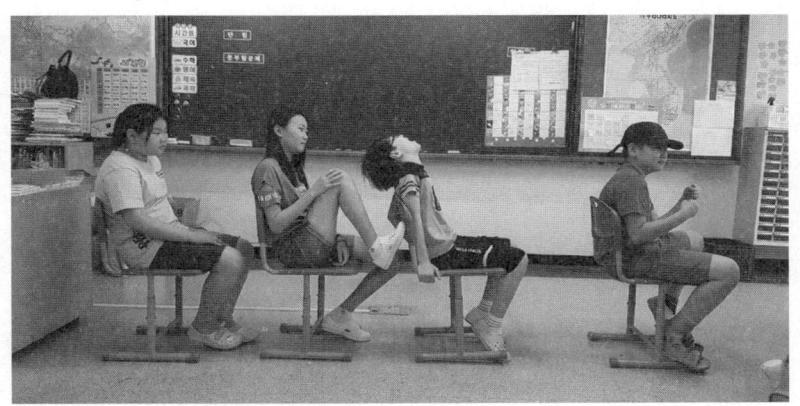
인상 깊은 장면을 정지장면으로 표현하는 아이들

탄 버스에서 의자를 걷어찬 누나와 실랑이를 벌이는 장면을 골랐다. 버스 장면은 의자를 놓는 것만으로도 다른 아이들이 쉽게 맞혀서 첫 모둠만 의자를 소품으로 쓰게 허락했다. 두 번째, 세 번째 모둠도 아이들이 의자에 앉아 있는 동작을 하는 것만으로 다른 모둠이 쉽게 알아맞혔다. 이렇게 버스 장면을 많이 선택할 줄 알았다면 한 명씩 나와서 정지장면을 표현하게 하거나, 다른 모둠이 선택한 장면은 고르지 못하게 제한을 두는 것이 더 낫지 않았을까 하는 생각이 들었다. 하지만 아이들은 열심히 몸으로 장면을 표현하고 우스꽝스러운 대사를 하면서 신나게 활동을 했다.

소감을 물으니 아이들은 정지장면을 표현하는 활동 자체를 즐거워했고, 다른 모둠의 정지장면을 알아맞히는 부분이 재미있다고도 했다. 의자 없이 버스 장면을 표현하라고 해서 당황했다는 아이, 같은 장면을 모둠마다 다르게 표현하는 것이 재미있다는 아이도 있었다. 교사 입장에서는 아쉬움이 남아도 아이들은 그저 친구들과 함께 활동하고 노는 것만으로 충분히 재미를 느끼는 것 같았다.

인상 깊은 장면을 즉흥극으로 표현하기

인상 깊은 장면을 즉흥극으로 표현해보기도 했다. 정지장면으로 표현한 장면을 즉흥극으로 꾸며도 되고, 다른 장면으로 즉흥극을 할 수도 있다. 시원이 역할을 맡아도 되고, 자기를 직접 주인공으로 내세워도 된다. 이야기에 등장하지 않았던 인물을 만들어도 좋다. 이야기에 나오지 않았던 시원이 아빠나 시원이 누나를 등장시켜도 된다.

자기를 주인공으로 내세울 때는 자기 경험을 극으로 꾸미면 된다. 그날 주말에 PC방에서 게임은 안 하고 자리만 차지하고 있다가 사장님에게 쫓겨난 경험을 말한 아이가 있었다. 그 아이의 예시를 들며 혀를 사서 사장님에게 하고 싶은 말을 하는 장면으로 꾸며도 된다고 안내했다. 한 아이가 질문을 해왔다.

"선생님, 시원이가 혀를 사기 전을 즉흥극으로 꾸며도 돼요?"

"네, 물론 되지요. 시원이가 혀를 사기 전에 어떻게 지냈을지 짐작해 보기도 했죠. 그 부분을 참고해서 즉흥극으로 꾸며도 됩니다."

시원이가 혀를 사기 전의 장면을 상상해서 즉흥극을 한 모둠은 시원이가 빵가게에서 오래된 빵을 받아들고 나오는데 효성이와 은성이에게 차례대로 뺏기는 내용으로 극을 꾸몄다. 아이들의 기발한 상상력과 재치가 돋보이는 즉흥극이었다.

많은 모둠이 시원이가 엄마에게 반찬 투정을 하는 장면을 즉흥극으로 표현했는데, 시원이 아빠 역할을 맡은 아이들이 "그냥 주는 대로 먹어. 옛날에는 먹을 게 없어서 못 먹었어." 하는 대사를 공통적으로 해서 흥미로웠다. 평소에 반찬 투정을 많이 하는 아이들이 부모님에게 들었을 법한 대사였다.

인상적인 장면을 즉흥극으로 표현하는 아이들

즉흥극은 대사를 미리 쓰고 외워서 하지 않는다. 마음대로 하고 싶은 말을 할 수 있기 때문에 아이들은 하고 싶은 말을 하는 자유를 누린다. 자기 경험이 그대로 드러나는 부분도 참 재미있다.

책의 뒷이야기 꾸며 보기

독서 단원과 연극 단원 통합수업을 공개수업으로 할 기회가 있었다. 이때 아이들과 「혀를 사 왔지」의 뒷이야기를 상상해서 즉흥극으로 꾸며 보고 희곡으로도 써 보는 활동을 했다. 즉흥극은 대본을 쓰지 않아도 되어서 아이들이 부담 없이 극을 만들 수 있었다.

하지만 즉흥적으로 표현을 하다 보니 상황에 대한 이해가 부족하거나 개연성이 떨어지는 부분이 있었다. 아이들에게 희곡의 구성 요소를 알려 주고, 즉흥극 한 것을 희곡으로 다시 써보게 했다. 희곡으로 쓸 때는 인물의 성격을 처음부터 정하고, 그에 맞게 일어날 법한 일을 쓰도록 지도했다. 그러자 아이들은 인상적인 희곡 작품을 내 놓았다. 다음은 아이들이 쓴 작품 중 기억에 남았던 두 작품이다.

[1모둠] 7년 뒤 랩 대회에 나가는 시원이

때: 아무 때
곳: 무엇이든 시장, 랩 대회장
나오는 인물
- **도시원**: 혀를 사용해 할 말은 하는 아이
- **어쩌고저쩌고**: 랩대회 참가자로 무대공포증이 있다
- **심사위원**: 랩대회 심사위원으로 성격이 급하다
- **사회자**: 랩대회 사회자로 시원이의 랩에 반한다
- **지나가는 사람 1, 2, 장사꾼**

혀가 필요 없어진 시원이는 무엇이든 시장에 자신이 가장 재미있게 사용한 혀를 팔러 간다.

도시원 : 혀 팝니다. 혀 팔아요. 맛깔나게 말하는 혀 팝니다!
지나가는 사람 1 : 어유, 저런 걸 뭐하러 사.
지나가는 사람 2 : 저런 필요 없는 물건을 왜 파는지 모르겠네.
장사꾼 : 학생, 장사는 잘되는가?
도시원 : 아니요. 사람들이 혀를 안 사가네요. 조금만 더 기다려 보죠.

결국 혀를 팔지 못한 시원이는 혀를 다시 가지고 간다.
7년 뒤, 시원이는 랩 대회에 참가한다.

사회자 : 다음 참가자는 '어쩌고저쩌고'입니다. 준비한 랩을 들려주시죠.
어쩌고저쩌고 : 네, 안녕하…세…요….
심사위원 : 탈락! 넌 탈락이야. 인사만 들어 봐도 난 알아. 넌 아니야.
사회자 : 다음 참가자는 진해구 시원펀치입니다. 준비한 랩을 들려주시죠.
도시원 : 피자 파스타 파스타 뷔페.
심사위원 : 짝짝짝. 합격! 넌 합격이다.
사회자 : 시원펀치의 랩 다시 한번 들어보고 싶군요.

도시원 : 피자 파스타 파스타 뷔페.

시원이는 혀를 사용하여 랩 대회에서 우승했다.

[2모둠] 효성이가 시원이의 혀를 사게 되는데…

때: 아무 때
곳: 무엇이든 시장
나오는 이들
- 시원: 무엇이든 시장에서 산 혀를 잘 사용하고 다시 혀를 팔러 나왔다
- 효성: 시원이를 괴롭히던 아이로 혀를 사려고 한다
- 은성: 효성이와 함께 시원이를 괴롭히던 아이로 효성이 편을 든다

효성 : 야, 도시원! 나 이 혀 좀 살게.
시원 : 싫은데.
효성 : 산다면 사는 거지. 뭐가 이렇게 말이 많아.
은성 : 그래. 효성이가 산다잖아. 그냥 팔아.
시원 : 그럼 대신 동전은 두 배로 주기다. 알겠냐? 불효성.

효성이는 시원이에게 동전 여섯 개를 주고 혀를 산다. 효성이는 음흉한 웃음을 지으며 혀를 삼킨다. 효성이는 혀를 사면 그 혀로 시원이를 또 다시 괴롭힐 생각이었다. 그런 효성이의 계획과는 달리 혀는 효성이 마음대로 움직이지 않는다.

효성 : (뭔가 괴로운 듯 얼굴을 감싸며) 도시원. 내…내가 그동안 너…
　　　　너에게 정…말 미안했어.
시원: 애가 갑자기 왜 이래? 뭘 잘못 먹었냐?

혀는 할 일을 다 마쳤다는 듯이 얌전하다.

두 번째 모둠은 효성이가 혀를 사서 자기가 한 잘못을 사과하는 데 쓰는 것으로 표현했다. 물론 효성이의 진심이 아니라 혀가 한 사과로 나오지만 말이다. 효성이가 갑자기 착한 아이로 바뀌는 것보다 혀가 효성이의 본심과 상관없이 사과하는 설정이 훨씬 설득력 있었다.

뒷이야기를 상상해내고 희곡으로 쓰는 시간을 가지며 아이들의 상상력과 깊은 사고에 감탄했다. 하고 싶은 말을 내뱉는 용기 못지않게 내 잘못을 솔직하게 말할 수 있는 용기도 필요하다는 것을 아이들에게 배웠다. 우리는 모두 혀를 가지고 있고 원하는 대로 말할 수 있지만, 혀를 어떻게 요긴하고 신중하게 써야 할지 생각해볼 수 있는 귀한 시간이었다.

애들아, 하고 싶은 말은 하고 살자!

아이들과 「혀를 사왔지」를 읽으며 하고 싶은 말을 마음속에 꽁꽁 숨겨놓을 것이 아니라 솔직하게 내뱉는 용기를 가졌으면 했다. 시원이가 부모님께 하고 싶은 말을 하며 상처를 줄 때 우리 아이들은 부모님의 입장에서 생각하며 시원이를 비판했다. 하고 싶은 말을 하는 것도 중요하지만 그 이야기를 듣는 사람에게 상처가 되지 않도록 배려해야 하는 것도 맞다. 아이들에게 내가 더 많이 배웠다.

독서 수업을 하면서 아이들과 한바탕 수다를 떨곤 한다. 왁자지껄 수다를 떠는 모습을 보고 다른 동료 선생님들이 그게 내 수업의 강점이라고 했다. 아이들과 자연스럽게 수다를 떠는 일이 그리 쉽지만은 않다면서. 어떤 교사는 적재적소에 발문을 잘 던져주고, 어떤 교사는 상담사처럼 아이들의 이야기를 잘 이끌어내고 들어준다. 난 아이들과 친구가 되어 재밌게 수다를 떠는 방법이 가장 편하고 좋다. 아이들과 함께 책을 읽으며 수다를 떨 수도 있고, 치열하게 토론을 할 수도 있고, 다양한 체험을 해볼 수도 있다. 독서는 아이들의 이야기를 끌어내며 특성을 발견하게 해줄 뿐만 아니라 교사의 강점도 발견하게 해준다. 어떤 방식이든 교사의 강점을 살려 학생과 교사 모두 즐거운 독서수업을 만들어갔으면 좋겠다.

■ 함께 읽으면 좋은 단편동화집

『개고생』(이창숙 지음, 성영란 그림, 상상의힘, 2014)
『꼴뚜기』(진형민 지음, 조미자 그림, 창비, 2013)
『나의 사촌 세라』(김민령 지음, 홍기한 그림, 창비, 2012)
『내 꿈은 토끼』(임태희 지음, 양경희 그림, 바람의아이들, 2006)
『만국기 소년』(유은실 지음, 정성화 그림, 창비, 2007)
『문제아』(박기범 지음, 박경진 그림, 창비, 1999)
『블루시아의 가위바위보』(김중미 외 지음, 윤정주 그림, 창비, 2004)
『아빠와 배트맨』(이병승 지음, 장은희 그림, 북멘토, 2016)
『우리 누나』(오카 슈조 지음, 카미야 신 그림, 김난주 옮김, 웅진주니어, 2002)
『제후의 선택』(김태호 지음, 노인경 그림, 문학동네, 2016)
『주병국 주방장』(정연철 지음, 윤정주 그림, 문학동네, 2010)
『처음 자전거를 훔친 날』(사토 마키코 지음, 장연주 그림, 고향옥 옮김, 웅진주니어, 2007)
『청소녀 백과사전』(김옥 지음, 나오미양 그림, 낮은산, 2006)

1장 한 학기 한 권 읽기, 어떻게 할까?

한 권 읽기 FAQ
『소설처럼』 다니엘 페나크 지음, 이정임 옮김, 문학과지성사, 2018
『나의 책 읽기 수업』 송승훈 지음, 나무연필, 2019

2장 저학년 한 권 읽기

다섯고개 호랑이와 신나게 놀아보자!
『해와 달이 된 오누이』 이혜옥 지음, 배성연 그림, 한국삐아제, 2009
『호랑이 꼬리 낚시』 김명수 지음, 이은천 그림, 애플트리테일즈, 2011
『호랑이가 준 보자기』 서정오 지음, 김은정 그림, 한림출판사, 2007
『호랑이 뱃속 잔치』 신동근 지음, 사계절, 2007
『줄줄이 꿴 호랑이』 권문희 지음, 사계절, 2007

1학년, 너희가 하고 싶은 독서는 뭐니?
『도서관에 간 사자』 미셸 누드슨 지음, 케빈 호크스 그림, 홍연미 옮김, 웅진주니어, 2007
『치킨 마스크』 우쓰기 미호 지음, 장지현 옮김, 책읽는곰, 2008
『뭐든 될 수 있어』 요시타카 신스케 지음, 유문조 옮김, 스콜라, 2017
『꽁꽁꽁』 윤정주 지음, 책읽는곰, 2016
『로쿠베, 조금만 기다려』 하이타니 겐지로 지음, 초 신타 그림, 햇살과나무꾼 옮김, 양철북, 2006
『벗지 말걸 그랬어』 요시타케 신스케 지음, 유문조 옮김, 스콜라, 2016
『알사탕』 백희나 지음, 책읽는곰, 2017
『100만 번 산 고양이』 사노 요코 지음, 김난주 옮김, 비룡소, 2002
『무엇이든 삼켜버리는 마법 상자』 코키루니카 지음, 김은진 옮김, 고래이야기, 2017
『짝꿍 바꿔주세요』 다케다 미호 지음, 고향옥 옮김, 웅진주니어, 2007
『이게 정말 사과일까』 요시타케 신스케 지음, 고향옥 옮김, 주니어김영사, 2014

시와 함께 노는 교실
『침 튀기지 마세요』 박문희·이오덕 엮음, 고슴도치, 2000
『맨날 맨날 우리만 자래』 백창우 지음, 아람유치원어린이들 글, 설은영 그림, 보리, 2003
『나무 잎사귀 뒤쪽 마을』 안도현 지음, 정문주 그림, 실천문학사, 2007

진정한 친구를 사귀는 방법
『콩이네 옆집이 수상하다!』 천효정 지음, 윤정주 그림, 문학동네, 2016
『친구를 모두 잃어버리는 방법』 낸시 칼슨 지음, 신형건 옮김, 보물창고, 2007

인물의 마음은 어떻게 알 수 있을까?
『멋지다 썩은 떡』 송언 지음, 윤정주 그림, 문학동네, 2007
『춤추는 책가방』 송언 지음, 최정인 그림 좋은책어린이, 2008
『두 배로 카메라』 성현정 지음, 이윤희 그림 비룡소, 2017
『잘한다 오광명』 송언 지음, 윤정주 그림, 문학동네, 2008

3장 중학년 한 권 읽기

지구별에서 사람들은 어떻게 살아갈까?
『랑랑별 때때롱』 권정생 지음, 정승희 그림, 보리, 2008
『숲으로 간 사람들』 안지혜 지음, 김희나 그림, 창비, 2008
『용구삼촌』 권정생 지음, 허구 그림, 산하, 2018
『해룡이』 권정생 지음, 김세현 그림, 창비, 2017
『강냉이』 권정생 지음, 김환영 그림, 사계절, 2017
『곰이와 오푼돌이 아저씨』 권정생 지음, 이담 그림, 보리, 2007
『똘배가 보고 온 달나라』 권정생 지음, 김용철 그림, 창비, 2015
『깐치야 깐치야』 권정생 엮음, 원혜영 그림, 실천문학사, 2015

살아 있다는 건 이런 거구나!
『살아 있어』 나카야마 치나츠 지음, 사사메야 유키 그림, 보물상자, 2008

나쁜 기억이 사라지면 행복해질까?
『한밤중 달빛 식당』 이분희 지음, 윤태규 그림, 비룡소, 2018

또래 친구 찬이에게 보내는 공감 편지
『동생을 데리고 미술관에 갔어요』 박현경 지음, 이진희 그림, 해와나무, 2016

우리 가족 사랑 두 배로!
『두 배로 카메라』 성현정 지음, 이윤희 그림, 비룡소, 2017

있는 그대로 나를 사랑하기
『나는 소심해요』 엘로디 페로탱 지음, 박정연 옮김, 이마주, 2019

4장 고학년 한 권 읽기

자기 삶을 노래할 줄 아는 아이들
〈올챙이발가락 : 2019. 봄호〉 한국글쓰기교육연구회 엮음, 양철북, 2019
〈올챙이 발가락 : 2018. 여름호〉 한국글쓰기교육연구회 엮음, 양철북, 2018
『붕어빵과 엄마』 최종득 엮음, 최한재 그림, 상상의힘, 2015

우리의 속도로 달리는 책 여행
『게임 파티』 최은영 지음, 시공사, 2013
『여름이 반짝』 김수빈 지음, 문학동네, 2015
『불량한 자전거 여행』 김남중 지음, 허태준 그림, 창비, 2009

흥부전, 아이들의 심술보를 터뜨리다!
『흥부전, 부를 탐하다』 최문예 지음, 최지경 그림, 휴이넘, 2011
『흥부전』 신동훈 지음, 김혜란 그림, 휴머니스트, 2013

자기 이야기로 수다꽃 피우는 독서수업
『돌 씹어 먹는 아이』 송미경 지음, 안경미 그림, 문학동네, 2014

초등 한 학기
한 권 읽기